GUIDE D'ACHAT DES

BIÈRES

AU QUÉBEC

PHILIPPE WOUTERS

GUIDE D'ACHAT DES
BIÈRES
AU QUÉBEC
250 BIÈRES

TROISIÈME ÉDITION

97-B, montée des Bouleaux
Saint-Constant (Québec), Canada J5A 1A9
Tél. : 450 638-3338   Téléc. : 450 638-4338
www.broquet.qc.ca   info@broquet.qc.ca

Catalogage avant publication de Bibliothèque et Archives nationales du Québec et Bibliothèque et Archives Canada

Wouters, Philippe, 1978-

    Guide d'achat des bières au Québec : 250 bières

    3e édition.

    Édition originale : 2013.

    Comprend un index.

    ISBN 978-2-89654-557-5

    1. Bière. 2. Bière – Dégustation. 3. Bière – Québec (Province). I. Titre.

TP577.W68 2017   641,2'3   C2017-940963-8

Nous reconnaissons l'aide financière du gouvernement du Canada. We acknowledge the financial support of the Government of Canada. Nous remercions également livres Canada books™, ainsi que le gouvernement du Québec : Programme de crédit d'impôt pour l'édition de livres – la Société de développement des entreprises culturelles (SODEC).

Canada Québec

©Textes et images : Philippe Wouters (sauf mention contraire)
Éditeur : Antoine Broquet
Conception graphique : Brigit Levesque
Infographie : Josée Fortin, Nancy Lépine
Révision : Andrée Laprise

Copyright © Ottawa 2017 Broquet Inc.
Dépôt légal – Bibliothèque et Archives nationales du Québec
4e trimestre 2017
ISBN 978-2-89654-557-5

Imprimé en Malaisie

TABLE DES MATIÈRES

AVANT-PROPOS

Vous avez dans les mains la troisième édition du *Guide d'achat des bières au Québec.* Une sélection de plus de 250 bières disponibles au Québec.

La culture brassicole au Québec se développe rapidement, un choix incroyable de bières vous est proposé chaque année. Ce guide se veut une sélection de 250 bières que j'avais envie de vous proposer. Ma liste est basée sur des coups de cœur, des découvertes, des valeurs sûres et des bières que j'aime déguster, peu importe l'occasion. Chaque fiche de dégustation vous propose une suggestion d'accords insolites ou gourmands et une courte description des produits présentés.

Ce guide s'adresse à l'amateur de bières qui désire découvrir des bières offrant un éventail incroyable de saveurs et d'arômes.

Les brasseries québécoises offrent très souvent un plateau de dégustation de leurs produits.

Il comprend des valeurs sûres, des nouveautés, des nouvelles tendances et des produits plus difficiles à trouver.

Le marché de la bière étant très diversifié, il se peut que vous ne trouviez pas toutes les bières chez vos détaillants favoris. Encore une fois, je les ai classées par « capsules sensations » et non par style, vous permettant de mieux comprendre le rôle des ingrédients et des méthodes de brassage dans le goût de la bière.

La section sur les ingrédients et le brassage a été retirée afin de vous offrir une plus grande sélection de bières et un chapitre sur les accords bières et mets beaucoup plus riche et pratique.

Amateurs de bières, je vous invite à découvrir une bière à la fois et à vous faire plaisir. Il y a une bière pour chacun de nous, à vous de la trouver.

Philippe Wouters
Le nez de la bière

Nombre de permis de brassages actuellement au Québec (juin 2017)

3 BRASSERIES – permis de brassage industriel

117 MICROBRASSERIES – permis de brassage industriel

56 BRASSEURS ARTISANS – permis de brassage artisanal

Contrairement à une microbrasserie, un brasseur artisan ne peut pas vendre sa bière à l'extérieur de son établissement sauf s'il désire l'exporter à l'extérieur de la province.

Une industrie dynamique, qui a le vent dans les voiles et qui offre une grande variété de bières pour des consommateurs de plus en plus curieux.

LA BIÈRE

Le nombre de brasseries au Québec est en constante augmentation. En 2 ans, c'est une augmentation de 37 % de brasseries sur le sol québécois. Au moment d'écrire ces lignes, plusieurs projets sont en attente d'un permis de brassage.

LE MARCHÉ DE LA BIÈRE AU QUÉBEC

La bière est brassée et consommée depuis des siècles au Québec. Du bouillon, une décoction à base de farine et d'eau que chaque colon se devait de consommer, aux Ales brassées par les premiers brasseurs anglais installés au Canada, la culture brassicole au Québec s'est considérablement ouverte à toutes les inspirations, principalement dominées par des pays tels que l'Allemagne, l'Angleterre et la Belgique mais aujourd'hui rattrapées par l'imagination débordante des brasseurs américains. Nous sommes au tournant de la culture brassicole : pendant de nombreuses années, l'Europe a été la source d'inspiration ; aujourd'hui, elle regarde évoluer avec beaucoup d'intérêt, et parfois de l'incompréhension, une culture brassicole qui se transforme à très grande vitesse.

Depuis 1985, de très nombreuses microbrasseries se sont installées partout sur le territoire. On brasse d'excellentes bières de tous les styles et aucun « chauvinisme brassicole », dicté par l'histoire, ne vient contredire l'exubérante inventivité des artisans brasseurs du Québec. Vous pouvez retrouver, sous un même toit, de la bière inspirée des styles allemands, belges ou anglais sans oublier quelques interprétations américaines, de plus en plus populaires.

Autrefois consommée au détour d'une rencontre dans un bar, derrière sa tondeuse, dans un gradin ou devant sa télévision, la bière a réussi à se tailler une place de plus en plus importante sur la table. On a appris à consommer différemment et à découvrir la culture brassicole, mais le chemin est encore bien long avant de voir une sélection de bières de toutes les saveurs dans la plupart des restaurants.

L'arrivée de nombreuses brasseries artisanales a permis à beaucoup de consommateurs de découvrir un savoir-faire local et de déguster des bières différentes. Fait amusant, on ne consomme plus sa bière mais une liste de bières en fonction d'un moment, d'une situation ou d'un événement.

LE STOCKAGE

Plusieurs consommateurs achètent des bières et les stockent dans un cellier, qui n'en est pas réellement un, car ils aiment voir les produits de leurs découvertes et attendent, avec patience ou impatience, le moment idéal pour les déguster.

Ce temps d'attente peut altérer la qualité de la bière si les conditions de stockage ne sont pas adéquates. Par exemple, la lumière ou l'air ambiant peuvent altérer la bière.

STOCKAGE DE MOINS DE 24 HEURES

Rafraîchissez les bières 24 heures à l'avance et évitez de les placer au congélateur, la bière n'apprécie pas le choc thermique.

STOCKAGE DE 1 À 7 JOURS

Stockez-la au frais, au réfrigérateur, couchée pour les bières sans *lie* et debout pour les bières sur *lie*. La durée de stockage étant courte, la bière ne sera pas altérée.

STOCKAGE 7 JOURS À 6 MOIS

Les standards de l'industrie considèrent qu'une bière reste fraîche 6 mois. Il suffit de la stocker à la verticale dans un endroit frais et sec, le fameux *cellier*.

La *garde* consiste à conserver une bouteille le temps nécessaire à ce que la bière soit au goût du consommateur. La garde est proposée ou définie par le brasseur et est généralement de quelques mois.

STOCKAGE DE PLUS DE 6 MOIS

Le stockage d'une bière plus de 6 mois ou de la période conseillée par la brasserie est appelé *vieillissement*. Matière à débat, le vieillissement est une méthode empirique établie par le consommateur qui consiste à déguster des bières d'âges différents. Pour certains, le *vieillissement* ne rend pas service à la bière, pour d'autres, elle offre une autre dimension à la dégustation.

CONDITIONS IDÉALES DE STOCKAGE

Si vous désirez faire vieillir quelques bouteilles dans votre *cellier à bière,* respectez les consignes suivantes :

- **Seules les bières non filtrées et sur lie profitent d'une *garde*.** Elles continuent d'évoluer dans la bouteille.

- **Ne jamais conserver une bière qui a mal été embouteillée;** elle est déjà fort probablement en train de s'altérer.

- **Plus la bière a un taux d'alcool élevé** ou un taux de sucre résiduel lui donnant de la rondeur, **plus la garde la bonifiera.**

- **Les bières ayant subi une fermentation lactique,** un ajout de bactéries ou l'utilisation de levures de type *Brettanomyces* sont plus propices à apprécier le vieillissement.

- **Suivre les indications de la brasserie et du brasseur** qui connaît le mieux sa bière.

LA TEMPÉRATURE DE SERVICE

Chaque bière a des arômes et saveurs qui ont besoin d'une température idéale pour se libérer. Certaines Ales, grâce à l'alcool, vont vous offrir des notes fruitées ou caramélisées. Si la bière est trop froide, la perception des saveurs en sera grandement influencée. Servez votre bière à une température adéquate.

La température de service idéale d'une bière est 1,5 fois son taux d'alcool.

Une bière à 4 % d'alcool/vol. sera servie à 6 °C.

Une bière à 5 % d'alcool/vol. sera servie à 7,5 °C.

Une bière à 10 % d'alcool/vol. sera servie à 15 °C; le maximum conseillé pour toute bière à plus de 10 % d'alc./vol.

LE VERRE

Avez-vous déjà remarqué l'importance du verre dans le service de la bière en Europe? Que vous soyez en Allemagne, en Angleterre ou en Belgique, le serveur va vous offrir le verre adéquat. Habituellement, il s'agit du verre fourni par la brasserie.

En Amérique du Nord, le verre le plus utilisé est la pinte. Verre préféré des Anglais pour leurs nombreuses Ales, il est cependant inadéquat pour des styles de bières belges ou allemands. Quel verre choisir?

DE NOMBREUX VERRES À BIÈRE

Il existe des centaines de styles de verre et chaque brasserie propose le verre qui convient avec la bière. Qu'ils soient longs, ronds, minces ou larges, si vous deviez respecter les consignes de chaque brasserie, vous auriez un verre de bière différent pour chaque bière de votre *cellier*. On n'a pas tous l'âme d'un collectionneur.

Le choix du verre est primordial pour une dégustation réussie :

- **Un verre à pied,** tenu par celui-ci, évite de réchauffer la bière lorsqu'on la boit. Mais la tendance proposant de plus en plus de verres sans pied, il suffit d'en tenir compte au moment de servir la bière et à la bonne température.

- **Un verre aux parois épaisses** permet de garder la bière froide. Mais la sensation sur le bout des lèvres ne sera pas aussi agréable qu'avec un verre aux parois minces. Je privilégie des verres au parois minces.

- **Un verre au col étroit** emprisonne plus facilement les saveurs si celui-ci a un corps plus large qui permet de libérer les saveurs.

- **Un verre au col large** offre une plus grande surface d'exposition à l'air libre et risque d'altérer la bière plus rapidement. Un col de mousse est nécessaire pour protéger la bière.

La tulipe

Verre le plus polyvalent, le verre tulipe doit son nom à sa forme. Sa forme de ballon se referme légèrement, ce qui lui permet de conserver toutes les saveurs et d'y plonger votre nez. Il contient environ une bouteille de bière, ce qui vous permettra de servir la bière en une fois.

On utilise ce verre avec des bières qui offrent des saveurs marquées, qu'elles soient douces ou typées, et qui ont une belle carbonatation. Il permet d'obtenir une mousse imposante, ce qui accentue l'amertume de la bière.

Certains verres tulipes vous sont proposés sans pied, ils ont fière allure et permettent d'apprécier tout autant votre bière.

La pinte

Le verre le plus utilisé dans les bars du monde entier et les formats varient en fonction des coutumes locales. Ce verre est légèrement conique, il ne retient pas les saveurs et est le plus souvent utilisé pour les bières de type Pale Ale, Brown Ale, Bock et autres bières dont la fonction première est d'en prendre une deuxième.

Les pays anglo-saxons apprécient particulièrement leur pinte, ce qui en fait le verre le plus polyvalent dans les bars, même pour des bières qui auraient besoin d'un autre type de verre.

Je ne conseille pas ce verre si vous êtes en mode dégustation. Il peut d'ailleurs être très facilement remplacé par un verre de type *stange,* très populaire en Allemagne pour les bières désaltérantes.

Le ballon

De forme sphérique, ce verre peut contenir la totalité de la bouteille ou canette. Il concentre les saveurs et permet d'offrir un beau col de mousse.

La plupart du temps utilisé pour des bières ayant un fort taux d'alcool, des notes maltées et une faible carbonatation. Sa forme permet d'offrir une mousse compacte et son rayon au sommet vous permet d'y enfouir votre nez et de humer toutes les saveurs.

Son format contribue à la psychologie de la dégustation. On boit une bière digestive.

La flûte

Ce verre très allongé sur pied est utilisé principalement en Belgique pour les Lambics aux fruits. Le Lambic étant le champagne de Bruxelles, il emprunte le même verre que son cousin de France depuis quelques années, pied de nez au snobisme du vin face à la bière.

La flûte permet de garder longtemps l'effervescence de la bière et d'éviter que la bière se réchauffe si vous tenez le verre par le pied. Elle est utilisée pour les bières aux fruits, les bières apéritives et celles de style Brut.

Son format contribue à la psychologie de la dégustation. On boit une bière festive et apéritive.

STOCKER SES VERRES

Puisque la bière n'aime pas les résidus de savon et la poussière, le stockage des verres doit respecter certaines règles :

- **Stocker les verres dans un endroit sec et aéré,** tête vers le bas pour les protéger de la poussière.

- **Idéalement, ne pas les stocker dans la cuisine.** Le verre à bière n'aime pas la graisse ou la vapeur de cuisson.

- **Rincez abondamment le verre après l'avoir lavé.** Il ne doit pas contenir de résidus de savon ou de graisse, car ceux-ci altèrent la mousse ou l'effervescence.

- **Si possible, accrochez-les par le pied** et ne les essuyez pas avec un torchon mais laissez-les sécher. Vous éviterez ainsi d'y déposer des particules de coton ou de polyester.

QUOI REGARDER, SENTIR ET GOÛTER

Vous avez envie d'utiliser tous vos sens et de goûter à cette bière, mais vous ne savez pas quoi regarder, sentir ou goûter. Chaque élément de la bière doit être analysé et apprécié. Plus vous goûterez des bières différentes, plus vous serez en mesure d'en comprendre la fabrication, l'inspiration stylistique et les différentes saveurs.

Quelques éléments à regarder, sentir ou goûter.

LA MOUSSE

La mousse est le résultat de l'effervescence dans la bière. À chaque remontée, une bulle emporte avec elle quelques matières en suspension contenues dans la bière qui, au contact de l'air, forment une belle mousse.

Une bière contenant plus de protéines offrira une mousse plus crémeuse. Les blanches, brassées avec une faible quantité de blé, offrent une mousse généralement plus riche que des bières 100 % pur malt. Pourquoi l'eau gazeuse n'a pas de mousse, parce qu'elle ne contient pas de protéines.

La tenue de la mousse est primordiale et favorise un aspect visuel satisfaisant. Plusieurs facteurs déterminent la tenue de la mousse comme la présence de houblons ou de protéines dans la bière. En règle générale, une mousse crémeuse et riche est signe d'une bière en bonne santé.

Certaines bières ne vous offrent pas une belle mousse, cela ne veut pas dire qu'elles ne sont pas bonnes. Les *lambics,* par exemple, ne sont pas ou peu effervescents, la mousse est donc très volatile voire inexistante.

LA COULEUR DE LA BIÈRE

Lorsqu'on parle de la couleur, on parle en fait principalement de celle du grain ou du sucre ajouté. Sans être le principal facteur d'arômes et de saveurs, il influence cependant le goût de la bière et définit son profil. Par exemple, un grain pâle aura tendance à offrir des arômes de céréale et de pain, tandis qu'un malt plus foncé proposera des arômes plus prononcés de caramel.

Blonde
Peut développer des notes légères de pain et de céréales.

Blanche
Peut développer des notes de céréales et de pain.

Ambrée
Peut développer des notes légères de caramel et de céréales grillées.

Rousse
Peut développer des notes moyennes à fortes de caramel et de céréales grillées.

Brune
Peut développer des notes de chocolat, de céréales rôties, de sucre candi ou de mélasse.

Noire
Peut développer des notes de torréfaction, de café ou de céréales rôties.

Fruitée
Est liée aux saveurs et arômes des fruits utilisés. Dépend de la couleur du ou des fruits.

Il est très rare de boire une blonde aux arômes de café et de torréfaction. Le profil est donc important et la couleur permet au consommateur d'orienter sa dégustation et ses attentes. Saviez-vous qu'il faut très peu de malt noir pour brasser un Stout? Il suffit d'ajouter entre 10 et 15 % de malt noir à un malt pâle pour vous offrir une bière noire. En regardant votre bière, vous associez sa couleur à des arômes que vous connaissez. Vous vous préparez à sa dégustation.

Il est faux de dire que seule la couleur définit la saveur de la bière. Le houblon, la levure et les épices ajoutées peuvent être dominants et offrir des saveurs marquées. Mais il est également faux de penser que la couleur ne l'influence pas. Une dégustation de plusieurs bières de même couleur vous permettra d'y trouver certaines similitudes.

LA CLARTÉ

La clarté de la bière est intimement associée à sa couleur et à sa fabrication. Plusieurs termes sont utilisés dans le langage de la dégustation et permettent de mieux comprendre les méthodes de brassage associées au produit.

Brillante

La bière est transparente, reflétant la lumière et brillant sous celle-ci. Ce sont des bières filtrées ou décantées. C'est très souvent le cas pour des bières blondes.

Voilée

La bière est trouble, signe de matières en suspension. On voit ce phénomène le plus souvent dans les bières non filtrées ou contenant beaucoup de blé ou de céréales crues. Si vous voyez des matières en suspension formant de grosses particules, il est possible que la lie se soit décollée du fond de la bouteille ou que le houblon, fortement utilisé dans votre bière, ai subi une petite transformation, laissant place à des particules peu gracieuses.

Limpide

La bière est transparente et rien ne vient troubler cette transparence. Pour des bières plus ambrées à brunes, il s'agit le plus souvent de bières filtrées, mais qui n'ont pas la brillance d'une bière blonde.

Avec un peu d'expérience, chaque analyse de la clarté de la bière vous permettra de déceler des erreurs ou anomalies ainsi que d'en connaître un petit peu plus sur la qualité de l'effervescence, la filtration, les matières premières, etc.

L'EFFERVESCENCE DE LA BIÈRE

La gazéification ou effervescence de la bière consiste à ajouter du CO_2 (de manière naturelle ou artificielle) dans le contenant et de garantir que la bière soit dans un milieu anaérobique.

La taille des bulles est un gage de qualité :

- **Si celles-ci sont uniformes,** la bière est servie dans d'excellentes conditions.
- **Si les bulles sont inégales** ou se tiennent sur la paroi du verre, celui-ci est peut-être sale ou endommagé.

Bière voilée et lumière

• **Si les bulles sont très grosses,** la bière peut être infectée ou le verre peut contenir un produit non désiré.

Comment reconnaître la taille des bulles ? Par l'expérience mais fiez-vous aux bières servies en fût, le système de service favorisant une gazéification adéquate pour chaque bière.

L'effervescence de la bière déterminera également la sensation au premier contact de votre langue et la perception d'un élément que nous verrons bientôt : le *corps de la bière*.

• **Si la bière est très effervescente,** elle accentuera les saveurs acidulées et amères.

• **Si la bière est moins effervescente,** elle accentuera les saveurs sucrées. Voilà pourquoi les brasseurs préfèrent embouteiller leurs bières alcoolisées et sucrées à des taux de gazéification plus bas que leurs bières désaltérantes.

LES ARÔMES DE LA BIÈRE

Avant de tremper vos lèvres dans une bière, il est très important de la sentir, les arômes et flaveurs qui s'en échappent vous aideront à identifier son profil. Chaque arôme est interprété par votre cerveau qui les identifie en fouillant dans votre mémoire olfactive. Si vous reconnaissez une saveur associée à un aliment, c'est parce que vous en avez déjà mangé.

Dans le cadre professionnel, les experts bières sont en mesure d'identifier le style grâce aux arômes et aux odeurs qui s'échappent du verre. La meilleure école est celle de la pratique. Plus vous sentez et dégustez de bières, plus vous êtes en mesure de les reconnaître.

Le profil des arômes d'une bière est très complexe, mais on peut associer ces arômes par famille de saveurs.

Saveurs positives

Elles offrent le plus souvent une impression positive.

Aromatique
Regroupe les arômes d'alcool, de fruits et de fleurs.

Résineux
Regroupe les arômes de résines, d'herbe et de noix.

Céréales
Regroupe les arômes de pain ou de céréales.

Caramélisé ou sucré
Regroupe les arômes de caramel, de mélasse, de sucre candi.

Grillé ou brûlé
Regroupe les arômes de pain grillé, de caramel brûlé.

Saveurs négatives

Elles offrent le plus souvent une impression négative.

Phénolique
Regroupe des odeurs de pansement, de clinique, de fumée et de clou de girofle.

Lacté
Regroupe des odeurs de rance, de fromage.

Soufré
Regroupe des odeurs de soufre, d'allumettes, de caoutchouc.

Végétal
Regroupe des odeurs de légumes verts, de légumes cuits ou d'eaux usées.

Saveurs relatives

Elles peuvent être positives ou négatives selon le style.

Oxydé
Regroupe des arômes de carton, de cuir, de cave humide.

Gras
Regroupe des arômes de beurre, maïs soufflé, caramel au beurre.

La dégustation étant un processus très personnel, puisque chaque individu a une mémoire olfactive différente, il est intéressant de comparer ses résultats. Vous découvrirez également les effets de la psychologie de la dégustation et de l'influence de vos convives sur votre propre perception. Voilà pourquoi, dans le cadre d'un concours, les juges sont invités à garder le silence.

LE CORPS DE LA BIÈRE

Que celle-ci soit amère, sucrée, salée ou acide ; qu'elle soit très effervescente ou tranquille ; que la bière soit forte en alcool ou légère, tous ces paramètres influencent ou sont influencés par sa texture.

Le corps de la bière symbolise l'effet du liquide sur la langue et le palais et peut se voir dans le verre. Il varie en fonction de la densité de la bière, de son taux de sucre résiduel ou de l'ajout de matières premières autres que les céréales ou le houblon. Un vocabulaire lui est associé.

Mince
Se dit d'une bière peu présente en bouche et à faible densité. Proche de la densité de l'eau. Elle peut également offrir une sensation sèche, c'est-à-dire aucune perception de sucré.

Épaisse

Se dit d'une bière proche d'un liquide crémeux ou plus épais. Peut avoir des éléments en suspension mais invisibles à l'œil nu. Une bière fortement alcoolisée et faiblement gazéifiée peut avoir un corps crémeux.

Huileuse

Se dit d'une bière proche d'un liquide huileux. Peut avoir des éléments en suspension mais invisibles à l'œil nu. Une bière très houblonnée, en houblonnage à cru, peut avoir un corps huileux car les huiles essentielles du houblon sont nombreuses.

Piquante

Se dit d'une bière ayant une forte effervescence qui pique la langue. À ne pas confondre avec le piquant d'un piment.

Ronde

Se dit d'une bière avec un taux de sucre résiduel élevé. L'impression de rondeur est basée sur la densité de la bière et le sucre résiduel qui se pose sur la langue.

Liquoreuse

Se dit d'une bière avec un taux de sucre résiduel très élevé et un taux d'alcool élevé. La sensation de boire une liqueur est dominante.

LE GOÛT DE LA BIÈRE

Au nombre de quatre (sucré, acide, salé et amer), les différents goûts sont perceptibles grâce aux papilles gustatives qui couvrent la langue. Certaines sont plus sensibles à un type de goût en particulier favorisant la détection sur une zone précise de la langue mais ce schéma est controversé si on considère que seule la zone visée est capable de détecter un type de goût en particulier.

Il ne faut pas confondre goût et goût :

- **Le premier** est le résultat de la perception par vos papilles gustatives d'une sensation salée, sucrée, amère ou acide. On utilise la langue.

- **Le second** est un ensemble de saveurs, flaveurs et de sensation sur votre langue et est le terme usuellement utilisé pour décrire un produit. On utilise la langue, le nez et la mémoire olfactive.

La perception du goût

Chaque individu est apte à goûter grâce à ses papilles gustatives. Mais son échelle de détection et de tolérance sera très personnelle. Un produit très acide pour une personne peut être plus doux pour une deuxième. Néanmoins, les deux consommateurs seront en mesure d'évaluer le produit et de détecter cette acidité.

Le goût s'apprivoise. Vous n'êtes pas amateur des bières très amères que beaucoup de vos amis vous invitent à goûter ? Prenez votre temps. Si vous voulez améliorer vos connaissances sur ce genre de produits, il faut tout simplement en déguster continuellement et vous vous habituerez aux sensations gustatives plus amères, une gorgée à la fois.

En vieillissant, vos papilles gustatives s'épuisent et sont de moins en moins sensibles à la détection. Les personnes âgées ne détectent que les produits aux goûts plus marqués. Un enfant, quant à lui, détectera les goûts plus facilement. Cela est vrai également pour l'amateur de bières houblonnées qui demandera sans cesse des bières de plus en plus houblonnées. Et lorsqu'il goûtera à nouveau, quelques années plus tard, une de ses premières découvertes, elle sera sensiblement moins houblonnée que dans ses souvenirs.

La détection des saveurs et du goût

Sans le nez, la perception des *saveurs* est nulle. Sans la langue, la perception des *goûts* l'est aussi. Les deux vous offrent un travail d'équipe qui vous permet de détecter, d'analyser et d'apprécier votre bière.

Avant votre première gorgée, vous sentez votre bière et détectez des *saveurs*. Celles-ci vous rappellent des souvenirs olfactifs ou non. Elles permettent également de donner un avis rapide sur l'appréciation du produit. Sont-elles positives ou négatives ?

À la première gorgée, les papilles gustatives détectent la texture de la bière (piquante, huileuse, ronde, liquoreuse) et analysent les différentes saveurs (sucrée, acide, salée ou amère). Le nez, quant à lui, continue de recevoir des odeurs et arômes, par le biais de la voie rétro-nasale, derrière la langue (rétro-olfaction).

Après avoir avalé la gorgée, la rétro-olfaction continue de vous offrir des saveurs que votre cerveau associe à la perception du goût. Vous n'avez plus de liquide en bouche, mais la perception des saveurs est encore bien présente. On parle d'étalement.

À la seconde gorgée, votre langue analyse à nouveau les différentes perceptions du goût, alors que le nez est toujours en rétro-olfaction sur la première gorgée. L'harmonie des goûts et saveurs est à son apogée, jusqu'à ce que votre verre soit vide.

LES STYLES DE BIÈRES

Même si la bière est de plus en plus présentée en fonction de ses saveurs, l'influence de la culture brassicole depuis des siècles et le rôle de ses trois grands courants (Allemagne, Angleterre et Belgique) influencent encore les brasseurs qui s'inspirent de dizaines de styles.

Considérant que ces styles sont très souvent indiqués sur l'étiquette, voici la liste des plus communs. J'en profite également pour vous présenter une liste de mots associés à des caractéristiques, plus de la moitié des nouvelles bières utilisent ce vocabulaire pour définir leur style.

L'ALLEMAGNE

L'Allemagne offre une vaste sélection de bières. Parfois associées à une matière première ou à une région, les bières allemandes ont un rôle déterminé : étancher la soif. Mais certaines d'entre elles permettent d'offrir des saveurs complexes. Voici les styles les plus communs et ceux que vous retrouverez dans cet ouvrage.

[PILSNER]

D'origine de Pilsen, en Bohème, les Pilsner sont reconnues pour leur couleur blonde et dorée, leurs arômes de houblon et leur finale sèche. En Belgique, vous pouvez retrouver le style Pils, proche cousin du style Pilsner.

> **Arômes :** pain de mie, fleur, herbes
> **Profil :** sèche et mince

[HELLE]

Brassée en Bavière, la Helle est une bière blonde titrant environ 5 à 6 % d'alc./vol., de fermentation basse. Elle se rapproche de la Pilsner, mais est moins houblonnée et un petit peu plus maltée.

> **Arômes :** pain de mie, malt
> **Profil :** douce

[KELLERBIER]

Originaire du nord de la Bavière, la Kellerbier est une bière de fermentation basse aux couleurs multiples mais souvent ambrée.

Elle a la particularité d'être plus houblonnée et associée aux bières de garde, celle-ci profitant d'une maturation en cave (*Keller*, en allemand).

> **Arômes :** houblon, caramel, malt
> **Profil :** amère, mince

[WEIZEN]

Les Weizen sont des bières de blé et d'orge brassées en Allemagne. Elles sont troubles et brassées avec une levure qui développe des saveurs de banane et de clou de girofle. Les Weizen ne sont pas forcément blanches ; si c'est le cas, on parle alors de Weiss. Les Weizen sur lie (la levure au fond de la bouteille) sont appelées HefeWeizen.

> **Arômes :** banane, clou de girofle, fruits
> **Profil :** ronde et riche

[BOCK]

Originaires de l'Allemagne du Nord, les bières de type Bock sont de couleur blonde à brune et sont moyennement alcoolisées. Elles offrent un corps légèrement malté. Elles ne sont pas très amères.

> **Arômes :** malt, caramel, mélasse
> **Profil :** légèrement maltée, moyennement ronde

[WEIZENBOCK]

Semblables aux Bock, les Weizenbock sont brassées avec de l'orge et du blé *(Weizen)* malté. Elles offrent un corps légèrement malté et trouble. La levure utilisée offre des saveurs de banane et de clou de girofle.

> **Arômes :** caramel, banane, clou de girofle, fruits
> **Profil :** ronde et riche

[DOPPELBOCK]

Basée sur la Bock, la Doppelbock est, cependant, plus alcoolisée et plus ronde, car la teneur en sucre du moût est supérieure. La bière est peu amère. Certaines brasseries proposent également une DoppelweizenBock, plus maltée que la Weizenbock mais ayant le même profil de saveurs.

> **Arômes :** malt, pain grillé, alcool
> **Profil :** ronde

[EISBOCK]

On raconte qu'un tonneau de Bock oublié à l'extérieur pendant l'hiver a créé ce style de bière, mais cela tient plus de la légende. L'eau ayant gelé sous l'effet de la température, la Eisbock était beaucoup plus concentrée en alcool et plus ronde.

Arômes: alcool, sucre
Profil: ronde et riche

[MARZEN] OU [OKTOBERFEST]

Brassée à la fin de la période de brassage, la Marzen est une bière douce offrant un corps légèrement malté. C'est la bière que l'on boit pendant l'*Oktoberfest* et qui est brassée essentiellement en Bavière.

Arômes: malt, caramel
Profil: légère

[KÖLSCH]

Brassée dans la ville de Cologne, les Kölsch sont légèrement fruitées et peu amères. Bière de fermentation haute profitant d'une garde à froid, la Kölsch jouit d'une indication géographique protégée, même si son style est brassé partout dans le monde.

Arômes: fruits, pain de mie
Profil: mince et légère

[ALTBIER]

Brassée dans la région de Dusseldorf, l'Altbier est, comme les Kölsch, une bière de fermentation haute profitant d'une garde à froid. La bière est de couleur ambrée et développe des saveurs légèrement sucrées ou fruitées et moyennement amères. Les saveurs de caramel provenant de l'orge sont moyennes à très présentes.

Arômes: malt, caramel, houblon
Profil: sèche et amère

[GOSE]

Brassée historiquement avec l'eau de la rivière Gose, la bière subit également une fermentation lactique qui lui donne un caractère acidulé. Elle est parfumée à la coriandre et au sel, ce qui en fait une bière tout à fait unique et très désaltérante.

Arômes: citrique, coriandre
Profil: sèche et acidulée

[RAUCHBIER]

Spécialité de la région de Bamberg, la Rauchbier est une bière brassée avec des malts fumés au bois de hêtre. Les saveurs de bois fumé sont très présentes. Les exemples de style proposés s'inspirent des Rauchbier.

> **Arômes :** fumée
> **Profil :** ronde

[LAGER BLONDE]

Style générique utilisé par beaucoup de brasseries industrielles, Lager blonde permet de regrouper certains styles atypiques ou méthodes de fabrication principalement dictées par le type de fermentation et le type de céréales utilisés. Le style Lager blonde n'est pas lié à un savoir-faire empirique.

> **Arômes :** pain de mie, céréales
> **Profil :** sèche et mince

[LAGER BRUNE]

Calqué sur le même principe que Lager blonde, le style Lager brune est principalement dicté par le type de fermentation et le type de céréales utilisés et de sucre ajouté, pour la grande majorité des bières de ce style.

> **Arômes :** malt, sucre
> **Profil :** sèche et mince

L'ANGLETERRE

Au pays des Ales, la bière se boit à la température de la cave, aux environs de 12-14 degrés Celsius. Les notes de malt et de houblons sont beaucoup plus perceptibles de cette façon. Les Anglais n'ont pas été les premiers à ajouter du houblon dans leur bière, mais ils ont fini par rattraper leur retard.

[PALE ALE]

Voilà le style le plus connu des îles Britanniques. Ses saveurs légèrement maltées et houblonnées en font une bière rafraîchissante, même à température cave. On trouve également des interprétations du style sous le nom de Bitter.

> **Arômes :** caramel, rôti, houblon
> **Profil :** mince à ronde

Inspirés des Pale Ale anglaises, les Américains brassent des Pale Ale et utilisent des houblons beaucoup plus aromatiques que leurs cousins anglais. On parle d'American Pale Ale, elles sont également plus amères et moins maltées.

Arômes : agrumes, houblon
Profil : mince et amère

Inspirée par la Pale Ale anglaise, la Pale Ale belge offre un nez plus fruité provenant de l'utilisation de levures différentes que celles utilisées en Angleterre. Elle a un profil semblable à ses cousines anglaises, mais une amertume moins franche.

Arômes : fruits, caramel
Profil : mince

[RED ALE]

La Red Ale ou Rousse est un style très populaire en Irlande. Brassée avec du malt caramel et du malt rôti, elle offre des arômes très proches des céréales utilisées.

Arômes : caramel, pain toasté
Profil : mince

[BARLEY WINE]

Le Barley Wine est souvent la bière millésimée de chaque brasserie. Il développe un nez franc d'alcool et de sucre malté.

Arômes : alcool, maltée
Profil : sucré, ronde

Le Barley Wine américain ou American Barley Wine s'inspire du Barley Wine anglais en augmentant l'houblonnage et le taux d'alcool de la bière. Il développe un nez plus complexe d'alcool, de sucre et des arômes provenant des différents houblons.

[BROWN ALE]

Brassées avec du malt brun, les bières de type Brown Ale développent des arômes de toffee et sont très faiblement houblonnées.

Arômes : caramel, toffee
Profil : ronde, douce

[INDIA PALE ALE]

Inspirée de la Pale Ale, la India Pale Ale est brassée avec plus de céréales et plus de houblon. À l'époque, cela lui donnait davantage de corps et d'amertume afin de supporter le voyage en bateau jusqu'en Inde.

Arômes : caramel, houblon, épices poivrées
Profil : douce, amère

Les versions américaines des India Pale Ale sont plus houblonnées et offrent des arômes d'agrumes ou de résine de houblon.

Arômes : houblon, agrumes
Profil : amère

En référence à l'utilisation du mot Imperial ou Double, utilisés en Angleterre et en Belgique et définissant une bière plus alcoolisée que sa version simple, plusieurs brasseries américaines ont créé des India Pale Ale beaucoup plus alcoolisées et sucrées au nom de Imperial India Pale Ale ou Double India Pale Ale.

Arômes : houblon, agrumes, sucre
Profil : ronde, amère

[PORTER]

D'abord brassé avec des malts bruns, le Porter est devenu, au fil du temps, une bière brassée avec du malt pâle et du malt torréfié, de couleur noire aux saveurs de grains grillés, sans trop d'amertume. C'est un proche cousin du Stout.

Arômes : grain grillé, chocolat
Profil : douce, mince

Un Porter, plus alcoolisé et plus malté, était brassé sur les bords de la mer Baltique et ressemble à son cousin Imperial Stout. On le nomme Porter Baltique.

Arômes : chocolat, alcool, torréfaction
Profil : ronde, riche

[SCOTCH ALE]

Ce style de bière a pris son essor en Belgique grâce à l'importateur belge John Martin, à la fin de la Première Guerre mondiale. La Scotch Ale est la cousine des Wee Heavy provenant d'Écosse. Elle est sucrée et légèrement alcoolisée.

Arômes : caramel cuit, fruits
Profil : ronde, sucrée

[STOUT]

Désignant les bières noires les plus fortes au 18e siècle, le Stout offre des saveurs de café, de grain grillé et est légèrement plus amer qu'un Porter.

Arômes : grain grillé, café
Profil : mince, amère

Exemple de style:

Plus alcoolisé et amer, l'Imperial Stout était brassé pour être exporté à la cour impériale de Russie. Les bières de ce style sont très rondes et alcoolisées.

Arômes: alcool, grain grillé, fruits
Profil: ronde, riche

LA BELGIQUE

La Belgique offre une panoplie de bières et de styles. Chaque région de la Belgique a ses brasseries et son style de bière. Il y a par exemple les Lambics pour la région de Bruxelles et les Saisons pour la région de Wallonie.

[BLANCHE]

Le style Blanche belge n'existe pas. On parle plutôt de Blanche: une bière au mélange de blé et d'orge qui est assaisonnée, le plus souvent, avec de la coriandre et des écorces d'orange séchées.

Arômes: agrume, fruits
Profil: mince, crémeuse

[SAISON]

La Saison était brassée à la fin de l'hiver pour être consommée durant l'été. Elle se devait d'être rafraîchissante même à des températures de service élevées.

Arômes: épices, fruits
Profil: mince, âcre

[BIÈRE DE GARDE]

Bière brassée à la fin de la saison de brassage, elle était destinée à être gardée jusqu'à sa consommation – d'où son nom. La Bière de garde n'est pas clairement un style mais une méthode de conservation de la bière. Plusieurs experts s'accordent à dire que l'appellation Bière de garde est réservée pour les bières du nord de la France et cette bière est maltée, légèrement alcoolisée et peu amère.

Arômes: pain de mie, malt, sucre
Profil: ronde

[BLONDE BELGE]

Voilà un style de bière qui regroupe toutes les bières blondes de Belgique aux saveurs fruitées et au corps rond. Qu'elles soient associées à un passé monastique (p. ex., Bière d'Abbaye) ou non, ces bières ont toutes le même profil de saveurs.

> **Arômes :** fruits, alcools, épices
> **Profil :** ronde, alcool

[BELGE FORTE]

Se voulant plus alcoolisées et typées que les Blondes belges, les bières fortes sont le résultat d'une initiative pour contrer l'arrivée de la Pilsner en Belgique. Cela a donné une blonde alcoolisée et amère très désaltérante.

Aujourd'hui, certaines bières de couleurs différentes se classent également dans les Belges fortes, même si elles n'ont pas toutes les caractéristiques originales. C'est une catégorie très populaire et utilisée par beaucoup de brasseries.

> **Arômes :** alcool, fruits, houblon
> **Profil :** ronde, alcool

[DOUBLE]

Anciennement brassée exclusivement par les moines, la Double est une bière brune aux saveurs de fruits, de toffee ou d'alcool. En Belgique, ces bières sont appréciées en digestif après un repas familial.

> **Arômes :** fruits, caramel, toffee
> **Profil :** ronde

[QUADRUPLE]

Plus fortes que les Doubles, les Quadruples sont le résultat d'un brassage avec une densité et une teneur en sucre avant fermentation bien supérieure aux autres bières. La bière est riche en alcool, en saveurs maltées et en sucre résiduel.

> **Arômes :** sucre, malt, alcool
> **Profil :** ronde, moelleuse

[TRIPLE]

La Triple est une bière plus alcoolisée qu'une Blonde belge. Elle développe des saveurs d'alcool, de fruits ou d'épices.

> **Arômes :** alcool, épices, fruits
> **Profil :** ronde

[ROUGE DES FLANDRES]

Vieillie dans des barriques de chêne, cette bière emprunte les saveurs de bois, de fruits acidulés et d'épices. Certaines Rouges des Flandres sont produites avec un mélange de bières vieillies et jeunes. Elles peuvent être minces ou rondes, dépendant de la méthode utilisée par la brasserie.

> **Arômes :** fruits aigres, sucre, vanille
> **Profil :** mince ou ronde, acidulée

Cousine de la Rouge des Flandres, la Brune des Flandres est également vieillie, mais dans des cuves de garde plutôt que dans du bois. Les brasseries proposent également des assemblages de jeunes et vieilles bières. Elles peuvent être minces ou rondes, selon le cas.

> **Arômes :** fruits confits, épices, caramel
> **Profil :** mince ou ronde, acidulée

Fait intéressant, les Flamands utilisent le terme « oud Bruin » (vieille brune) pour définir une Rouge des Flandres ou Brune des Flandres, ne faisant pas la distinction entre la méthode de fabrication et la fermentation.

[LAMBIC/GUEUZE]

Proche cousin de la Blanche puisqu'il utilise également de l'orge et du blé, le Lambic se différencie par sa méthode de fermentation. Le moût est refroidi dans des grandes cuves à l'air libre, ce qui laisse place aux levures sauvages qui l'inoculent durant la nuit avant d'être fermenté dans des barriques en bois. La Gueuze est un mélange de vieux Lambics de 3 ans, 2 ans et 1 an, refermentés en bouteille.

> **Arômes :** animal, citron, pomme
> **Profil :** mince, aigre, acidulée

Un Lambic aux fruits est une bière de type Lambic à laquelle on a rajouté des fruits. Ces bières peuvent être sucrées si les fruits ou le sirop ont été ajoutés après la filtration de la bière ou surettes si les fruits ont été fermentés dans la bière. Un lambic traditionnel est aigre.

> **Arômes :** fruits, citron
> **Profil :** mince, aigre, acidulée (traditionnel), sucrées (coupé)

[BRUT]

La Brut est une bière à haute teneur en alcool qui est refermen-tée en bouteille à l'aide d'une levure de champagne. La levure procure une finale sèche et une carbonatation très fine. Ce sont les champagnes de la bière.

Arômes : épices, fruits
Profil : sèche

AUTRES STYLES

Plusieurs autres styles sont présentés dans cet ouvrage, ils ne sont pas forcément liés à l'histoire d'un pays ou d'une région brassicole, car ils sont le plus souvent liés aux matières premières utilisées pour la fabrication de la bière.

[BIÈRES AUX FRUITS]

Une bière aux fruits est une bière à laquelle on ajoute des fruits pendant le processus de brassage. Dépendant des méthodes utilisées, la bière développera des arômes de fruits ou un profil gustatif proche du fruit utilisé. Les bières avec ajout de fleur sont également dans cette catégorie.

Arômes : fruits
Profil : mince à ronde

[BIÈRES AUX HERBES/ÉPICES]

Une bière aux herbes/épices est une bière à laquelle on ajoute des herbes/épices de manière significative pendant le processus de brassage. Dépendant des méthodes utilisées, la bière déve-loppera des arômes liés au profil aromatique de chaque herbe ou épice ajoutée. Les bières avec ajout de légumes sont également dans cette catégorie.

Arômes : herbes ou épices
Profil : mince à ronde

COMPRENDRE LES NOUVEAUX STYLES

Au cours des dernières années, les brasseurs nord-américains ont utilisé un vocabulaire inspiré des grands courants brassicoles pour définir des caractéristiques bien précises à leur bière. Je vous présente une liste, non exhaustive, des termes que vous pourriez lire sur une étiquette de bière. Vous remarquerez que la plupart des termes sont en anglais, les États-Unis sont aujourd'hui un moteur très important de la culture brassicole dans le monde.

TERME	CARACTÉRISTIQUES	EXEMPLES
• IMPERIAL • DOUBLE	Ajout de plus de houblon, développement de plus d'alcool, plus de densité finale ou plus de goût. L'utilisation du terme Imperial ou Double définit clairement l'augmentation des caractéristiques du style cité.	IMPERIAL IPA IMPERIAL BROWN ALE DOUBLE PORTER
• AMERICAN • WEST COAST	Créé au milieu des années 1980, les American Pale Ale sont associées à l'utilisation de houblons dans le but de développer principalement les arômes. Ces bières mettent l'accent sur les arômes de houblon.	AMERICAN PALE ALE WEST COAST IPA AMERICAN BROWN ALE
• NEW ENGLAND	Créées au début des années 2000. Des bières houblonnées, très aromatiques, à l'amertume beaucoup plus faible que leurs cousines de la côte ouest américaine.	NEW ENGLAND IPA NEIPA
• SESSION	Terme emprunté aux brasseurs anglais définissant une bière faible en alcool mais tout aussi riche en saveurs et en goût. Antithèse du terme *light* plus fréquent dans le portefeuille des grands groupes brassicoles.	SESSION IPA SESSION PALE ALE

Suite page suivante

Suite de la page précédente

TERME	CARACTÉRISTIQUES	EXEMPLES
• INDIA • IPA • INDIA PALE ALE	Définit l'utilisation plus soutenue du houblon dans une recette qui, historiquement, était moins houblonnée et moins amère.	BLACK INDIA PALE ALE BROWN IPA BLACK IPA INDIA PORTER
• BRETTS	Ajout de *Brettanomyces* après la première fermentation ou en fermentation principale.	BRETTS IPA
• SOUR • WILD	Mûrissement en présence de bactéries. Celui-ci peut se faire en cuve en acier inoxydable ou dans des fûts en bois.	SOUR ALE WILD ALE
• RYE • WHEAT	Utilisation de seigle ou de blé dans le brassage de la bière. Très souvent utilisé quand il s'agit de brasser une bière dont le style historique ne contenait pas de céréales ajoutées.	RYE PALE ALE
• SAISON • BELGIUM • Etc.	Sur le continent américain, il n'est pas rare de découvrir une bière qui utilise une levure particulière sur un style tout autre. Dans ce cas-ci, le brasseur indiquera la levure utilisée et le style d'inspiration. Vous remarquerez que l'utilisation du terme « Belgium » ou « à la Belge » indique que le brasseur a utilisé une levure provenant de Belgique.	SAISON IPA BELGIUM INDIA PALE ALE
• MILKSHAKE	Tout nouveau style qui consiste à offrir une bière très houblonnée, aromatique et extrêmement voilée. L'ajout de lactose et de pectine naturelle peut également être considéré.	MILKSHAKE IPA

LE CLASSEMENT DES BIÈRES DANS CE LIVRE

Le classement utilisé dans ce livre s'appuie sur le programme « Capsules Sensations » que vous trouvez chez de très nombreux détaillants. Ce système permet de présenter la bière autrement, sans se soucier de l'interprétation du style par le brasseur et s'arrêter sur deux éléments importants : la couleur, qualificatif utilisé par bon nombre de consommateurs, et la sensation, le cumul du goût et de la texture de la bière.

COULEUR OU STYLE ?

Êtes-vous plutôt couleur ou style ? Les amateurs avertis préfèrent parler de style, alors que le consommateur grand public préfère parler de couleur. Dans les deux cas, on parle de bières et de culture brassicole.

Que vous soyez consommateur averti ou néophyte, vous buvez un produit qui développe des goûts et des saveurs, tout en offrant une sensation.

Peut-on créer un vocabulaire commun pour tous les consommateurs en continuant à promouvoir la culture brassicole et s'assurer que celui-ci soit simple et compréhensible rapidement ?

LA COULEUR

Avez-vous déjà remarqué que la plupart d'entre nous classent la bière ou la commandent au serveur par sa couleur.

Nous aimons utiliser instinctivement le classement par couleur. Dans la bière, comme dans le vin, la couleur joue un rôle important, mais n'est pas prédominante. S'il est faux de se baser uniquement sur la couleur pour définir le profil de saveurs de la bière, il est également faux de dire qu'elle n'influence pas le goût de la bière.

Si on adopte une approche principalement basée sur la dégustation, une bière offre un profil de saveurs et de sensations uniques qui sont influencées par les matières premières de la bière, y compris les céréales utilisées, donc la couleur.

LA BIÈRE, UNE SENSATION !

La bière peut être douce, ronde, amère, acide, tranchante ou mordante. À chaque gorgée, la texture de la bière et son goût façonnent son caractère qui influencera votre appréciation. Dans le langage courant, il n'est pas rare d'entendre parler de bières douces ou de bières amères et un amateur de bières douces ne sera peut-être pas amateur de bières amères, même si elles ont la même couleur.

Considérant que le caractère de chaque bière influence son appréciation, il devient intéressant de classer également les bières en tenant compte de la sensation perçue et de l'expérience attendue.

UN SYSTÈME DE CLASSEMENT COMBINATOIRE

En tenant compte des observations ci-dessus, des nombreuses dégustations et de l'intérêt du consommateur pour un système de classement simplifié, je vous invite à découvrir un classement combinatoire qui réunit deux paramètres :

1- **La couleur** qui influence le profil gustatif de la bière et qui est largement utilisée par les consommateurs néophytes.

BLONDE	Peut développer des arômes légers de pain et de céréales.
BLANCHE	Peut développer des arômes de céréale et de pain.
AMBRÉE	Peut développer des arômes légers de caramel et de céréales grillées.
ROUSSE	Peut développer des arômes moyens à fort de caramel et de céréales grillées.
BRUNE	Peut développer des arômes de céréales rôties, de sucre candi ou de mélasse.
NOIRE	Peut développer des arômes de torréfaction, de café ou de céréales rôties.
FRUITÉE	Est liée aux arômes des fruits utilisés.

2- La sensation, une perception du goût et des saveurs de la bière.

DOUCE	• Densité légère • Aucune à légère amertume • Aucune à légère acidité
RONDE	• Densité moyenne • Alcool ou sucre prédominants • Très légère amertume • Aucune acidité
LIQUOREUSE	• Densité haute • Alcool et sucre prédominants • Très légère amertume • Aucune acidité
AMÈRE	• Densités variées • Légère à moyenne amertume • Aucune à légère acidité
TRANCHANTE	• Densités variées • Amertume moyenne à élevée • Acidité légère à moyenne
ACIDULÉE	• Densité faible à moyenne • Acidité légère à moyenne • Aucune à légère amertume
MORDANTE	• Densité légère à moyenne • Acidité moyenne à élevée • Aucune à légère amertume
ÉPICÉE	• Densités variées • Sensation piquante, moyenne à élevée
FUMÉE	• Densités variées • Notes de fumaison discrète à prononcée

Une bière blonde douce développera des arômes légers de pain et de céréales avec une très légère amertume, alors qu'une blonde acidulée développera des arômes légers de pain et de céréales avec une acidité moyenne. Le consommateur de bières douces se consacrera à l'expérience recherchée et sera intéressé à découvrir plusieurs sensations identiques, de couleurs différentes.

TABLEAU COMPARATIF STYLES – SENSATIONS

Considérant le système de classement présenté et le système de classement par style utilisé depuis des décennies, il est intéressant d'associer un style avec une sensation. Bien entendu, le classement n'a aucune valeur de référence et vous est présenté uniquement à titre d'information puisque chaque brasseur peut brasser sa bière avec le profil gustatif de son choix et la com-

	DOUCE	RONDE	LIQUOREUSE	AMÈRE	
BLONDE	Cream Ale Ale blonde Light Ale Light Lager	Bière de garde Blonde belge Triple		Belge forte Maibock Kölsch Pilsner	
BLANCHE	Blanche Weissbier				
AMBRÉE	Pale Ale belge Cream Ale Oktoberfest		Bière tranquille	Bitter Pale Ale Rye Pale Ale India Pale Ale	
ROUSSE	Red Ale	Doppelbock	Bière tranquille	Pale Ale Bock Altbier Red Ale	
BRUNE	Mild Brown Ale Dunkel Weizen	Old Ale Double Quadruple Weizenbock	Eisbock	Barley Wine	
NOIRE	Porter	Imperial Stout Porter Baltique	Imperial Stout Porter Baltique	Porter Stout	
FRUITÉE	Ale aux fruits	Lambic aux fruits (sirop)		Ale aux fruits	

préhension qu'il a du style, sans oublier que plusieurs nouveaux styles peuvent être rapidement identifiés, en tenant compte de la sensation perçue.

Je me suis cependant amusé à répertorier quelques styles dans le système de classement « Capsules Sensations ». Vous serez d'accord avec moi, il y a matière à interprétation.

	TRANCHANTE	ACIDULÉE	MORDANTE	ÉPICÉE	FUMÉE
		Saison	Lambic Gueuze		
			Berliner Weisse		
	American Pale Ale India Pale Ale Imperial India Pale Ale				Rauchbier
		Rouge des Flandres	Rouge des Flandres		Rauchbier
	American Brown Ale American Barley Wine	Brune des Flandres	Brune des Flandres		Rauchbier
					Rauchbier
		Ale aux fruits	Lambic aux fruits (naturelle)		

Une suggestion d'exercices de dégustation à réaliser entre amis.
L'exercice peut légèrement différer en fonction de la fraîcheur
de la bière, de l'interprétation du style par le brasseur, de la
propreté du verre et de la méthode de service.

EXERCICE 1 LA MOUSSE DANS LA BIÈRE

• Achetez trois bières pour cet exercice : une Blanche, une
Triple et une Pilsner. Assurez-vous d'avoir trois verres identiques, propres et bien rincés.

• Servez les bières, dans chaque verre, en même temps. Si
vous êtes seul, assurez-vous de le faire le plus rapidement
possible avec la même méthode.

• Si on compare les mousses, on remarque que les trois ont
un profil différent. La Blanche propose une mousse crémeuse et onctueuse, alors que celle de la bière Pilsner est
plus volatile. Goûtez uniquement la mousse, vous remarquerez que celle-ci est plus amère que la bière. C'est normal,
l'amertume du houblon et de la levure aiment s'y loger. Du
côté de la bière Triple, la mousse est censée laisser une
belle dentelle sur la paroi du verre lorsqu'elle disparaît.
Cette dentelle est souvent gracieuse et agréable à voir.

EXERCICE 2 LA COULEUR DE LA BIÈRE ET LES ARÔMES PERÇUS

• Achetez trois bières pour cet exercice : une bière de
couleur blonde, une bière de couleur rousse et une bière
de couleur noire. Toutes trois ne doivent pas être fortement
houblonnées ou contenir des épices ou des fruits.

• Servez les bières, dans chaque verre, en même temps. Si
vous êtes seul, assurez-vous de le faire le plus rapidement
possible avec la même méthode.

• Si vous sentez les bières, vous remarquerez qu'elles ont
des odeurs différentes.

• La couleur permet de définir un profil type. La bière blonde n'offrira pas de saveurs de torréfaction ou de café, alors que la bière noire en aura plus. Du côté de la bière rousse, des notes légères de caramel se distinguent.

EXERCICE 3 LA LIMPIDITÉ DE LA BIÈRE

• Achetez deux bières pour cet exercice : Une Pilsner et une Blanche. Vous pouvez également faire l'exercice avec les bières achetées précédemment pour l'exercice 1.

• Servez les bières dans chaque verre.

• Regardez la Pilsner au soleil, si celle-ci est filtrée vous aurez une impression de brillance car la bière est très transparente. Placez votre doigt en arrière du verre, si celui-ci est clairement perceptible, la bière est limpide, voire brillante. Du côté de la Blanche, un voile se crée si la bière a bien été servie. Ce voile est principalement le résultat de l'utilisation de blé et de la présence de protéines.

EXERCICE 4 L'EFFERVESCENCE DE LA BIÈRE

• Achetez deux bières pour cet exercice : une Imperial Stout et une Pale Ale.

• Servez les bières dans chaque verre.

• Prenez une gorgée de Pale Ale, suivie d'une gorgée d'Imperial Stout. Vous remarquerez une légère différence de gazéification. Cette différence permet de mettre l'accent sur l'amertume, le sucre ou l'alcool.

• Avec une cuillère, brassez les deux bières jusqu'à ce qu'il n'y ait plus de gaz. Vous pouvez également secouer le verre (attention aux éclaboussures) ou utiliser un récipient hermétique.

• Au contact de la bière avec votre langue, vous remarquerez que la texture a légèrement changé et que les goûts prédominants sont perçus différemment. Pas de doute, la gazéification de la bière joue un rôle important.

EXERCICE 5 LES SAVEURS RELATIVES

• Achetez trois bières pour cet exercice : une American Pale Ale, une Stout ou une Porter et une au hasard, selon vos envies du moment.

• Servez les bières dans chaque verre.

• Approchez chaque bière de votre nez et sentez les arômes dominants. Trouvez-vous des arômes de fruits, d'agrumes ou de sapin ? Il est fort probable que vous sentiez l'American Pale Ale. Trouvez-vous des arômes de café, de toast rôties, de torréfaction ou de chocolat ? Vous êtes probablement en train de découvrir le Stout ou la Porter. Pour la troisième bière, à vous de découvrir les arômes.

• Si je vous demandais de classer les bières par ordre de dégustation, êtes-vous plutôt du genre bière noire à la fin ou bière amère à la fin ? C'est une question de choix personnel, mais sachez que c'est le goût de la bière qui va déterminer l'ordre de service. Nous y reviendrons.

EXERCICE 6 LA TEXTURE DE LA BIÈRE

• Achetez trois bières de votre choix ou utilisez les bières déjà achetées pour les exercices précédents.

• Servez les bières, dans chaque verre.

• Prenez une gorgée de chaque bière et identifiez la texture sur votre langue. Vous remarquerez que la couleur n'est pas un indice pertinent pour la texture de la bière. C'est le sucre résiduel, le taux d'alcool ou l'utilisation d'une matière première en abondance qui changera la texture de la bière.

• Avec de la pratique, on arrive à identifier la texture et à comprendre la corrélation entre différents styles de bières et une texture en particulier.

EXERCICE 7 GOÛTS ET SENSATIONS DE LA BIÈRE

• Utilisez les bières déjà achetées pour l'exercice précédent.

• Servez les bières dans chaque verre.

• Prenez une gorgée de chaque bière et identifiez le goût dominant sur votre langue. Vous remarquerez encore que la couleur n'est pas un indice pertinent pour le goût de la bière. Ce sont les matières premières ou la technique de brassage et de fermentation qui vont influencer le goût.

• Certains styles historiques sont généralement associés à un goût en particulier. Les India Pale Ale sont amères, les Scotch Ale sont sucrées, etc. La perception de ces goûts varie en fonction de votre seuil de détection.

EXERCICE 8 LA DÉGUSTATION FINALE

• Achetez 5 bières différentes en quantité suffisante.

• Réunissez quelques convives.

• Servez les bières, dans chaque verre de dégustation, à chaque convive. Vous devriez avoir devant vous 5 verres contenant environ 100 ml de chaque bière.

• Pour chaque bière, invitez vos amis et vous-même à déguster comme nous venons de le voir (aspect, texture, saveurs, goûts et appréciations personnelles).

• Comparez vos résultats. Est-ce certains de vos amis ont des résultats très différents ? Avez-vous remarqué des similitudes ? Tous ont une perception différente, un seuil de détection différent également et surtout, beaucoup de vocabulaire…

Bienvenue dans le monde de la bière et surtout, consommez de manière responsable !

LES ACCORDS BIÈRES ET METS

Véritable tendance actuelle, les accords bières et mets sont de plus en plus populaires. De plus en plus de personnes apprécient en découvrir la délicatesse, que ce soit avec des plats, des fromages, des desserts et du chocolat.

Lorsqu'un chef vous propose un plat, il espère que vous en découvrirez toutes les subtilités, l'assaisonnement qui se devrait d'être parfait, le mélange des arômes et saveurs qui invite à l'appétit et l'équilibre des goûts qui se doit d'être irréprochable.

Choisir une bière qui accompagnera ce plat est un exercice un petit peu plus rigoureux que ne laisse croire la croyance populaire. Certaines bières n'apprécient pas certains types de plats, il est important d'offrir une expérience positive d'autant plus que la bière, sur une table gastronomique, est entourée de pleins de préjugés ; la bière n'est pas qu'une boisson alcoolisée à faible coût qui permet de s'enivrer en mangeant des chips, elle offre une panoplie de saveurs utiles en cuisine.

COMMENT MARIER BIÈRES ET METS

Vous désirez offrir une bière à table, mais ne savez pas comment vous y prendre. La dégustation d'une bière en mangeant est un exercice très semblable à celui du mariage vin et mets. Les objectifs sont identiques : apprécier l'expérience et découvrir de nouvelles sensations et saveurs tertiaires – une saveur qui se développe en combinant celles du plat et de la bière.

MARIER LES CORPS

Associer une bière à un plat est une opération très subjective. Vous devez aimer le plat et la bière pour profiter pleinement de l'expérience. Il n'existe cependant pas de science exacte de l'accord, car chaque plat cuisiné est unique et chaque palais qui le déguste l'est également.

Je vous invite cependant à considérer le corps de la bière qui doit être en harmonie avec le mets présenté. Sa densité, son étalement et sa texture seront les complices d'un accord parfait. Une bière avec un haut taux de sucre résiduel sera ronde, jusqu'à liquoreuse. Les plats qui l'accompagneront devront également offrir la même sensation en bouche. Une similitude entre le corps de la bière et la texture du mets est donc conseillée et le respect de cette règle est très souvent un gage de réussite.

LES SAVEURS DOMINANTES DANS UNE BIÈRE

Les saveurs dominantes de la bière seront les premières perçues. Ce sont ces saveurs qu'il faut marier avec des plats du même type. Nous avons vu précédemment qu'on pouvait les classer par famille : **aromatique, résineux, céréales, caramélisé** ou **sucré, grillé** ou **brûlé**. Une technique consiste à associer une bière avec des plats qui offrent un profil de saveurs et d'arômes identiques.

LES SENSATIONS ET LES GOÛTS

La sensation est basée sur le corps, la texture et les goûts d'une bière, la bière peut être douce, ronde, liquoreuse, amère, tranchante, acidulée, mordante, épicée ou fumée. La sensation ne remplace pas les saveurs et les arômes.

Une bière amère peut développer des saveurs de sapin, agrumes ou fruits tropicaux, alors qu'une autre vous proposera des saveurs plus épicées et caramélisées. Mais les deux auront un profil amer en bouche. C'est cette amertume qu'il est important de considérer lorsqu'il s'agit de marier la bière à un plat.

La sensation ressentie en goûtant un plat est basée sur ce même principe. Il est donc important de tenir compte des différentes sensations pour réaliser les meilleurs mariages.

MA MÉTHODOLOGIE

Je propose une méthode d'analyse que j'utilise très fréquemment lorsqu'on me demande de créer des accords bières et mets. Cette méthode a le mérite d'être simple et vous pouvez conserver vos analyses. À chaque accord que vous créez, n'hésitez pas à prendre des notes, vous les comparerez plus tard et remarquerez certainement des tendances, les accords sont quand même très subjectifs.

Analyser le plat

Avant de choisir une bière, je m'efforce de mieux connaître le plat à marier. J'utilise une technique rapide et efficace qui consiste à décortiquer le plat en différentes sensations ou goûts et d'y appliquer une note de 1 à 5 pour chaque sensation. Je définis également les saveurs dominantes du plat qui seront fort utiles pour sélectionner deux bières de sensations identiques mais de saveurs différentes.

SALÉ	AMER	ÉPICÉ	ACIDE	SUCRÉ	RÔTI	SAVEURS DOMINANTES
0 à 5	0 à 5	0 à 5	0 à 5	0 à 5	0 à 5	2 à 3 saveurs dominantes

0 étant une sensation nulle et 5 étant la sensation dominante.

Identifier 2 types de bières

Par la suite, je choisis 2 types de bières en fonction des sensations perçues. Je propose toujours un accord complémentaire ou en contraste.

Accord complémentaire

L'accord complémentaire est basé sur les mêmes sensations. Si un plat est légèrement sucré, la bière le sera également.

Accord de contraste

L'accord de contraste est basé sur une sensation qui s'oppose à celle du plat. Plus la sensation du plat est dominante, plus l'accord de contraste doit être important. Pour des plats proposant des sensations moyennes, l'accord en contraste sera léger.

Choisir des bières en fonction des saveurs

À ce niveau, vous avez identifié deux types de bières que vous aimeriez marier avec votre plat. Il ne vous reste plus qu'à choisir parmi la grande sélection en se basant sur les saveurs du plat qui se marieront avec celles de la bière. C'est l'opération qui sera la plus subjective et celle qui fera de vous un génie des accords… ou pas.

EXEMPLES PRATIQUES

MIJOTÉ DE VEAU AUX ABRICOTS

Un mijoté, cuit lentement dans son jus, contenant du veau, des abricots, des oignons caramélisés et un fond de volaille. On y aura ajouté une tige de romarin, du sel et du poivre au goût.

SALÉ	AMER	ÉPICÉ	ACIDE	SUCRÉ	RÔTI	SAVEURS DOMINANTES
3	0	0	0	2	0	Romarin, abricots

Méthode : Ce plat offre une sensation salée-sucrée sur la langue sans avoir de sensations dominantes. Mon accord complémentaire sera un accord offrant la même sensation ou très proche soit une bière douce ou ronde. Mon accord de contraste sera une bière légèrement amère. Les saveurs dominantes sont celles du romarin et de l'abricot, je m'attarderai soit sur une bière aux notes de romarin ou d'herbes soit sur une bière aux notes fruitées mais pas caramélisées, plus facile à trouver.

Accords proposés :

- **Une Triple (Blonde ronde)** aux notes légères de fruits provenant de la levure – Accord complémentaire

- **Une American Pale Ale (Blonde amère)** aux notes légères de fruits provenant du houblon – Accord de contraste

---

DARNE DE SAUMON, SAUCE ANETH, PETITS LÉGUMES EN MACÉDOINE

Une sauce crémeuse et riche composée de crème, d'aneth, d'échalotes, de sel et de poivre. Le chef aura également ajouté une petite touche de vinaigre pour couper la richesse de la sauce. La cuisson de la darne est au beurre et les légumes en macédoine sont très peu assaisonnés.

SALÉ	AMER	ÉPICÉ	ACIDE	SUCRÉ	RÔTI	SAVEURS DOMINANTES
2	0	0	2	0	0	Aneth, crème

Méthode : Un plat tout en subtilité, car il repose sur une sauce légèrement vinaigrée et une chair de poisson fragile. Mon accord complémentaire sera basé sur une bière douce et légèrement minérale, sans amertume. Alors que mon accord de contraste sera une bière ronde. Du côté des saveurs, je veux privilégier celles du plat, donc ne pas surcharger mon accord.

Accords proposés :

- **Une Blanche (Blanche douce)** aux saveurs discrètes – Accord complémentaire

- **Une bière de garde (Blonde ronde)** qui mise sur son sucre résiduel sans développer de saveurs dominantes – Accord de contraste

---

CÔTES LEVÉES – SAUCE BBQ

Les fameuses côtes levées qui accompagnent si bien la bière. Mais quelle bière ? Dans ce cas-ci, elles ont été longuement fumées et cuites avec une sauce BBQ sucrée.

SALÉ	AMER	ÉPICÉ	ACIDE	SUCRÉ	RÔTI	SAVEURS DOMINANTES
1	0	1	0	4	2	Mélasse, paprika, fumée

Méthode : Un plat sucré, aux arômes de paprika et de fumée qui a une texture grasse et riche. Mon accord complémentaire sera donc un accord sur le sucre, alors que mon accord de contraste sera basé sur l'amertume tranchante de la bière. Du côté des saveurs et des arômes, on se concentre sur la mélasse et la fumée.

Accords proposés :
- **Une Scotch Ale (Brune ronde)** bien sucrée et alcoolisée aux saveurs de sucre candi – Accord complémentaire
- **Une Double IPA (Ambrée tranchante)** à l'amertume puissante qui rincera les gras et le sucre du plat – Accord de contraste.

POULET TANDOORI

Des cuisses de poulet cuites dans un four de pierre assaisonnées avec un mélange de cari, de cumin, de paprika et de poivre de Cayenne. Elles sont piquantes et épicées.

SALÉ	AMER	ÉPICÉ	ACIDE	SUCRÉ	RÔTI	SAVEURS DOMINANTES
1	0	4	0	1	2	Paprika, cayenne, rôti

Méthode : Tout se joue sur le piquant et la cuisson du poulet. Dans ce cas-ci, on le mange avec les doigts sans accompagnement. Mon accord complémentaire sera un peu particulier, je laisse la place au plat et propose une bière douce. Mon accord de contraste sera basé sur l'amertume tranchante ou l'acidité mordante pour contraster avec le piquant. Du côté des saveurs, les épices du poulet sont nombreuses, autant les laisser s'exprimer et se concentrer sur les saveurs de malt, par exemple.

Accords proposés :
- **Red Ale (Rousse douce).** Une bière légère qui accentuera le piquant de votre plat – Accord complémentaire
- **American India Pale Ale (Ambrée tranchante).** Une bière très amère qui offre également des notes fruitées et céréalières – Accord de contraste

En Belgique, une tartine de fromage frais avec des radis et un peu de poivre est la compagne idéale des Lambics et Gueuzes.

LES CUISINES DU MONDE

Envie de vous laisser guider par des suggestions d'accords bières et mets. Je vous propose une sélection de plats des cuisines du monde et un choix de type de bières par « capsules sensations ». La méthode utilisée est la même que celle présentée dans les pages précédentes.

Bien entendu, il est impossible d'identifier tous les plats de chaque culture gastronomique. Je m'en tiens donc à une sélection de plats en fonction de quelques mots clés et du principe que chaque plat proposé est préparé et assaisonné selon la méthode traditionnelle.

Pour faciliter la lecture du tableau, je n'ai proposé qu'un plat par « Capsule Sensations » en expliquant la philosophie derrière l'accord présenté. Rien ne vous empêche de découvrir d'autres accords. Le but premier étant, avant tout, de se faire plaisir.

LA CUISINE QUÉBÉCOISE AUTHENTIQUE

La cuisine québécoise fait très souvent référence à des plats mijotés ou de cuisson lente. On préparait le feu le matin, la cuisson se faisait au fil de la journée et le plat était prêt en début de soirée. Les ingrédients vedettes sont ceux de la forêt. On y retrouve le gibier, le sirop d'érable mais également beaucoup de légumes

	DOUCE	RONDE	LIQUOREUSE	
BLONDE	**Pâté chinois** L'accord par défaut. Rafraîchit le plat à chaque gorgée.	**Pâté chinois** Vient supporter les sucres du maïs avec la rondeur de la bière.		
BLANCHE				
AMBRÉE	**Soupe aux pois** Accompagne le porc salé en proposant des notes légèrement caramélisées.	**Soupe aux pois** Prolonge la texture épaisse de la soupe.	**Pouding chômeur** Un dessert qui se doit d'être accompagné de bières rondes et liquoreuses. Un accord sur la complémentarité.	
ROUSSE	**Tourtière** Les malts caramélisés appuient chaque bouchée avec une légère note sucrée.		**Pouding chômeur** Un dessert qui se doit d'être accompagné de bières rondes et liquoreuses. Un accord sur la complémentarité.	
BRUNE	**Tourtière** Les malts caramélisés appuient chaque bouchée avec une légère note sucrée.	**Soupe aux pois** Accompagne le porc salé en offrant des notes de sucre candi.	**Pouding chômeur** Un dessert qui se doit d'être accompagné de bières rondes et liquoreuses. Un accord sur la complémentarité.	
NOIRE		**Tourtière** La torréfaction des céréales et le corps de la bière proposent un beau contraste avec le suc des viandes.		

racines ou rustiques. Du côté de la cuisine contemporaine, on ne présente plus la poutine. La cuisine québécoise n'est pas uniquement que rustique ou authentique. Elle a cependant emprunté le chemin de la cuisine gastronomique contemporaine, je vous invite donc à visiter ce chapitre.

AMÈRE	TRANCHANTE	ÉPICÉE
Poutine L'amertume casse les gras de la poutine. Le plat le plus réconfortant se transforme en plat léger (ou presque).	**Poutine** L'amertume casse les gras de la poutine. Le plat le plus réconfortant se transforme en plat léger (ou presque).	
Poutine L'amertume casse les gras de la poutine. Le plat le plus réconfortant se transforme en plat léger (ou presque).	**Poutine** L'amertume casse les gras de la poutine. Le plat le plus réconfortant se transforme en plat léger (ou presque).	
Pâté chinois Offre un accord de contraste qui rafraîchit chaque bouchée.	**Poutine** L'amertume casse les gras de la poutine. Le plat le plus réconfortant se transforme en plat léger (ou presque).	
Soupe aux pois Relance les notes salées du plat.		**Tourtière** Le caractère fort de la bière vient secouer les épices de la tourtière.

LA CUISINE ANGLAISE

La cuisine anglaise n'a pas bonne réputation à l'étranger et pourtant, elle est bien plus savoureuse que la cuisson à l'eau qui la caricature. Son Fish and Chips en fait un allié pour la bière depuis de très nombreuses années. Le Bangers and Mash, un plat aussi simple que savoureux, est composé d'un écrasé de

	DOUCE	RONDE	
BLONDE	**Fish and Chips** La délicatesse de la chair du poisson ne veut pas se faire déranger. On y va en douceur.	**Chicken Pie** Une bière ronde et riche pour accompagner la pâte feuilletée ou brisée.	
BLANCHE	**Fish and Chips** La délicatesse de la chair du poisson ne veut pas se faire déranger. On y va en douceur.		
AMBRÉE	**Fish and Chips** La délicatesse de la chair du poisson ne veut pas se faire déranger. On y va en douceur.	**Chicken Pie** Une bière ronde et riche pour accompagner la pâte feuilletée ou brisée.	
ROUSSE	**Bangers and Mash** La sauce, la saucisse et la purée prennent plaisir à découvrir les notes caramélisées de la céréale.	**Chicken Pie** Une bière ronde et riche pour accompagner la pâte feuilletée ou brisée.	
BRUNE	**Bangers and Mash** Un accord sur les notes de noix de la bière et la sauce du plat.		
NOIRE		**Bangers and Mash** Les notes de café et de torréfaction de ce type de bières et la richesse en bouche sont parfaites avec la richesse du plat.	

pommes de terre et de saucisses de porc. Saviez-vous que le fameux « Chicken Pie » (pâté au poulet) est d'origine anglaise ? Sans oublier le Welsh Rarebit, du cheddar fondu, de la bière et de la moutarde. Le tout sur un pain grillé.

LIQUOREUSE	AMÈRE	TRANCHANTE
Chicken Pie Une bière ronde et riche pour accompagner la pâte feuilletée ou brisée.	**Welsh Rarebit** La moutarde et la force du cheddar ont besoin de rivalité. Offrez-leur de l'amertume.	**Welsh Rarebit** La moutarde et la force du cheddar ont besoin de rivalité. Offrez-leur de l'amertume.
	Welsh Rarebit La moutarde et la force du cheddar ont besoin de rivalité. Offrez-leur de l'amertume.	**Welsh Rarebit** La moutarde et la force du cheddar ont besoin de rivalité. Offrez-leur de l'amertume.
Chicken Pie Une bière ronde et riche pour accompagner la pâte feuilletée ou brisée.		
Chicken Pie Une bière ronde et riche pour accompagner la pâte feuilletée ou brisée.	**Bangers and Mash** La sauce, la saucisse et la purée prennent plaisir à découvrir les notes caramélisées de la céréale.	
	Bangers and Mash Un accord sur les notes de noix de la bière et la sauce du plat.	
Bangers and Mash Les notes de café et de torréfaction de ce type de bières et la richesse en bouche sont parfaites avec la richesse du plat.		

LA CUISINE TEX-MEX

La cuisine mexicaine est vaste. Il s'agit, le plus souvent, de plats mijotés avec une protéine et des légumes. Ce sont les épices et les piments frais qui ont fait la renommée de la cuisine mexicaine. La cuisine Tex-Mex combine des ingrédients et recettes de la

	DOUCE	RONDE	
BLONDE	**Nachos** Guacamole, crème sure et fromage Monterey Jack sont les ingrédients principaux. Pas besoin de bières très maltées mais plutôt désaltérantes.	**Quesadilla** Si celle-ci n'est pas trop assaisonnée, les bières rondes sont d'excellentes complices pour accompagner le fromage de votre Quesadilla.	
BLANCHE	**Nachos** Guacamole, crème sure et fromage Monterey Jack sont les ingrédients principaux. Pas besoin de bières très maltées mais plutôt désaltérantes.		
AMBRÉE			
ROUSSE		**Chili Con Carne** Un accord original sur la texture du plat et celle de la bière. Le plat garde la vedette, la bière l'accompagne jusqu'à la dernière gorgée.	

cuisine mexicaine en utilisant des techniques et ingrédients de la cuisine américaine. À la différence de la cuisine mexicaine, la cuisine Tex-Mex se prépare plus rapidement et ne se partage pas forcément, à l'exception des Nachos.

AMÈRE	TRANCHANTE	ÉPICÉE
Nachos Guacamole, crème sure et fromage Monterey Jack sont les ingrédients principaux. Pas besoin de bières très maltées mais plutôt désaltérantes.	**Fajitas** Si votre Fajitas est bien assaisonné, vous apprécierez le contraste avec l'amertume de la bière.	
Nachos Guacamole, crème sure et fromage Monterey Jack sont les ingrédients principaux. Pas besoin de bières très maltées mais plutôt désaltérantes.	**Fajitas** Si votre Fajitas est bien assaisonné, vous apprécierez le contraste avec l'amertume de la bière.	
	Fajitas Si votre Fajitas est bien assaisonné, vous apprécierez le contraste avec l'amertume de la bière.	
Chili Con Carne Un peu de malt caramel et une légère amertume rafraîchiront votre Chili Con Carne.		**Chili Con Carne** Pourquoi ne pas accompagner votre Chili bien relevé d'une bière bien épicée. Pour amateurs avertis.

LA CUISINE DU SUD DES ÉTATS-UNIS

Bien connu pour la cuisson en BBQ et la fumaison des viandes, le sud des États-Unis propose une cuisine très variée qui met l'accent sur les viandes. On ne présente plus les côtes levées, la poitrine de bœuf fumée toute la nuit, le poulet fumé ou le flanc de porc assaisonné avec un mélange d'épices secrètes. Le Texas a

	DOUCE	RONDE	LIQUOREUSE	AMÈRE	
BLONDE	**Ribs** Un accord uniquement pour accompagner la sauce des ribs et lui offrir un support pour mieux s'exprimer.			**Flanc de porc** Les épices se dévoilent derrière l'amertume de la bière. Ce sont les vedettes de l'accord.	
ROUSSE	**Beef Brisket** Fumé à chaud toute la nuit, le Beef Brisket apprécie les malts caramélisés mais pas forcément l'amertume.		**T-Bone** Un accord de contraste entre les sucs de la viande et la sensation épicée de la bière.	**Ribs** La sauce des Ribs étant sucrée, c'est vers les bières houblonnées qu'on trouvera un peu de fraîcheur et d'équilibre.	
BRUNE	**Beef Brisket** Une bière légèrement sucrée permet à la viande de vous offrir ses meilleurs arômes.	**Beef Brisket** Un accord de complémentarité entre le bœuf, bien gras et la rondeur de la bière.	**Ribs** Le sucre est à l'honneur dans cet accord de complémentarité.		
NOIRE	**T-Bone** Une viande bien saisie et croustillante. Une bière aux notes torréfiées. L'accord est souvent remarquable.	**Ribs** Le corps de la bière et les notes torréfiées de la céréale accompagnent très bien la sauce.	**Ribs** Souvent affinée en fût ayant contenu un whisky ou un alcool. Vous aussi vous trouvez que c'est une bonne idée ?		

également développé des techniques de cuisson sur BBQ pour les morceaux de viande les plus nobles comme le fameux T-Bone que vous prendrez comme exemple pour toute autre pièce de viande à saisir.

TRANCHANTE	ACIDULÉE	ÉPICÉE	FUMÉE
Flanc de porc Les épices se dévoilent derrière l'amertume de la bière. Ce sont les vedettes de l'accord.			
Ribs Plus la bière est amère, plus les épices qui se cachent derrière la sauce se dévoilent.		**Poulet fumé** Un accord de complémentarité sur les notes fumées du poulet et de la bière.	
		Poulet fumé Un accord de complémentarité sur les notes fumées du poulet et de la bière.	
	Beef Brisket Un accord surprenant qui offre une dimension toute nouvelle et fait ressortir les épices du Brisket.		**Poulet fumé** Un accord de complémentarité sur les notes fumées du poulet et de la bière.

LA CUISINE DE RESTAURATION RAPIDE

Même si plusieurs plats de restauration rapide proviennent de cultures différentes, j'ai décidé de regrouper les hamburgers, hot dogs, frites et saucisses dans le même tableau. Il existe autant de variétés de hamburgers que de restaurants qui le servent. Mais si on se concentre sur les points communs, on trouvera une boulette de bœuf légèrement assaisonnée, une tranche de fro-

	DOUCE	RONDE	LIQUOREUSE	AMÈRE	
BLONDE	**Hamburger** L'accord classique. Une blonde douce et un hamburger. Les deux se complètent bien, sans se cacher l'un et l'autre.	**Hot Dog** Les bières douces et amères sont d'excellentes complices également. Mais une bière au corps rond offre un mariage sur la douceur.	**Hot Dog** Les bières douces et amères sont d'excellentes complices également. Mais une bière au corps rond offre un mariage sur la douceur.	**Hamburger** L'amertume de la bière et le choix de céréales non caramélisées en font une complice intéressante pour plusieurs recettes de hamburger.	
BLANCHE	**Hamburger** L'accord classique. Une blonde douce et un hamburger. Les deux se complètent bien, sans se cacher l'un et l'autre.	**Hot Dog** Les bières douces et amères sont d'excellentes complices également. Mais une bière au corps rond offre un mariage sur la douceur.	**Hot Dog** Les bières douces et amères sont d'excellentes complices également. Mais une bière au corps rond offre un mariage sur la douceur.	**Hamburger** L'amertume de la bière et le choix de céréales non caramélisées en font une complice intéressante pour plusieurs recettes de hamburger.	
AMBRÉE	**Saucisses** Les bières légèrement caramélisées et douces apprécient les saucisses légèrement épicées en offrant un accord en douceur.			**Saucisses** Les bières légèrement caramélisées et amères offrent un accord de contraste avec les saucisses légèrement épicées.	

mage, de la mayonnaise, du ketchup et quelques rondelles de tomates sur un lit de laitue. Du côté des hot dogs, allons-y avec un « tout garni ». Du côté des saucisses, les choix sont également très larges. Je présente donc des accords en expliquant le type de saucisses en lien avec l'accord.

TRANCHANTE	ACIDULÉE	MORDANTE	ÉPICÉE	FUMÉE
	Hamburger La bière vient rafraîchir, à chaque gorgée, laissant place à beaucoup de fraîcheur.	**Saucisses** Les bières blondes mordantes et les saucisses contenant des fruits frais sont de très belles complices.		
	Hamburger La bière vient rafraîchir, à chaque gorgée, laissant place à beaucoup de fraîcheur.			
Saucisses Les saucisses piquantes apprécient les accords de contraste avec les bières très amères.			**Saucisses** Les accords de contraste entre des saucisses douces et de la bière épicée ou les accords de complémentarité sont souvent les vedettes des soirées.	

Suite page suivante

Suite de la page précédente

	DOUCE	RONDE	LIQUOREUSE	AMÈRE	
ROUSSE	**Saucisses** Les bières caramélisées et douces apprécient les saucisses légèrement épicées en offrant un accord en douceur.			**Saucisses** Les bières caramélisées et amères offrent un accord de contrastes avec les saucisses légèrement épicées.	
BRUNE		**Saucisses** Si vous avez des saucisses contenant des fruits confits ou du fromage, privilégiez les bières rondes.			
NOIRE					
FRUITÉE	**Saucisses** À accompagner avec des saucisses sucrées ou contenant des fruits frais.			**Saucisses** À accompagner avec des saucisses sucrées ou contenant des fruits frais.	

TRANCHANTE	ACIDULÉE	MORDANTE	ÉPICÉE	FUMÉE
Saucisses Les saucisses piquantes apprécient les accords de contraste avec les bières très amères.			**Saucisses** Les accords de contraste entre des saucisses douces et de la bière épicée ou les accords de complémentarité sont souvent les vedettes des soirées accord bières et mets.	
		Saucisses Si vous avez des saucisses contenant des fruits confits ou du fromage, privilégiez les bières rondes.	**Saucisses** Les accords de contraste entre des saucisses douces et de la bière épicée ou les accords de complémentarité sont souvent les vedettes des soirées.	
				Saucisses Les saucisses contenant du fromage proposent un accord sur les épices et les notes fumées de la bière.

LA CUISINE CHINOISE

La cuisine chinoise est très appréciée dans les pays occidentaux. Par contre, elle diffère grandement de la cuisine traditionnelle que l'on découvre dans différentes régions de Chine. De ce fait, nous nous attarderons à la cuisine chinoise très souvent rencontrée dans les restaurants des grandes métropoles nord-américaines. La cuisine chinoise est basée sur le goût (salé, aigre-doux, aigre, piquant, etc.), les textures et la température de service pouvant

	DOUCE	RONDE	
BLONDE	**Dim Sum** Un accord qui met l'accent sur les herbes fraîches très souvent rencontrées dans les Dim Sum artisanaux.	**Dim Sum** Souvent fabriqués à partir d'une pâte de riz, la rondeur de la bière permet d'accompagner la texture du Dim Sum jusqu'à la fin.	
BLANCHE	**Poisson au Gingembre** La sensation de la bière vient épauler la relative fraîcheur du plat.		
AMBRÉE	**Riz frit** La sauce soya apprécie les bières légèrement caramélisées et très faiblement amères.	**Sauté de porc aux légumes** La sauce fait l'accord. Dans ce cas-ci, la bière ne doit pas être trop aqueuse et trop amère.	
ROUSSE	**Riz frit** Pour des accords plus marquants mais toujours peu houblonnés.	**Canard laqué** Un accord qui met l'accent sur le sucre résiduel de la bière et les notes sucrées du canard.	
BRUNE	**Sauté de porc aux légumes** Un accord sur la sauce. Les céréales de la bière ou le sucre ajouté accompagnent le plat en offrant plusieurs sensations uniques.	**Canard laqué** Un accord qui met l'accent sur le sucre résiduel de la bière et les notes sucrées du canard.	
NOIRE		**Poulet Général Tao** Sucre + sucre = sucre. Un accord sans complexe qui amplifie beaucoup la texture et la sauce surtout sur des notes de café, chocolat et torréfaction.	

aller de froid à chaud en passant par tiède. Les plats les plus souvent associés à la cuisine chinoise sont le canard laqué, le riz frit, les Dim Sum, poisson au gingembre et le sauté de porc aux légumes. Bien entendu, je n'oublierai pas de vous parler du poulet Général Tao, le plat qui apprécie le plus la bière. Plusieurs de ses plats sont cuisinés avec de la sauce soya. Elle fait partie intégrante de la réflexion lorsqu'il s'agit de créer des accords bières et mets.

LIQUOREUSE	AMÈRE	ACIDULÉE
	Poisson au gingembre La sensation de la bière vient épauler la relative fraîcheur du plat.	**Poisson au gingembre** La sensation de la bière vient épauler la relative fraîcheur du plat.
Poulet Général Tao Sucre + sucre = sucre. Un accord sans complexe qui amplifie beaucoup la texture et la sauce.		
Canard laqué Un accord qui met l'accent sur le sucre résiduel de la bière et les notes sucrées du canard.		
Canard laqué Un accord qui met l'accent sur le sucre résiduel de la bière et les notes sucrées du canard.	**Canard laqué** Le contraste entre le sucré du canard et l'amertume de la bière, suivis d'arômes de sucre provenant de la céréale ou du sucre ajouté dans la bière.	
Poulet Général Tao Sucre + sucre = sucre. Un accord sans complexe qui amplifie beaucoup la texture et la sauce surtout sur des notes de café, chocolat et torréfaction.		

LA CUISINE JAPONAISE ET LES SUSHIS

La cuisine japonaise est très souvent associée aux sushis. Pourtant, elle offre une gamme de saveurs allant des poissons crus aux viandes grillées. Chaque plat respecte une tradition de coupe, de cuisson et d'assaisonnement. L'assaisonnement est léger, le chef préfère travailler avec des produits très frais et les mettre en valeur. Par exemple, je vous invite à considérer les sushis comme

	DOUCE	RONDE	
BLONDE	**Sushis** Un mariage sur la douceur. On apprécie le caractère léger de la bière.		
BLANCHE	**Sushis** Une bière fraîche pour accompagner chaque bouchée.	**Sushis** Un accord qui appuie la texture du riz et prolonge les saveurs.	
AMBRÉE	**Sushis** À accompagner d'un léger assaisonnement de sauce soya, jamais côté riz.	**Sushis** À accompagner d'un léger assaisonnement de sauce soya, jamais côté riz.	
ROUSSE	**Sushis** À accompagner d'un léger assaisonnement de sauce soya, jamais côté riz.		
BRUNE	**Yakitori** Un mariage qui met l'accent sur les ingrédients de la bière et l'assaisonnement des yakitori.	**Yakitori** Un mariage qui met l'accent sur les ingrédients de la bière et l'assaisonnement des yakitori.	
NOIRE		**Yakitori** Un accord qui soutient les épices et offre un corps rond pour accompagner la texture des viandes.	

un ensemble de saveurs différentes qui ont comme point commun la fraîcheur. Je vous présente également les Yakitori, des petites brochettes de viandes assaisonnées. Sans oublier les Tempura, ingrédients frits dans une pâte légère et croustillante. Quant aux *california rolls,* ils n'ont rien de japonais mais sont souvent associés au pays du Soleil levant.

AMÈRE	TRANCHANTE	ACIDULÉE
Tempura On recherche la fraîcheur d'une bière pour équilibrer avec la friture.	**Tempura** Un accord sur le contraste qui permet de casser les gras et de profiter de l'ingrédient mis en valeur.	
	Tempura Un accord sur le contraste qui permet de casser les gras et de profiter de l'ingrédient mis en valeur.	**Sushis** Un accord de contraste qui permet de souligner l'assaisonnement des sushis.
Sushis À accompagner d'un léger assaisonnement de sauce soya, jamais côté riz.		
Sushis À accompagner d'un léger assaisonnement de sauce soya, jamais côté riz.	**Yakitori** Un accord de contraste, la bière va prendre le dessus mais relancer les épices de la brochette.	
Yakitori Un accord qui soutient les épices et offre un accord de contraste pour prolonger l'assaisonnement.		

LA CUISINE CORÉENNE

La moins connue des cuisines de l'Asie. Elle se permet quand
même une percée de plus en plus remarquée dans les grandes
métropoles occidentales. La cuisine coréenne offre des plats
souvent piquants. Les ingrédients les plus communs sont le riz,
comme beaucoup de cuisine de la même région, mais également
d'autres féculents comme la patate douce et plusieurs céréales
qui seront transformées en nouilles. On y trouve également des
sources de protéines variées assaisonnées avec de la coriandre
et du piment. Les plats coréens ne sont pas tous piquants. Les

	DOUCE	RONDE	LIQUOREUSE	
BLONDE	**Kimchi** La bière douce qui permet de prolonger l'effet de l'assaisonnement. La vedette est le plat.			
BLANCHE	**Kimchi** La bière douce qui permet de prolonger l'effet de l'assaisonnement. La vedette est le plat.			
AMBRÉE	**Bulgogi** Le caramel des malts et le suc des viandes sont d'excellents complices. Chaque bière offrira un accord sur le même ton mais légèrement différent.	**Bulgogi** La bière offre une rondeur qui accompagne chaque bouchée et relance les épices, sur une impression de texture moelleuse.	**Bulgogi** La bière offre une rondeur qui accompagne chaque bouchée et relance les épices, sur une impression de texture moelleuse.	
ROUSSE	**Bulgogi** Le caramel des malts et le suc des viandes sont d'excellents complices. Chaque bière offrira un accord sur le même ton mais légèrement différent.	**Bulgogi** La bière offre une rondeur qui accompagne chaque bouchée et relance les épices, sur une impression de texture moelleuse.	**Bulgogi** La bière offre une rondeur qui accompagne chaque bouchée et relance les épices, sur une impression de texture moelleuse.	
BRUNE	**Bulgogi** Le caramel des malts et le suc des viandes sont d'excellents complices. Chaque bière offrira un accord sur le même ton mais légèrement différent.			

plats les plus connus sont le Kimchi, des légumes conservés par fermentation lactique et assaisonnés aux piments. Le Bulgogi, une combinaison de viandes marinées et de cuisson au BBQ, vous en avez déjà fort probablement entendu parler sous le nom de « BBQ coréen ». Sans oublier le Bibimbap, un bol de riz contenant des protéines, souvent de la viande assaisonnée légèrement, des légumes frais et un œuf. Son assaisonnement va de très doux à très piquant.

AMÈRE	ACIDULÉE	MORDANTE
	Kimchi Un accord de complémentarité sur l'acidité du plat et celle de la bière. Si le plat est piquant, l'expérience en sera d'autant plus « fraîche ».	**Kimchi** Un accord de complémentarité sur l'acidité du plat et celle de la bière. Si le plat est piquant, l'expérience en sera d'autant plus « fraîche ».
Bibimbap Légèrement assaisonné, le Bibimbap offrira des notes de sésame et la bière prolongera les saveurs croquantes et fraîches du plat.	**Kimchi** Un accord de complémentarité sur l'acidité du plat et celle de la bière. Si le plat est piquant, l'expérience en sera d'autant plus « fraîche ».	**Kimchi** Un accord de complémentarité sur l'acidité du plat et celle de la bière. Si le plat est piquant, l'expérience en sera d'autant plus « fraîche ».
Bulgogi Le caramel des malts et le suc des viandes sont d'excellents complices. Chaque bière offrira un accord sur le même ton mais légèrement différent.		
Bulgogi Le caramel des malts et le suc des viandes sont d'excellents complices. Chaque bière offrira un accord sur le même ton mais légèrement différent.		
Bulgogi Le caramel des malts et le suc des viandes sont d'excellents complices. Chaque bière offrira un accord sur le même ton mais légèrement différent.		

LA CUISINE THAÏLANDAISE

La cuisine thaïlandaise, comme beaucoup de cuisines de l'Asie, varie en fonction de la région. Par contre, de très nombreux restaurants thaïlandais des grandes métropoles occidentales proposent une sélection de plats qui ont fait la renommée de la cuisine thaïlandaise dans le monde. Le Pad Thaï, mélange de nouilles, de protéines, de soya, d'arachides et de sauce de poisson est le plus connu. Le Cari vert, constitué de lait de coco, de poulet, d'ail,

	DOUCE	RONDE	LIQUOREUSE	
BLONDE		**Cari vert** Un accord sur la rondeur de la bière qui accompagne bien le lait de coco. Un accord de texture.	**Cari vert** Un accord sur la rondeur de la bière qui accompagne bien le lait de coco. Un accord de texture.	
BLANCHE	**Cari vert** Le plat est piquant, la bière se doit d'être douce pour contraster le tout.	**Cari vert** Un accord sur la rondeur de la bière qui accompagne bien le lait de coco. Un accord de texture.	**Cari vert** Un accord sur la rondeur de la bière qui accompagne bien le lait de coco. Un accord de texture.	
AMBRÉE				
ROUSSE				
NOIRE	**Phat** Un accord très souvent original qui permet d'offrir un troisième goût en présence des céréales torréfiées.	**Phat** Un accord très souvent original qui permet d'offrir un troisième goût en présence des céréales torréfiées et plus de rondeur sur la texture.		

de citron et de pâte de cari vert est également un grand classique. Il existe également la version Cari rouge, composé d'une pâte de cari rouge parfois très piquante. Vous connaissez peut-être moins les Phat, des plats sautés de viande ou crevette, accompagnés de divers assaisonnements souvent composés de piments, basilic frais et légumes.

AMÈRE	TRANCHANTE	ACIDULÉE	ÉPICÉE
Pad Thaï L'amertume vient contraster les épices chaudes du plat. L'accord varie en fonction du piquant du plat.	**Pad Thaï** L'amertume vient contraster les épices chaudes du plat. L'accord varie en fonction du piquant du plat.		
Pad Thaï L'amertume vient contraster les épices chaudes du plat. L'accord varie en fonction du piquant du plat.	**Pad Thaï** L'amertume vient contraster les épices chaudes du plat. L'accord varie en fonction du piquant du plat.		
Cari rouge Les sucres caramélisés qui s'amusent à accompagner les épices chaudes du cari.		**Cari rouge** Les sucres caramélisés qui s'amusent à accompagner les épices chaudes du cari.	**Pad Thaï** Un accord original sur le piquant du plat et celui de la bière. Pour amateurs avertis.
Cari rouge Les sucres caramélisés qui s'amusent à accompagner les épices chaudes du cari.		**Cari rouge** Les sucres caramélisés qui s'amusent à accompagner les épices chaudes du cari.	**Pad Thaï** Un accord original sur le piquant du plat et celui de la bière. Pour amateurs avertis.

LA CUISINE VIETNAMIENNE

La cuisine vietnamienne est très variée, même si de ce côté-ci du Pacifique nous n'en connaissons que très peu de choses. Les soupes Phô sont populaires et disponibles en de très nombreuses versions. Les nems, des petits rouleaux de riz frits composés d'une sélection de légumes, se mangent en entrée ou en plat à partager.

	DOUCE	RONDE	LIQUOREUSE	AMÈRE
BLONDE	**Phô** Un classique qui apportera au bouillon assez de support pour rehausser l'assaisonnement.	**Phô** À essayer avec des bières plus sucrées, rendant le bouillon plus moelleux.		
BLANCHE	**Phô** Les épices de certaines Blanches prendront plaisir à accompagner votre bouillon.			**Phô** Les épices de certaines Blanches prendront plaisir à accompagner votre bouillon.
AMBRÉE		**Nems** Les produits frits apprécient les bières plus sucrées. Dans ce cas-ci, la sauce qui les accompagne est parfaite avec ce type de bière.	**Nems** Les produits frits apprécient les bières plus sucrées. Dans ce cas-ci, la sauce qui les accompagne est parfaite avec ce type de bière.	
ROUSSE	**Phô** Le caramel des céréales se marie bien avec l'assaisonnement de la soupe. Vous pouvez également ajouter un peu de sauce soya, par exemple.			**Phô** Le caramel des céréales se marie bien avec l'assaisonnement de la soupe. Vous pouvez également ajouter un peu de sauce soya, par exemple.

LA CUISINE INDIENNE

Aussi vaste que son pays, la cuisine indienne est très fréquentée par les Occidentaux. Surtout dans les fameux « buffets indiens ». On y retrouve du poulet tandoori (que j'ai déjà utilisé en exemple,

	DOUCE	RONDE	LIQUOREUSE	
BLONDE	**Poulet tandoori** L'accord laisse toute la place au plat. La bière accompagne les épices.	**Poulet tandoori** L'accord original qui offre une belle rondeur en bouche pour mieux accompagner la tendreté du poulet.	**Poulet tandoori** L'accord original qui offre une belle rondeur en bouche pour mieux accompagner la tendreté du poulet.	
BLANCHE				
AMBRÉE		**Poulet au beurre** Un accord original qui consiste à relever la texture du plat avec une bière loin d'être aqueuse.	**Poulet au beurre** Un accord original qui consiste à relever la texture du plat avec une bière loin d'être aqueuse.	
ROUSSE				
BRUNE	**Cari d'agneau** Les sucres de la bière relèvent le cari et accompagnent bien la viande.	**Cari d'agneau** Les sucres de la bière relèvent le cari et accompagnent bien la viande.	**Cari d'agneau** Les sucres de la bière relèvent le cari et accompagnent bien la viande.	
FRUITÉE				

du poulet au beurre, du cari d'agneau, des pains naans et le raïta, un plat à base de concombre et de yogourt, symbole de fraîcheur, qui accompagne plusieurs plats.

	AMÈRE	TRANCHANTE	ACIDULÉE	MORDANTE
		Poulet tandoori Un accord de contraste qui permet d'offrir une bonne dose d'amertume devant des épices très puissantes.	**Raïta** La fraîcheur du concombre et du yogourt avec des bières acidulées ou mordantes.	**Raïta** La fraîcheur du concombre et du yogourt avec des bières acidulées ou mordantes.
	Raïta La fraîcheur du concombre et du yogourt avec des bières acidulées ou mordantes.	**Poulet tandoori** Un accord de contraste qui permet d'offrir une bonne dose d'amertume devant des épices très puissantes.		**Raïta** La fraîcheur du concombre et du yogourt avec des bières acidulées ou mordantes.
		Poulet tandoori Un accord de contraste qui permet d'offrir une bonne dose d'amertume devant des épices très puissantes.		
		Poulet tandoori Un accord de contraste qui permet d'offrir une bonne dose d'amertume devant des épices très puissantes.		
	Raïta La fraîcheur du concombre et du yogourt avec des bières acidulées ou mordantes.			**Raïta** La fraîcheur du concombre et du yogourt avec des bières acidulées ou mordantes.

LA CUISINE GASTRONOMIQUE
FRANÇAISE

La cuisine gastronomique française mérite une section à part entière, car notre cuisine est fortement inspirée de la France. Même si notre cuisine québécoise a réussi à se moderniser et à mettre en valeur les ingrédients locaux, les techniques sont principalement basées sur la cuisine contemporaine française que nous devons, entre autres, à Paul Bocuse.

J'ai divisé les suggestions d'accords par types de recettes, allant des sauces aux mijotés, en passant par les fondues.

	DOUCE	RONDE	LIQUOREUSE
BLONDE	**Émulsion** Sauce riche qui prend beaucoup de place. Une bière douce permet de lui en laisser suffisamment.	**Émulsion** Sauce riche qui prend beaucoup de place. Un accord sur la complémentarité.	
BLANCHE	**Fond blanc** La fraîcheur de la sauce et de la bière. Deux liens qui se marient très bien.	**Coulis** C'est le coulis qui fait la sensation du plat. La bière l'accompagne.	
AMBRÉE	**Coulis** L'amertume de la sauce n'aime pas les bières qui ont trop de caractère. Cette ambrée douce est parfaite.	**Aigre-douce** La bière accompagne la sauce et adoucit l'aigreur.	
BRUNE	**Fond brun** Des sauces très souvent riches en saveurs qui ont besoin de bières riches en goût. On privilégie la douceur de la bière.	**Fond brun** Des sauces très souvent riches en saveurs qui ont besoin de bières riches en goût. On offre un accord complémentaire et riche.	**Fond brun** Des sauces très souvent riches en saveurs qui ont besoin de bières riches en goût. On offre un accord complémentaire et riche.
NOIRE			

LES SAUCES

La sauce fait le plat. Ça tombe bien, du côté des accords, c'est souvent la même chose. Prenons une volaille, et arrosons-la d'un fond brun de veau ou d'un fond blanc aromatisé aux herbes fraîches. Deux plats différents, deux accords différents.

Plusieurs sauces vous sont présentées. La sauce aigre-douce, un mélange de saveurs aigres et douces, basée sur une réduction de matières sucrées avec ajout de vinaigre par exemple. Les coulis de légumes, souvent utilisés en cuisine. Les fonds bruns, basés sur une réduction des jus de cuisson de viande ou d'os, de déglaçage ou de réductions. Les fonds blancs, très souvent utilisés avec des herbes fraîches pour présenter de la fraîcheur à un plat. Sans oublier les émulsions, dont la plus connue est la mayonnaise, très souvent riches.

AMÈRE	TRANCHANTE	FUMÉE
Émulsion Sauce riche qui prend beaucoup de place. Une bière amère permet d'offrir un contraste.		
Émulsion L'acidité de la bière permet d'offrir plus de longueur aux sauces émulsionnées.	**Fond blanc** Une bière bien acidulée va offrir un accord sur les herbes de la sauce, par exemple.	
		Fond brun Un accord original qui plaira aux amateurs de ce type de bière.

LES MIJOTÉS

Les mijotés sont très populaires. Nous en avons d'ailleurs déjà vu dans différentes cuisines du monde. Le principe de la cuisson en mijoté, à feu doux, consiste à cuire longuement un ensemble d'ingrédients pour que chaque saveur se mélange. Les mijotés les plus célèbres de France sont les carbonades, la choucroute, le bœuf bourguignon, le pot au feu et le cassoulet.

	DOUCE	RONDE	LIQUOREUSE	
BLONDE	**Choucroute** Légèrement vinaigrée, la choucroute apprécie les bières de type « blonde douce ».	**Carbonade** La complémentarité entre le plat riche et la bière ronde. Un accord qui prolonge les sucres de la sauce.		
BLANCHE	**Pot au feu** Un plat qui met l'accent sur les légumes et la salaison de la viande. On recherche donc des bières rafraîchissantes.	**Carbonade** La complémentarité entre le plat riche et la bière ronde. Un accord qui prolonge les sucres de la sauce.		
AMBRÉE	**Choucroute** Un grand classique dans la cuisine alsacienne. Les malts légèrement caramélisés apportant quelques notes fort agréables.	**Carbonade** La complémentarité entre le plat riche et la bière ronde. Un accord qui prolonge les sucres de la sauce.		
ROUSSE		**Cassoulet** Le thym et le laurier se laissent porter par la rondeur de la bière et ses notes sucrées.	**Carbonade** La complémentarité entre le plat riche et la bière liquoreuse. Un accord qui prolonge les sucres de la sauce.	
BRUNE		**Cassoulet** Le thym et le laurier se laissent porter par la rondeur de la bière et ses notes sucrées.		

AMÈRE	ÉPICÉE
Choucroute Un peu d'amertume, sur une base de céréales légères, permet d'aller chercher les notes de clou de girofle.	
Pot au feu Un plat qui met l'accent sur les légumes et la salai-son de la viande. On recherche donc des bières rafraîchis-santes.	
Choucroute Pour les amateurs de bières caramélisées et amères.	**Bœuf bourguignon** Les bières épicées sont ravies de pou-voir rivaliser avec les notes taniques de la sauce.
	Bœuf bourguignon Les bières épicées sont ravies de pou-voir rivaliser avec les notes taniques de la sauce.

LES FONDUES

Au Québec, nous connaissons la fondue chinoise, un bouillon de bœuf assaisonné dans lequel on trempe les morceaux de viande que l'on fait bouillir. Je préfère la fondue savoyarde, préparée avec des fromages cuits à pâte ferme provenant de la région

	DOUCE	RONDE	LIQUOREUSE	
BLONDE	**Savoyarde** Des accords qui permettent de découvrir la force de caractère de chaque bière en présence du fromage.	**Bourguignonne** Ce sont les sauces qui font l'accord. Allons-y avec des bières riches et rondes pour bien les accompagner.	**Bourguignonne** Ce sont les sauces qui font l'accord. Allons-y avec des bières riches et rondes pour bien les accompagner.	
BLANCHE	**Savoyarde** Des accords qui permettent de découvrir la force de caractère de chaque bière en présence du fromage.			
AMBRÉE	**Chinoise** Un accord pas trop puissant pour bien profiter des malts caramélisés et des épices du bouillon.	**Bourguignonne** Ce sont les sauces qui font l'accord. Allons-y avec des bières riches et rondes pour bien les accompagner.	**Bourguignonne** Ce sont les sauces qui font l'accord. Allons-y avec des bières riches et rondes pour bien les accompagner.	
ROUSSE	**Chinoise** Un accord pas trop puissant pour bien profiter des malts caramélisés et des épices du bouillon.			
BRUNE		**Bourguignonne** Ce sont les sauces qui font l'accord. Allons-y avec des bières riches et rondes pour bien les accompagner.	**Bourguignonne** Ce sont les sauces qui font l'accord. Allons-y avec des bières riches et rondes pour bien les accompagner.	

de Savoie. Vous en trouverez des tout aussi excellents du côté du Québec. Mais connaissez-vous la fondue bourguignonne, qui consiste à frire ses morceaux de viande et les manger avec différentes sauces ?

AMÈRE	TRANCHANTE	ACIDULÉE	MORDANTE
Savoyarde Des accords qui permettent de découvrir la force de caractère de chaque bière en présence du fromage.	**Savoyarde** Des accords qui permettent de découvrir la force de caractère de chaque bière en présence du fromage.	**Savoyarde** Des accords qui permettent de découvrir la force de caractère de chaque bière en présence du fromage.	**Savoyarde** Des accords qui permettent de découvrir la force de caractère de chaque bière en présence du fromage.
Savoyarde Des accords qui permettent de découvrir la force de caractère de chaque bière en présence du fromage.	**Savoyarde** Des accords qui permettent de découvrir la force de caractère de chaque bière en présence du fromage.	**Savoyarde** Des accords qui permettent de découvrir la force de caractère de chaque bière en présence du fromage.	**Savoyarde** Des accords qui permettent de découvrir la force de caractère de chaque bière en présence du fromage.
Chinoise Un accord pas trop amère pour laisser placer aux épices du bouillon mais leur offrir un léger accord de contraste.			
Chinoise Un accord pas trop amère pour laisser placer aux épices du bouillon mais leur offrir un léger accord de contraste.			

BIÈRES ET FROMAGES

Véritables complices dans une soirée découverte, les bières et fromages offrent des mariages qui plairont à vos convives ; les différentes saveurs de la bière se mariant parfaitement avec plusieurs types de fromage.

PÂTES SEMI-FERMES

Les fromages semi-fermes sont très connus au Québec. On les divise en deux sous-catégories : les fromages affinés dans la masse et les fromages affinés en surface. La croûte peut être artificielle pour protéger le fromage ou lavée avec une solution salée ou saumurée, ce qui donne une croûte naturelle. Ses arômes et saveurs sont multiples allant de saveurs de noisettes et fruitées à ceux d'une grange ou d'écurie. Vous pouvez les conserver dans la partie la moins froide du frigo et si vous voyez des taches blanchâtres sur la pâte, les retirer avec un couteau avant consommation.

PÂTES FERMES

Fromage le plus consommé au Québec, car il regroupe la famille des cheddars et goudas, il offre une texture tendre et élastique. Le plus souvent dépourvu de croûte ou ayant une croûte artificielle, il doit offrir des arômes frais et sa texture doit être lisse.

PÂTES PERSILLÉES

Fromages aux notes puissantes, il est ensemencé au *penicilium roqueforti*, lui donnant sa fameuse couleur bleue et ses arômes marqués de cave humide, de cuir ou de champignon. Sa consistance doit être lisse et sa texture friable et sa pâte doit être blanche ou jaune clair.

PÂTES MOLLES À CROÛTE FLEURIE

Facilement reconnaissables à leur duvet blanc, les fromages à pâte molle et à croûte fleurie offrent le plus souvent des notes de beurre, de crème, de champignon et de noisettes. L'affinage se fait de l'extérieur à l'intérieur du fromage, offrant un corps crémeux aux notes fraîches. Choisir des fromages qui ont un duvet bien blanc et une pâte de la même couleur que le beurre.

PÂTES MOLLES À CROÛTE LAVÉE

Fabriqués avec les mêmes méthodes que les fromages à pâte molle et à croûte fleurie, les fromages à croûtes lavées sont affinés en lavant leur croûte avec une solution saumurée. L'affinage se faisant également de l'extérieur vers l'intérieur, son cœur peut être crémeux et frais et ses arômes sont, en règle générale, plus puissants et concentrés vers l'extérieur du fromage.

Organisation d'un Bières et Fromages
par l'équipe d'Atelier des Bières

LA FORCE DE CARACTÈRE DE VOTRE FROMAGE

Peu importe son style, le fromage peut être doux ou fort et proposer un ensemble d'arômes qu'il faut considérer lorsqu'on choisit les fromages. Comme pour les mariages bières et mets, un

	DOUCE	RONDE	LIQUOREUSE	AMÈRE	
BLONDE	**Pâte molle à croûte fleurie** Accentue les notes de champignon.			**Pâte semi-ferme** Adoucit la bière.	
BLANCHE	**Pâte molle à croûte fleurie** Accentue les notes de champignon.			**Pâte semi-ferme** Offre un mariage qui laisse place au fromage.	
AMBRÉE	**Pâte molle à croûte fleurie** Accentue les notes de crème.	**Pâte molle à croûte fleurie** Accentue les notes de crème.		**Pâte molle à croûte lavée** Accentue la crème et le beurre du fromage.	
ROUSSE	**Pâte molle à croûte fleurie** Accentue les notes de crème.	**Pâte molle à croûte fleurie** Accentue les notes de crème.		**Pâte molle à croûte lavée** Accentue les notes rôties des céréales et les arômes de noisettes du fromage.	
BRUNE	**Pâte ferme** Relance les saveurs sucrées de la bière.	**Pâte persillée** Adoucit la force de caractère du fromage. **Pâte ferme** Relance les saveurs sucrées de la bière.	**Pâte persillée** Adoucit la force de caractère du fromage.		
NOIRE	**Pâte ferme** Relance les saveurs sucrées de la bière.		**Pâte molle à croûte fleurie** Accentue les notes de beurre et de crème.		

fromage qui n'est pas votre favori aura du mal à vous plaire, même si vous avez une bière à la main.

	TRANCHANTE	ACIDULÉE	MORDANTE	ÉPICÉE	FUMÉE
	Pâte semi-ferme Adoucit la bière.	**Pâte persillée** Relance les arômes de cave humide et de cuir.	**Pâte persillée** Relance les arômes de cave humide et de cuir.		
		Pâte persillée Relance les arômes de cave humide et de cuir.	**Pâte persillée** Relance les arômes de cave humide et de cuir.		
	Pâte molle à croûte lavée Accentue la crème et le beurre du fromage.			**Pâte semi-ferme** Adoucit la bière.	
	Pâte molle à croûte lavée Accentue les notes rôties des céréales et les arômes de noisettes du fromage.			**Pâte molle à croûte lavée** Adoucit la bière.	
					Pâte ferme Relance les saveurs fumées de la bière.

BIÈRES ET CHOCOLATS

Avez-vous déjà entendu parler du mariage des bières et du chocolat ? Plus souvent associé aux portos et autres vins liquoreux, le chocolat est un excellent complice de la bière, car il offre une palette de saveurs et d'arômes qui s'accordent avec subtilité aux saveurs typées de certaines bières.

QUALITÉ D'UN BON CHOCOLAT

Le chocolat est fabriqué à partir de la *cabosse* du *cacaoyer*. On y récolte les *fèves de cacao* qui seront torréfiées et broyées pour former la *pâte de cacao* contenant également du *beurre de cacao*. Le chocolat est un judicieux mélange de pâte de cacao, de beurre de cacao et parfois d'épices, de vanille et de sucre.

La qualité d'un bon chocolat varie selon plusieurs critères :

- Vérifiez sa teneur en pâte et beurre de cacao et non en matières grasses diverses.
- Vérifiez sa brillance et sa couleur, elles sont gages de qualité.
- Sentez le chocolat, les parfums doivent être exotiques, épicés ou tropicaux.

	DOUCE	RONDE	LIQUOREUSE	
BLONDE	Acidité Fruité	Épicé Amer		
BLANCHE	Fruité			
AMBRÉE		Sucré		
ROUSSE	Épicé	Sucré		
BRUNE		Chocolaté Épicé	Chocolaté Épicé	
NOIRE			Chocolaté Épicé	

- Goûtez le chocolat, la texture doit être soyeuse et sans aucun grumeau.

Privilégiez les artisans chocolatiers qui transforment divers chocolats d'origine et de plantation du monde entier et les chocolats purs.

LES ARÔMES DU CHOCOLAT

Si vous comparez trois chocolats noirs de trois origines différentes, vous découvrirez trois profils aromatiques différents. Le terroir et les méthodes de fabrication influencent les arômes. Ce sont ces arômes et le profil aromatique de chaque chocolat que vous allez marier avec des bières.

Le profil aromatique définit les saveurs sucrées, acides, amères, fruitées, épicées et cacaotées du chocolat. Les arômes confirment ce profil aromatique. Par exemple, un chocolat non transformé de Tanzanie sera plus sucré qu'un chocolat provenant du Venezuela qui offrira une légère acidité en fin de bouche. La notion de terroir est très importante. Au contact d'une bière *noire liquoreuse*, le chocolat s'exprimera différemment.

Le tableau ci-dessous vous permettra de classer les types de chocolat et profils aromatiques en fonction du type de bière. N'hésitez pas à goûter chaque chocolat avant d'acheter vos bières, la signature de l'artisan chocolatier modifie souvent le profil aromatique du chocolat.

AMÈRE	TRANCHANTE	ACIDULÉE	ÉPICÉE
Épicé Amer	Épicé Amer Acidité		
		Chocolaté	
			Épicé Acidité
Acidité	Acidité		Épicé

GUIDE D'ACHAT DES BIÈRES

Cet ouvrage ne propose pas l'ensemble des bières disponibles au Québec, mais une sélection. Avant de consulter plus longuement la liste de bières, je vous invite à découvrir la méthodologie utilisée pour la sélection des bières et la signification des informations proposées sur les fiches.

À la fin de cet ouvrage, vous retrouverez un index des bières classées par style et ordre alphabétique.

LA SÉLECTION

Quelle est la méthodologie de sélection ? Pourquoi n'avoir choisi que 250 bières ? Les raisons sont multiples. Depuis peu, plus de 500 nouvelles bières sont disponibles sur le marché, souvent une seule fois. Le choix est donc difficile et doit tenir compte de plusieurs paramètres :

- Je voulais vous offrir une sélection de bières à essayer en une année et respecter une consommation responsable. Soit environ 5 bières par semaine, donc 250.

- Toutes les bières sont disponibles dans le réseau de vente au détail. Dans cette édition, j'ai retiré toutes les bières vendues dans d'autres réseaux que ceux des détaillants et épiceries.

- Même si certains produits sont distribués en très petite quantité, il est possible de les trouver dans plusieurs régions du Québec. Ma sélection est basée sur la disponibilité des produits auprès de cinq détaillants différents – représentant la riche culture brassicole au Québec.

- Toutes les bières sont en bouteille ou en canette, aucune bière uniquement disponible en fût n'est proposée.

- J'ai dégusté toutes ces bières à plusieurs reprises et à différents moments de l'année.

- Je ne présente pas les 250 meilleures bières au Québec, mais 250 bières que vous pouvez acheter en toute confiance et que j'ai appréciées.

- Considérant le marché fluctuant et de la disponibilité de certains produits, il est possible que certaines bières ne soient plus disponibles au moment où vous lirez ces lignes. Contactez la brasserie (voir la liste des brasseries).

LA FICHE, EN DÉTAIL

Nom de la bière tel qui apparaît sur l'étiquette.

Format dégusté identique au format présenté sur la photo.

DOCKER IPA   Brasseur de Montréal

Ambrée   500 ml   6.8 % alc./vol.
Translucide

TOUTE L'ANNÉE   QUÉBEC   ÉPICERIE

Disponible en version double, session et normale. Houblonnée au Citra, Centennial et Bravo.

Une mousse en dentelle prend place. La bière a des reflets blonds sur un corps ambré. Au nez, les houblons sont sur l'ananas, la résine de houblon et le sucre candi blanc. En bouche, la bière développe une amertume tranchante qui ne disparaît pas jusqu'à la dernière gorgée.

√ SUGGESTION   Les plats épicés de votre choix. La cuisine d'Asie est complice de ce genre de bières.

√ APPRÉCIATION   Intéressant que de pouvoir comparer les trois versions. Je vous invite à faire l'exercice. Cela permet de comprendre les différentes influences de chaque ingrédient.

NOUVEAUTÉ
DE CETTE ÉDITION

	1	1,5	2	2,5	3	3,5	4	4,5	5
ARRIÈRE-GOÛT									
CARACTÈRE									
TEMPÉRATURE									

| | 1 | 1,5 | 2 | 2,5 | 3 | 3,5 | 4 | 4,5 | 5 |

INDIA PALE ALE

231

Nom de la **brasserie**.

Taux d'alcool par volume indiqué sur l'étiquette.

Types d'établissements où le produit est disponible.

Pays ou province d'origine indiqué sur l'étiquette.

Quand le produit est-il disponible ?

Présentation : Informations supplémentaires sur le produit.

Capsule Sensation : Perception ressentie au moment de la dégustation.

Description : Notes de dégustation.

Suggestion : Accords gourmands ou épicuriens.

Appréciation : Commentaires personnels.

Type de verre : Tulipe, ballon, pinte ou flûte.

Style indiqué sur l'étiquette ou le plus souvent celui fourni par la brasserie. Pour certains produits, j'ai noté un style différent.

Nouveauté de cette édition : bière qui a été ajoutée dans la présente édition sans pour autant être nouvelle sur le marché.

Arrière-goût (échelle de 1 à 5) : Puissance de l'étalement sur une échelle de 1 à 5. L'arrière-goût d'une bière avec un indice de 1 sera plus doux que celui d'une bière avec un indice de 5. L'arrière-goût est influencé par plusieurs facteurs comme les matières premières ou les méthodes de fabrication.

Caractère (échelle de 1 à 5) : Basé sur la perception à la dégustation ; plus la bière a du caractère, plus la valeur est élevée. L'échelle de caractère n'a aucune valeur qualitative, une bière avec un indice proche de 1 n'est pas moins bonne qu'une bière avec un indice de 5.

Température de service (échelle de 1 à 5) : Température de service conseillée pour apprécier le plus possible les qualités aromatiques et gustatives de chaque produit. 1 = très frais et 5 = température de la cave.

BLONDES

Peuvent développer des arômes légers de pain et de céréales si la matière première prédominante est la céréale et que le brassage s'est effectué sans ajout d'acides ou de bactéries. C'est la couleur de bière la plus commune dans le monde.

DOUCES

RONDES

LIQUOREUSE

AMÈRES

TRANCHANTES

ACIDULÉES

MORDANTES

FUMÉE

BELLE GUEULE PILSNER — Les Brasseurs RJ

Blonde Douce

341 ml		5,2 % alc./vol.
TOUTE L'ANNÉE	QUÉBEC	ÉPICERIE

Brassée avec du malt d'orge et de blé. Houblonnée au Saaz et au Tradition, cette Pilsner est offerte toute l'année.

De belle couleur dorée, cette Pilsner offre un nez de céréales et de mie de pain typique des blondes très céréalières. En bouche, elle est douce et sa légère amertume offre une bière rafraîchissante. La finale est sèche, typique du style Pilsner.

√ **SUGGESTION** Un autre match de baseball et quelques amis.

√ **APPRÉCIATION** Vous cherchez une blonde douce et vous désirez encourager une microbrasserie ? Ce produit doit être dans votre glacière. Je rêve de la voir en format canette. L'idée est lancée.

	1	1,5	2	2,5	3	3,5	4	4,5	5
ARRIÈRE-GOÛT			2						
CARACTÈRE				2,5					
TEMPÉRATURE				2,5					

| | 1 | 1,5 | 2 | 2,5 | 3 | 3,5 | 4 | 4,5 | 5 |

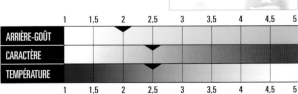

BELLE SAISON

À l'Abri de la Tempête

Blonde Douce

341 ml   5,5 % alc./vol.

TOUTE L'ANNÉE	QUÉBEC	ÉPICERIE

Un mélange d'herbes sauvages des Îles-de-la-Madeleine compose cette Saison aux accents floraux.

Une belle mousse en dentelle surmonte cette blonde limpide. Au nez, des notes florales se bousculent accompagnées d'une légère touche d'agrumes. En bouche, un mélange d'épices prend d'assaut vos papilles, vous laissant sur une finale douce et sans amertume. J'y ai même perçu une petite pointe mentholée.

√SUGGESTION   Des huîtres, pas trop iodées et bien charnues. Demandez à votre poissonnier.

√SUGGESTION   Superbe innovation du maître brasseur, la sélection d'herbes donne une touche légèrement méditerranéenne à cette Saison. On a envie de la boire dans des périodes de canicule. À garder dans son frigo pour les grandes chaleurs.

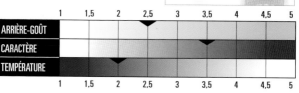

	1	1,5	2	2,5	3	3,5	4	4,5	5
ARRIÈRE-GOÛT				▼					
CARACTÈRE						▼			
TEMPÉRATURE			▼						
	1	1,5	2	2,5	3	3,5	4	4,5	5

SAISON

BLONDE BIOLOGIQUE — La Barberie

Blonde Douce

500 ml — 4,5 % alc./vol.

TOUTE L'ANNÉE	QUÉBEC	ÉPICERIE

Brassée avec du malt biologique, la Blonde biologique de La Barberie est une bière d'inspiration Blonde belge. Elle offre une faible amertume sur un corps malté et doux.

Sa mousse est merveilleuse et laisse une dentelle remarquable. Son corps est d'un blond scintillant. Au nez, des notes légères de céréales et de pain de mie sont perceptibles. En bouche, la bière est légèrement acidulée et ses notes de céréales se manifestent discrètement. L'amertume est très légère.

√ **SUGGESTION** Un fromage de chèvre frais, le lait de chèvre appréciant les bières légèrement acidulées.

√ **APPRÉCIATION** Se voulant une des rares Blondes belges au caractère discret, cette Blonde biologique offre une alternative intéressante aux consommateurs qui aiment les bières blondes douces.

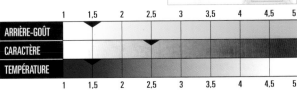

	1	1,5	2	2,5	3	3,5	4	4,5	5
ARRIÈRE-GOÛT		▼							
CARACTÈRE				▼					
TEMPÉRATURE		▼							
	1	1,5	2	2,5	3	3,5	4	4,5	5

Blonde
Douce

500 ml   5 % alc./vol.

| TOUTE L'ANNÉE | QUÉBEC | ÉPICERIE |

Helm fait brasser ses bières par la brasserie les 2 Frères. Vous pouvez goûter aux versions originales rue Bernard à Montréal.

La mousse se fait assez discrète. Le col est faible. Au nez, la bière propose quelques notes légèrement sucrées. On perçoit peu le malt. En bouche, l'amertume des houblons est présente, sans être dominante. La bière est assez sucrée.

√ SUGGESTION   Une bière passe-partout pour profiter de l'été.

√ APPRÉCIATION   Une pilsner très légère et faible en amertume. La bière parfaite pour les amateurs de blondes douces qui cherchent une alternative locale.

NOUVEAUTÉ
DE CETTE ÉDITION

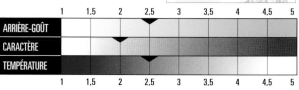

	1	1,5	2	2,5	3	3,5	4	4,5	5
ARRIÈRE-GOÛT				▼					
CARACTÈRE			▼						
TEMPÉRATURE				▼					
	1	1,5	2	2,5	3	3,5	4	4,5	5

PILSNER

DOMINUS VOBISCUM SAISON

Microbrasserie Charlevoix

750 ml   6 % alc./vol.

TOUTE L'ANNÉE   QUÉBEC   ÉPICERIE

La série Dominus Vobiscum, signifiant « Que le Seigneur soit avec vous » en latin, est un clin d'œil aux nombreuses bières d'abbaye en Belgique. Toute la gamme Dominus Vobiscum offre des bières d'inspiration belge.

De couleur jaune paille et légèrement voilée, cette Dominus Vobiscum Saison offre une magnifique mousse invitante. Au nez, des notes de poivre et de céréales marquent principalement les arômes de cette bière. En bouche, la bière est douce, laissant place à une finale légèrement acidulée, mais pas marquante.

√SUGGESTION   Un pâté de campagne artisanal et ses notes poivrées.

√APPRÉCIATION Une Saison comme on les aime : rafraîchissante, désaltérante et accessible à bien des amateurs qui n'aiment pas les bières trop amères. Attention, il paraît que le format de la bouteille va changer.

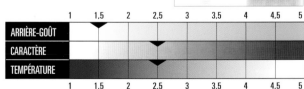

	1	1,5	2	2,5	3	3,5	4	4,5	5
ARRIÈRE-GOÛT		▼							
CARACTÈRE					▼				
TEMPÉRATURE				▼					
	1	1,5	2	2,5	3	3,5	4	4,5	5

SAISON

GALLICA BLONDE

MonsRegius

Blonde
Douce

500 ml		7 % alc./vol.
TOUTE L'ANNÉE	QUÉBEC	ÉPICERIE

On les trouvait dans le nord de la France. Elles sont souvent maltées, peu houblonnées et plus alcoolisées. Ce sont les bières de garde. Celles qui attendent à la cave qu'on les débouche pour des occasions tout aussi spéciales que quotidiennes.

Une belle mousse en dentelle. La bière aurait pu s'appeler Gallica Ambrée, mais la lumière peut parfois être trompeuse. Au nez, la levure s'exprime bien, laissant place à des notes légèrement poivrées. Le sucre des céréales s'exprime en deuxième temps. En bouche, la bière est douce, à la limite de ronde. On apprécie sa finale légèrement plus sèche qu'en entrée de bouche.

√ SUGGESTION   Un fromage de Bergues. Mais vous n'en trouverez fort probablement pas, donc allons-y avec un Pied de Vent.

√ APPRÉCIATION   Si ce n'était pas de la levure un tout petit peu trop expressive, elle me rappellerait les bières de garde bues dans le nord de la France quand je commençais à m'intéresser à la bière de dégustation. C'était il y a de plus en plus longtemps.

NOUVEAUTÉ
DE CETTE ÉDITION

	1	1,5	2	2,5	3	3,5	4	4,5	5
ARRIÈRE-GOÛT			▼						
CARACTÈRE					▼				
TEMPÉRATURE							▼		
	1	1,5	2	2,5	3	3,5	4	4,5	5

BIÈRE DE GARDE

GLUTENBERG BLONDE Brasseurs sans Gluten

Blonde
Douce

341 ml   4,5 % alc./vol.

TOUTE L'ANNÉE   QUÉBEC   ÉPICERIE

Brasseurs sans Gluten offre une gamme de bières brassées dans un environnement 100 % sans gluten. Rapidement, la brasserie a su démontrer, dans plusieurs concours internationaux, la grande qualité de ses produits en remportant plusieurs médailles.

Même si elle est classée comme une Pale Ale, sa couleur fait plus penser à une Lager blonde ou Golden Ale, une dénomination de style peu utilisée. Des arômes sucrés se fondent à travers des notes légères d'épices et de maïs. En bouche, la bière est douce, très douce, et se termine sur une note légèrement épicée.

√SUGGESTION   Des croustilles sans gluten et un match de votre sport favori.

√APPRÉCIATION   Les consommateurs intolérants au gluten seront ravis de savoir que cette Pale Ale blonde, aux allures de bière rafraîchissante, les attend dans leur frigo. Brassée avec du sucre de Demerara, elle est douce et plaira aux consommateurs de bières sans amertume.

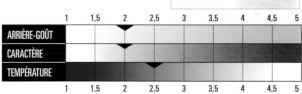

PALE ALE

	1	1,5	2	2,5	3	3,5	4	4,5	5
ARRIÈRE-GOÛT			▼						
CARACTÈRE			▼						
TEMPÉRATURE				▼					
	1	1,5	2	2,5	3	3,5	4	4,5	5

LA BLONDE DE L'ANSE

Pit Caribou

Blonde
Douce

500 ml   5 % alc./vol.

TOUTE L'ANNÉE   QUÉBEC   ÉPICERIE

Présentée sous le style de Golden Ale, j'ai préféré la classer dans les Pale Ales, source d'inspiration de plusieurs blondes nord-américaines, et qui ressemble à cette Blonde de l'Anse.

Belle couleur blonde. En bouche, la bière est douce et ses saveurs de céréales sont très présentes. L'amertume est quasi inexistante et la finale laisse toute la place à la très timide acidité des grains. À servir plus fraîche pour profiter de ses qualités désaltérantes.

√ SUGGESTION   Un pain de mie frais grillé, une tomate du jardin, une noix de beurre fermier. L'équation parfaite pour accompagner cette bière si céréalière.

√ APPRÉCIATION Si vous voulez découvrir les saveurs et arômes des céréales dans une bière, la Blonde de l'Anse sera parfaite. Une bière à offrir à l'amateur de blonde, il découvrira un monde de saveurs 100 % malt.

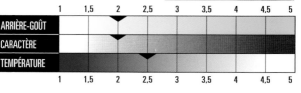

	1	1,5	2	2,5	3	3,5	4	4,5	5
ARRIÈRE-GOÛT			▼						
CARACTÈRE			▼						
TEMPÉRATURE				▼					
	1	1,5	2	2,5	3	3,5	4	4,5	5

PALE ALE

VIRE-CAPOT   Microbrasserie du Lac Saint-Jean

Blonde Douce

500 ml		5,5 % alc./vol.
TOUTE L'ANNÉE	QUÉBEC	ÉPICERIE

C'est l'histoire d'un député à la réputation d'opportuniste politique qui, voyant qu'il n'avait plus la cote avec les Rouges, décida de se présenter pour les Bleus. Sa renommée de Vire-Capot était faite !

Bière non filtrée d'une belle couleur dorée, ses arômes sont ceux de la levure et des céréales. On remarque cependant quelques notes épicées fort intéressantes. En bouche, la bière est douce et principalement axée sur les arômes et saveurs de la céréale. L'amertume est très discrète et sa finale est légèrement poivrée.

√SUGGESTION   Un club sandwich avec du poulet bien frais et du bacon croustillant. La bière l'accompagnera en douceur.

√APPRÉCIATION Accessible tout en offrant du caractère, cette blonde, comme aiment si bien dire les consommateurs, a un caractère légèrement plus prononcé que ses consœurs. Une bière à découvrir si vous commencez à explorer le monde des bières artisanales.

PALE ALE

	1	1,5	2	2,5	3	3,5	4	4,5	5
ARRIÈRE-GOÛT			▼						
CARACTÈRE				▼					
TEMPÉRATURE			▼						
	1	1,5	2	2,5	3	3,5	4	4,5	5

Blonde Ronde

500 ml   10 % alc./vol.

TOUTE L'ANNÉE   QUÉBEC   ÉPICERIE

C'est en visitant la France et en faisant connaissance avec son savoir-faire vinicole que l'ancien maître brasseur a eu l'idée de mélanger du moût de Chardonnay avec du moût de bière. Est née la Blonde au Chardonnay, offrant des arômes et saveurs proches de certains vins jaunes.

Sa couleur blonde dorée est invitante, ne laissant que quelques dentelles sur le verre. Au nez, des notes sucrées et fruitées s'offrent à vous. Est-ce le Chardonnay ? Difficile d'y répondre, car le malt se manifeste également. En bouche, la bière est ronde, agréable et s'apprivoise doucement sans aucune amertume. Une bière ronde, comme certains vins.

√ SUGGESTION   Un époisses qui se doit d'être crémeux et collant.

√ APPRÉCIATION   Depuis quelques années, ce petit bijou a réussi à s'améliorer pour devenir un produit que l'on sous-estime et qu'on oublie de goûter. Elle fut la première à présenter le Chardonnay autrement. Depuis, de nombreuses bières ont été affinées en barrique de Chardonnay.

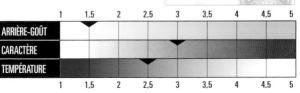

	1	1,5	2	2,5	3	3,5	4	4,5	5
ARRIÈRE-GOÛT		▼							
CARACTÈRE					▼				
TEMPÉRATURE				▼					
	1	1,5	2	2,5	3	3,5	4	4,5	5

BLONDE FORTE

99

CÉLÉBRANTE

Blonde Ronde

750 ml

7 % alc./vol.

TOUTE L'ANNÉE · QUÉBEC · ÉPICERIE

Ale blonde fermentée avec une levure à champagne, c'est la bière parfaite pour célébrer les moments importants de votre vie.

Ses fines bulles sont une des caractéristiques de la levure à champagne, mais on ne peut se tromper, sa couleur blonde dorée fait penser à une bière. Au nez, des arômes de miel s'offrent à vous. En bouche, la bière est légèrement acidulée. En rétro-olfaction, vous pouvez sentir quelques notes mielleuses et sucrées.

√SUGGESTION   À l'apéritif entre amis avec quelques croustilles et arachides...

√APPRÉCIATION   Profil très typique d'une bière, mais il est amusant de souligner un apéritif à la manière du champagne. Un produit à découvrir entre amis.

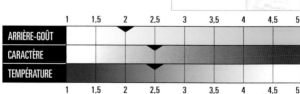

	1	1,5	2	2,5	3	3,5	4	4,5	5
ARRIÈRE-GOÛT			▼						
CARACTÈRE				▼					
TEMPÉRATURE				▼					
	1	1,5	2	2,5	3	3,5	4	4,5	5

BELGE FORTE

DOMINUS VOBISCUM TRIPLE

Blonde
Ronde

Microbrasserie Charlevoix

500 ml	9 % alc./vol.

TOUTE L'ANNÉE	QUÉBEC	ÉPICERIE

La série Dominus Vobiscum, signifiant «Que le Seigneur soit avec vous» en latin, est un clin d'œil aux nombreuses bières d'abbaye en Belgique. Toute la gamme Dominus Vobiscum offre des bières d'inspiration belge.

Une belle mousse formant une dentelle sur le verre surplombe une bière blonde à l'effervescence dynamique. Au nez, des arômes fruités et floraux se dégagent et offrent une impression très agréable. En bouche, la bière est ronde et son effervescence accentue l'amertume des houblons offrant une finale légèrement amère et sucrée.

√**SUGGESTION** À servir accompagnée d'un plateau de fromages aux saveurs multiples. C'est une des bières les plus intéressantes et complexes qui accompagne beaucoup de fromages.

√**APPRÉCIATION** Cette Triple est une superbe interprétation des bières de style identique provenant de Belgique. Un excellent rapport qualité-prix, disponible au Québec.

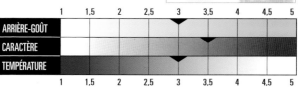

	1	1,5	2	2,5	3	3,5	4	4,5	5
ARRIÈRE-GOÛT					▼				
CARACTÈRE						▼			
TEMPÉRATURE					▼				

TRIPLE

DON DE DIEU Unibroue

Blonde Ronde

750 ml   9 % alc./vol.

| TOUTE L'ANNÉE | QUÉBEC | ÉPICERIE |

Samuel de Champlain traversa l'Atlantique, en route pour le Nouveau Monde, à bord du *Don de Dieu*.

Blonde, on s'éloigne légèrement de la couleur habituelle d'une Blanche. Sa mousse laisse un fin collet sur le verre et son effervescence est très vive. Au nez, on a des arômes fruités, signature de la plupart des bières Unibroue. En bouche, la bière est douce, offrant une finale sur une très légère note épicée et une amertume fine.

√SUGGESTION   La brasserie propose un fromage de chèvre et c'est une excellente idée. Prenez-le frais, la légère acidité de la bière accompagnera à merveille les notes caprines du fromage.

√APPRÉCIATION   Est-ce une Triple ou une Blanche forte ? Elle a plutôt l'apparence d'une Triple et offre un produit qui plaira aux amateurs de bières rondes et riches, sans tomber dans l'excès.

	1	1,5	2	2,5	3	3,5	4	4,5	5
ARRIÈRE-GOÛT			▼						
CARACTÈRE				▼					
TEMPÉRATURE					▼				
	1	1,5	2	2,5	3	3,5	4	4,5	5

BLANCHE

FLACATOUNE — Microbrasserie Charlevoix

Blonde Ronde	500 ml		7 % alc./vol.
	TOUTE L'ANNÉE	QUÉBEC	ÉPICERIE

La Flacatoune, Blonde belge forte brassée pour un bistro cabaret du même nom à Saint-Irénée, s'inspire des bières comme la Duvel.

Une mousse formant une belle dentelle surmonte une bière d'une couleur dorée. Au nez, des notes fruitées provenant de la levure s'expriment pleinement. En bouche, la bière est douce et se dévoile sur des notes céréalières et sucrées. Son amertume est très légère.

√ SUGGESTION   Apportez-en quelques-unes dans une guinguette et faites-la découvrir à vos amis.

√ APPRÉCIATION   Une de mes bières préférées au Québec pour ses arômes fruités et doux. À découvrir absolument.

	1	1,5	2	2,5	3	3,5	4	4,5	5
ARRIÈRE-GOÛT			▼						
CARACTÈRE					▼				
TEMPÉRATURE					▼				
	1	1,5	2	2,5	3	3,5	4	4,5	5

BLONDE BELGE

LA FIN DU MONDE Unibroue

	750 ml	9 % alc./vol.
	TOUTE L'ANNÉE	QUÉBEC	ÉPICERIE

Cette bière est un hommage aux explorateurs français partis à la découverte du monde et qui croyaient être arrivés à la Fin du Monde. La Fin du Monde est la bière canadienne ayant gagné le plus de médailles dans différents concours internationaux.

J'aime cette couleur blonde invitante aux reflets dorés sous une mousse présentant un très fin collet. Au nez, on perçoit des arômes de sucre, d'alcool et de fruits. En bouche, la bière est très ronde et offre une finale très légèrement amère, mais compensée par la chaleur de l'alcool.

√ SUGGESTION Accompagne parfaitement une variété incroyable de saucisses sur le BBQ et d'amis qui attendent avec impatience que celles-ci soient servies.

√ APPRÉCIATION Une des meilleures bières de style Triple du monde. Son caractère chaleureux et la richesse de l'alcool, sans exagérer l'amertume, en font un produit très apprécié des amateurs de bière ronde.

	1	1,5	2	2,5	3	3,5	4	4,5	5
ARRIÈRE-GOÛT			▼						
CARACTÈRE						▼			
TEMPÉRATURE						▼			
	1	1,5	2	2,5	3	3,5	4	4,5	5

TRIPLE

Blonde Ronde

Abbaye de Notre-Dame de Koningshoeven

750 ml   7,5 % alc./vol.

TOUTE L'ANNÉE   PAYS-BAS   ÉPICERIE

Brassée sous le contrôle des moines trappistes en Hollande, cette Isid'or est brassée avec du miel.

À la limite de la bière ambrée, cette Isid'or offre un nez de sucre caramélisé. En bouche, la bière est ronde et une signature particulière de sucre candi et de miel se manifeste.

√ SUGGESTION   Une salade aux agrumes et pacanes, par exemple.

√ APPRÉCIATION   Les amateurs du style Blonde belge apprécieront sans équivoque cette bière. Le sucre et l'alcool sont mis à l'honneur.

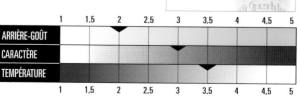

	1	1,5	2	2,5	3	3,5	4	4,5	5
ARRIÈRE-GOÛT			▼						
CARACTÈRE					▼				
TEMPÉRATURE						▼			
	1	1,5	2	2,5	3	3,5	4	4,5	5

AMBER ALE

Blonde
Ronde

Abbaye de Notre-Dame de Koningshoeven

750 ml   8 % alc./vol.

TOUTE L'ANNÉE	PAYS-BAS	ÉPICERIE

De couleur blonde, les triples sont arrivées sur le marché de la bière après les années 1950. On doit sa création à la brasserie trappiste Westmalle. Elles sont reconnues pour leur taux d'alcool, la présence de sucre résiduel et quelques notes épicées.

Une mousse ample et sans complexe s'installe dans mon verre. Au nez, la bière offre des notes de levures et de sucre. En bouche, la bière est sucrée et le taux d'alcool bien présent. La finale est encore une fois sur le sucre, laissant poindre une légère amertume.

√SUGGESTION   Accompagne divinement les plats à base de sauce blanche, crémeuse ou non.

√APPRÉCIATION   Un classique d'Europe, disponible en épicerie. Les amateurs de bières rondes apprécieront sans relâche.

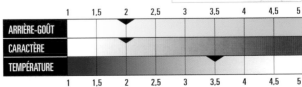

	1	1,5	2	2,5	3	3,5	4	4,5	5
ARRIÈRE-GOÛT			▼						
CARACTÈRE			▼						
TEMPÉRATURE						▼			
	1	1,5	2	2,5	3	3,5	4	4,5	5

TRIPLE

Blonde Ronde

500 ml

9,3 % alc./vol.

TOUTE L'ANNÉE   QUÉBEC   ÉPICERIE

Une blonde, d'inspiration belge, ayant été affinée en fût de vin, avec ajout de *Brettanomyces* en refermentation. Tout un programme.

Le nez est complexe. J'y retrouve des notes de la levure ainsi que des arômes taniques du vin. Ça sent le chais en Bourgogne en plein été, la première impression quand vous entrez dans les caves d'une propriété vinicole, 20 degrés de différence. En bouche, la bière est ronde et les notes aromatiques du fût s'expriment bien. On y retrouve des notes boisées et vinifiées qui en font une expérience complexe. Suis-je le seul à trouver quelques notes d'ananas en finale ?

√ SUGGESTION   Un fromage d'abbaye, l'accord est plus culturel que gastronomique.

√ APPRÉCIATION   Si facile à déchiffrer, même complexe. En voilà une bière affinée en fût qui mérite qu'on s'y attarde pour bien comprendre le rôle de l'alcool dans le développement aromatique de la bière. Magnifique produit. Je me demande si la prochaine version sera identique ? Espérons-le.

NOUVEAUTÉ DE CETTE ÉDITION

	1	1,5	2	2,5	3	3,5	4	4,5	5
ARRIÈRE-GOÛT			▼						
CARACTÈRE				▼					
TEMPÉRATURE					▼				

BLONDE BELGE

SIMPLE MALT TRIPLE　　　Brasseurs Illimités

Blonde
Ronde

500 ml　　　　　　　　　　　　9,3 % alc./vol.

TOUTE L'ANNÉE　　QUÉBEC　　　ÉPICERIE

Inspirée des bières blondes d'abbaye qui ont fait la renommée de la Belgique brassicole, cette Triple est cependant plus houblonnée, selon la brasserie.

Belle mousse compacte. Au nez, le houblon se fait sentir délicatement, très vite rattrapé par l'alcool et le sucre résiduel. En bouche, la bière est ronde et sucrée. L'amertume est discrète mais bien présente.

√SUGGESTION　　Une plat de pâtes à la carbonara, avec de la pancetta, pas du bacon…

√APPRÉCIATION　　Une Triple accessible, agréable et très bien brassée, qui plaira à l'amateur du style voulant un produit légèrement plus houblonné. Disponible en tout temps, elle doit être bue fraîche pour que les arômes en soient appréciés.

	1	1,5	2	2,5	3	3,5	4	4,5	5
ARRIÈRE-GOÛT			▼						
CARACTÈRE					▼				
TEMPÉRATURE						▼			
	1	1,5	2	2,5	3	3,5	4	4,5	5

TRIPLE

TANTE TRICOTANTE CHARDONNAY

Blonde
Ronde

Microbrasserie du Lac Saint-Jean

500 ml   10 % alc./vol.

TOUTE L'ANNÉE	QUÉBEC	ÉPICERIE

Une version affinée en fût ayant contenu du Chardonnay de la Tante Tricotante, la fameuse triple de la microbrasserie du Lac Saint-Jean.

La mousse est très proche de ce que l'on retrouve sur les Triples belges, servies dans des grands verres aux parois larges. Elle se faufile et laisse une belle dentelle derrière elle. Au nez, la bière offre des arômes assez typiques de bois et de fruits blancs. En bouche, les arômes sont plus marquants, accompagnés de notes légèrement vanillées et d'une très faible amertume provenant de l'alcool.

√SUGGESTION   Les plats en sauce.

√APPRÉCIATION   Disponible en petite quantité, cette version élevée en barrique est tout aussi agréable que la version fermentée en inox. Comparez les deux, c'est un superbe exercice de découvertes.

NOUVEAUTÉ
DE CETTE ÉDITION

	1	1,5	2	2,5	3	3,5	4	4,5	5
ARRIÈRE-GOÛT				▼					
CARACTÈRE					▼				
TEMPÉRATURE					▼				
	1	1,5	2	2,5	3	3,5	4	4,5	5

TRIPLE

Blonde Liquoreuse

500 ml   10 % alc./vol.

HIVER	QUÉBEC	ÉPICERIE

La série Gastronomie est brassée en collaboration avec Francois Chartier et met en valeur des principes aromatiques. Dans ce cas-ci, il s'agit d'une bière de millet et sarrasin.

Une belle mousse crémeuse. Un corps bien rond. Au nez, la pêche se laisse aller, très vite rattrapée par la mangue. En bouche, la bière est liquoreuse et rien ne dérange cette onctuosité. On y perçoit une très fine amertume en finale, mais pas de quoi la faire changer de type de bière.

√SUGGESTION   Mijoté de veau aux pêches. C'est l'impression que j'ai eue à la première gorgée.

√APPRÉCIATION   Très intéressant que de suivre les travaux de cette brasserie dans le but de faire avancer les connaissances de la communauté bière. On y participe une gorgée à la fois.

BIÈRE DE GLACE

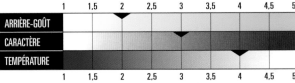

	1	1,5	2	2,5	3	3,5	4	4,5	5
ARRIÈRE-GOÛT			▼						
CARACTÈRE					▼				
TEMPÉRATURE							▼		

	1	1,5	2	2,5	3	3,5	4	4,5	5

ALBERT 3

Blonde **Amère**

600 ml

5,49 % alc./vol.

PRINTEMPS QUÉBEC ÉPICERIE

Albert 3 est une bête courageuse lancée en orbite par l'équipe Le Trou du diable dans le but avoué de conquérir les palais en quête perpétuelle de bières sèches et houblonnées, nous confie la brasserie sur son étiquette. Le pari est lancé.

Belle mousse persistante et légère. Au nez, des notes d'agrumes légèrement sapineuses se profilent. En bouche, la bière présente une amertume bien prononcée mais qui ne tombe pas dans l'excès, suivie d'une finale sèche. Mission accomplie.

√ SUGGESTION   La bière idéale pour les longues journées chaudes.

√ APPRÉCIATION   Rafraîchissante, légère et surtout très désaltérante, cette Albert 3 accomplit sa mission sans trop de problème. Un voyage sur vos papilles qui vous plaira.

	1	1,5	2	2,5	3	3,5	4	4,5	5
ARRIÈRE-GOÛT					▼				
CARACTÈRE					▼				
TEMPÉRATURE			▼						
	1	1,5	2	2,5	3	3,5	4	4,5	5

BIÈRE DE TABLE

ALDRED

Le Trou du diable

Blonde **Amère**

600 ml　　　　　　　　　　　　　　　4,5 % alc./vol.

PRINTEMPS　　　QUÉBEC　　　　　ÉPICERIE

Fermentée avec une levure de saison et houblonnée comme une IPA, cette Aldred offre des arômes de zeste de citron et d'herbes fraîches, selon la brasserie.

Une mousse très aérienne se pose sur la boisson. Des saveurs de houblons du Nouveau Monde telles qu'agrumes et fruits tropicaux se démarquent. En bouche, la bière est mince et présente dès la première gorgée une amertume qui vous accompagne jusqu'à la fin.

√SUGGESTION　　　La bière apéritive par excellence.

√APPRÉCIATION　　Voilà un produit que vous devez avoir dans votre frigo, prêt à être décapsulé en cas d'extrême urgence. La bière est désaltérante à souhait et surtout très bien équilibrée.

	1	1,5	2	2,5	3	3,5	4	4,5	5
ARRIÈRE-GOÛT					▼				
CARACTÈRE					▼				
TEMPÉRATURE			▼						
	1	1,5	2	2,5	3	3,5	4	4,5	5

SAISON IPA

112

ANNA

Vox Populi

Blonde Amère	355 ml		10 % alc./vol.
	TOUTE L'ANNÉE	QUÉBEC	ÉPICERIE

Une Triple du Nouveau Monde. Une bière triple houblonnée aux houblons du Nouveau Monde. La brasserie Vox Populi innove en offrant cette bière triple dans un format peu habituel à ce genre de bière.

Belle mousse crémeuse. Une bière plus légèrement ambrée que blonde. Au nez, les houblons s'expriment bien, laissant place à des fruits tropicaux. En bouche, la bière est ronde en entrée de bouche pour assécher tranquillement le palais.

√SUGGESTION   La brasserie propose un gyros. Pourquoi pas.

√APPRÉCIATION   Arrivée sur le marché en même temps que beaucoup d'autres bières, Anna a réussi à se démarquer par l'innovation, la qualité et le goût. Vous l'aurez compris, c'est une bière à découvrir.

NOUVEAUTÉ DE CETTE ÉDITION

	1	1,5	2	2,5	3	3,5	4	4,5	5
ARRIÈRE-GOÛT					▼				
CARACTÈRE					▼				
TEMPÉRATURE					▼				
	1	1,5	2	2,5	3	3,5	4	4,5	5

TRIPLE

À TOUT LE MONDE

Unibroue

Blonde
Amère

341 ml

4,5 % alc./vol.

| TOUTE L'ANNÉE | QUÉBEC | ÉPICERIE |

Une collaboration avec Dave Mustaine du groupe Megadeth, Jerry, le maître brasseur, étant devenu un ami du groupe.

Une mousse fuyante, une bière légèrement voilée. Au nez, les épices sont généreuses. On y perçoit un peu de coriandre, de citronnelle et d'agrumes. En bouche, la bière est très pétillante. Derrière cette vivacité se cache une bière légèrement ronde, très vite rattrapée par une amertume, fort probablement le résultat d'un houblonnage à froid.

√ SUGGESTION   De la musique ? Je sais, c'est trop facile.

√ APPRÉCIATION   Unibroue nous a très rarement habitués à brasser des bières sèches et amères. Cette Saison en a surpris plus d'un. Elle est maintenant un excellent rapport qualité-prix à considérer dans vos achats.

NOUVEAUTÉ
DE CETTE ÉDITION

SAISON

	1	1,5	2	2,5	3	3,5	4	4,5	5
ARRIÈRE-GOÛT				▼					
CARACTÈRE			▼						
TEMPÉRATURE			▼						
	1	1,5	2	2,5	3	3,5	4	4,5	5

BIÈRE DE BLÉ AMÉRICAINE — Brasserie Mille Îles

Blonde Amère

500 ml — 4,1 % alc./vol.

TOUTE L'ANNÉE — QUÉBEC — ÉPICERIE

L'association d'un style d'époque avec des techniques modernes de houblonnage donne de nouveaux styles. Cette bière de blé américaine est le parfait exemple du renouveau brassicole à travers le monde.

Belle dentelle sur les parois du verre. La bière est de couleur blonde. Au nez, les houblons se font assez discrets, on y perçoit quelques notes florales. En bouche, la bière est légère. Une légèreté qui laisse place à une finale sur l'amertume. Très peu de sucre résiduel.

√**SUGGESTION** Accompagne très bien une choucroute bien relevée.

√**APPRÉCIATION** L'imagination débordante des brasseurs nous offre de nouvelles approches quand il s'agit de nommer des styles. Cette bière de blé américaine est un bon exemple. On brasse une bière avec des céréales reconnues pour être utilisées dans les blanches, mais on offre un houblonnage généreux en fin de brassage. À découvrir pour la culture générale.

NOUVEAUTÉ DE CETTE ÉDITION

	1	1,5	2	2,5	3	3,5	4	4,5	5
ARRIÈRE-GOÛT					3				
CARACTÈRE			2						
TEMPÉRATURE			2						

BOHEMIAN PILSNER

Vrooden

Blonde
Amère

500 ml   5 % alc./vol.

TOUTE L'ANNÉE   QUÉBEC   ÉPICERIE

Brassée dans la plus pure tradition des Pilsner de Bohême. La brasserie utilise le principe de brassage par décoction, se rapprochant encore plus des techniques allemandes.

Des arômes de céréales et de pain frais se profilent au service. C'est impressionnant. En bouche, la bière présente une bonne amertume soutenue par les houblons nobles. On est loin d'une amertume aromatique de la côte ouest, mais plutôt vers un retour aux sources. C'est très agréable.

√ **SUGGESTION**   Un jambon-beurre, tout ce qu'il y a de plus prolétaire.

√ **APPRÉCIATION**   Encore une excellente bière de la brasserie Vrooden. Les amateurs de Pilsner bien craquante seront ravis. Elle se démarque magnifiquement bien.

NOUVEAUTÉ
DE CETTE ÉDITION

	1	1,5	2	2,5	3	3,5	4	4,5	5
ARRIÈRE-GOÛT				▼					
CARACTÈRE				▼					
TEMPÉRATURE			▼						
	1	1,5	2	2,5	3	3,5	4	4,5	5

CHEVAL BLANC DOUBLE BLANCHE

Blonde Amère

Les Brasseurs RJ

750 ml   6,2 % alc./vol.

TOUTE L'ANNÉE	QUÉBEC	ÉPICERIE

Une IPA belge brassée avec du blé, de la levure « belge » et beaucoup de houblon.

La mousse est légère et persistante. La bière offre un beau nez de houblons frais, de fruits et de fleurs. En bouche, elle laisse s'exprimer les céréales jusqu'à ce que le houblon se pointe le nez. La finale est sur l'équilibre du sucre et de l'amertume.

√SUGGESTION   Des plats thaïlandais bien épicés.

√APPRÉCIATION   Elle passe un peu trop inaperçue dans ce marché fébrile. Mais si vous cherchez une bière bien houblonnée, agréable à boire et ayant un excellent rapport qualité-prix, la voici.

NOUVEAUTÉ DE CETTE ÉDITION

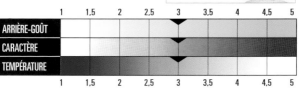

	1	1,5	2	2,5	3	3,5	4	4,5	5
ARRIÈRE-GOÛT					▼				
CARACTÈRE					▼				
TEMPÉRATURE					▼				
	1	1,5	2	2,5	3	3,5	4	4,5	5

IPA BELGE

117

DOMINUS VOBISCUM LUPULUS

Blonde
Amère

Microbrasserie Charlevoix

750 ml   10 % alc./vol.

TOUTE L'ANNÉE   QUÉBEC   ÉPICERIE

La série Dominus Vobiscum, signifiant «Que le Seigneur soit avec vous» en latin, est un clin d'œil aux nombreuses bières d'abbaye en Belgique. Toute la gamme Dominus Vobiscum offre des bières d'inspiration belge.

Une mousse riche et crémeuse surplombe cette bière aux couleurs dorées. Comment ne pas succomber? Au nez, des notes d'épices, d'alcool et de céréales se démarquent. En bouche, la bière est ronde, chaleureuse et complexe. Sa finale est un judicieux mélange d'amertume et de rondeur. Un chef-d'œuvre.

√ **SUGGESTION**   Un fromage à pâte molle et à croûte lavée au caractère affirmé.

√ **APPRÉCIATION** Une des meilleures bières au Québec : un corps magnifique, une mousse superbe et une finale complexe offrant une amertume soutenue, mais loin d'être agressive. À avoir dans son frigo et à consommer rapidement, elle est trop complexe pour la faire vieillir.

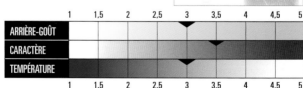

	1	1,5	2	2,5	3	3,5	4	4,5	5
ARRIÈRE-GOÛT					3				
CARACTÈRE						3,5			
TEMPÉRATURE					3				
	1	1,5	2	2,5	3	3,5	4	4,5	5

TRIPLE

DOUBLE FRUIT PUNCH IPA

Vox Populi

Blonde
Amère

355 ml		8 % alc./vol.
TOUTE L'ANNÉE	QUÉBEC	ÉPICERIE

16 grammes de houblon par litre. C'est ce que vous propose la brasserie avec cette India Pale Ale houblonnée avec des cultivars de houblons américains et néo-zélandais.

Une mousse assez fuyante se pose sur une bière au corps limpide. Au nez, la bière offre des arômes floraux et fruités. En bouche, l'amertume cadre bien avec le taux de sucre résiduel. La bière a du caractère.

√ SUGGESTION   Un fromage à pâte semi-ferme au lait cru. Le mariage est très intéressant.

√ APPRÉCIATION   Encore une fois, Vox Populi a réussi à se démarquer avec ce produit très vite accepté par les consommateurs les plus exigeants. À avoir dans son frigo pour toute éventualité.

NOUVEAUTÉ
DE CETTE ÉDITION

	1	1,5	2	2,5	3	3,5	4	4,5	5
ARRIÈRE-GOÛT					▼				
CARACTÈRE					▼				
TEMPÉRATURE					▼				

INDIA PALE ALE

ÉCUME

À l'Abri de la Tempête

Blonde **Amère**

341 ml		4,8 % alc./vol.
TOUTE L'ANNÉE	QUÉBEC	ÉPICERIE

L'Écume s'inspire des vents salins qui soufflent sur l'île. Elle est également composée d'épices provenant du terroir des Îles-de-la-Madeleine.

D'une couleur blonde scintillante, elle est fidèle à la Lager blonde. La mousse est sublime, une belle dentelle recouvre le verre. Au nez, des notes céréalières se mêlent aux arômes légèrement salins. En bouche, la bière est fraîche. Une amertume tranchante, typique du style, s'éloigne discrètement jusqu'à la prochaine gorgée.

√ SUGGESTION   Un tartare de bœuf, légèrement relevé, se mariera parfaitement avec l'amertume et les notes salines de cette Écume.

√ APPRÉCIATION   Agréable sensation que de découvrir des notes tranchantes d'amertume liées aux notes salines. Non seulement la bière est désaltérante, mais elle offre une palette de saveurs que peu de bières peuvent proposer.

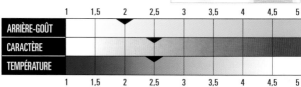

	1	1,5	2	2,5	3	3,5	4	4,5	5
ARRIÈRE-GOÛT			▼						
CARACTÈRE				▼					
TEMPÉRATURE				▼					

HELLE

Vrooden

Blonde / Amère

500 ml		5 % alc./vol.
TOUTE L'ANNÉE	QUÉBEC	ÉPICERIE

Fermentée avec une levure de type « lager », cette Blonde Pale est très souvent brassée dans le sud de l'Allemagne. Les houblons utilisés sont appelés « houblons nobles ».

Une mousse en dentelle se berce sur les parois du verre. Au nez, la bière offre un nez de pain et de céréales. En bouche, l'amertume est très douce, laissant place à une belle finale sèche typique des lagers blondes.

√ SUGGESTION   Spécialités bavaroises.

√ APPRÉCIATION   On se croirait à la frontière belgo-allemande, à découvrir un monde de bières blondes de fermentation basse. Fort probablement la brasserie qui réussit le mieux ses bières d'inspiration allemande.

NOUVEAUTÉ DE CETTE ÉDITION

	1	1,5	2	2,5	3	3,5	4	4,5	5
ARRIÈRE-GOÛT				▼					
CARACTÈRE				▼					
TEMPÉRATURE				▼					
	1	1,5	2	2,5	3	3,5	4	4,5	5

IPA

Les Trois Mousquetaires

Blonde / Amère	750 ml	6 % alc./vol.
	ÉTÉ	QUÉBEC	ÉPICERIE

Brassée avec des houblons Simcoe, Citra, Chinook et Centennial. Le houblonnge à cru est réalisé avec les mêmes houblons.

Le service laisse présager un corps assz rond. Au nez, les fruits tropicaux explosent. On y perçoit également quelques notes sapineuses. En bouche, la bière n'est pas trop sur l'amertume même si celle-ci est présente. La finale est légèrement sucrée. La bière se rapproche de ce que l'on boit sur la côte ouest américaine. C'est le but.

√ SUGGESTION   La brasserie propose calmars frits. En voilà une bonne idée.

√ APPRÉCIATION   Une des brasseries les plus humbles de la culture bière québécoise, mais qui nous propose des produits pour la plupart irréprochables. C'est toujours un plaisir que de déboucher une de ses bières.

NOUVEAUTÉ DE CETTE ÉDITION

	1	1,5	2	2,5	3	3,5	4	4,5	5
ARRIÈRE-GOÛT				▼					
CARACTÈRE				▼					
TEMPÉRATURE				▼					
	1	1,5	2	2,5	3	3,5	4	4,5	5

INDIA PALE ALE

LA PITOUNE

Le Trou du diable

375 ml		5 % alc./vol.
TOUTE L'ANNÉE	QUÉBEC	ÉPICERIE

Blonde Amère

Du nom des célèbres billots de bois qui descendaient les rivières du Québec, la Pitoune fait référence à la rivière Saint-Maurice qui fut la dernière rivière dravée au Québec.

Cette blonde dorée surmontée d'une mousse abondante offre un nez de céréales, d'herbes et de levure typique des Pilsners. En bouche, elle est céréalière et son amertume vient caresser les papilles assoiffées. L'étalement est aussi simple dans les saveurs que complexe dans les arômes. Une bière de soif ! Et c'est loin d'être péjoratif.

√SUGGESTION   Une glacière en bois verni, des glaçons à l'eau de source et quelques bouteilles de Pitoune. Une expérience de camping de luxe pour cette bière de soif de luxe.

√APPRÉCIATION   Une Pilsner comme je les aime, me rappelant les meilleures, brassées par des petites brasseries belges familiales.

	1	1,5	2	2,5	3	3,5	4	4,5	5
ARRIÈRE-GOÛT					▼				
CARACTÈRE						▼			
TEMPÉRATURE			▼						
	1	1,5	2	2,5	3	3,5	4	4,5	5

PILSNER

Blonde Amère

500 ml   4,5 % alc./vol.

TOUTE L'ANNÉE   QUÉBEC   ÉPICERIE

Un hommage à la brasserie Portneuvoise qui fut une des premières microbrasseries au Québec.

Une mousse assez persistante se tient sur le verre. Au nez, elle propose des notes de céréales et de houblon assez discrètes et sans extravagance. En bouche, la bière est très bien équilibrée avec une amertume qui se profile tranquillement pour vous accompagner jusqu'à la dernière gorgée. C'est agréable.

√ SUGGESTION   La petite pause pendant les travaux manuels. Elle se boit en plusieurs occasions.

√ APPRÉCIATION   Une Pale Ale simple, équilibrée, désaltérante et agréable. On n'en demande pas plus.

NOUVEAUTÉ DE CETTE ÉDITION

	1	1,5	2	2,5	3	3,5	4	4,5	5
ARRIÈRE-GOÛT				▼					
CARACTÈRE			▼						
TEMPÉRATURE				▼					

PALE ALE

LES QUATRE SURFEURS DE L'APOCALYPSO

Blonde Amère

Le Trou du diable

660 ml   6,5 % alc./vol.

PRINTEMPS	QUÉBEC	ÉPICERIE

Une bière houblonnée qui pousse l'aromatique du houblon et qui contient du blé. Bref, une Blanche IPA, selon la brasserie.

Une belle mousse en dentelle. Au nez, des notes flagrantes de fruits tropicaux, mangues et agrumes. En bouche, la bière offre une densité relativement légère qui laisse place à une belle amertume. Voilà une bière sèche et rafraîchissante, tout simplement.

√ **SUGGESTION**   À boire telle quelle, sans rien d'autre.

√ **APPRÉCIATION** Cette bière est un hommage aux nombreux talents des brasseurs nord-américains qui rivalisent d'ingéniosité et de nouveaux produits. Elle est tout bonnement réconfortante.

	1	1,5	2	2,5	3	3,5	4	4,5	5
ARRIÈRE-GOÛT						3,5			
CARACTÈRE						3,5			
TEMPÉRATURE					3				
	1	1,5	2	2,5	3	3,5	4	4,5	5

BLANCHE IPA

LOT 9 PILSNER — Creemore Springs Brewery

Blonde Amère

341 ml — 4,7 % alc./vol.

TOUTE L'ANNÉE — ONTARIO — ÉPICERIE

Lot 9 est le nom du lot de terre qui a été transformé en champ d'orge au moment de la création de la brasserie. Cette Pilsner traditionnelle a été créée en l'honneur des fondateurs de la brasserie.

Une mousse fuyante laisse place à une belle dentelle. Au nez, on sent bien la céréale. On y trouve également quelques arômes de houblon noble. Du côté du goût, les céréales s'expriment à chaque gorgée et cèdent la place à une finale légèrement amère, comme le demande le style.

√ **SUGGESTION**   Elle remplace facilement la bière que vous buvez le plus souvent.

√ **APPRÉCIATION**   Peu connue au Québec, cette Lot 9 Pilsner a le mérite d'être bien brassée et agréable à boire. À découvrir si vous cherchez une bière « blonde » qui vous séduira en toute occasion.

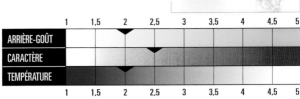

	1	1,5	2	2,5	3	3,5	4	4,5	5
ARRIÈRE-GOÛT			▼						
CARACTÈRE				▼					
TEMPÉRATURE			▼						
	1	1,5	2	2,5	3	3,5	4	4,5	5

Blonde
Amère

375 ml		6,8 % alc./vol.
TOUTE L'ANNÉE	QUÉBEC	ÉPICERIE

La gamme Série Signature propose des bières d'inspiration du monde entier et disponibles toute l'année. Traditionnellement brassées en Allemagne, les Maibocks sont des Lagers blondes plus maltées qui soulignent l'arrivée du printemps.

Une riche mousse surplombe cette Maibock d'une belle couleur dorée. Au nez, la bière offre des notes florales accompagnées de saveurs de céréales. En bouche, son corps malté s'exprime pleinement laissant place à une finale légèrement amère, suivie des notes sucrées des céréales.

√ SUGGESTION   Un Waterzoeï et des petites carottes croquantes.

√ APPRÉCIATION   Ni trop houblonnée ni trop sucrée, cette Lager blonde offre un corps plus malté que ses cousines Lagers blondes de type Pilsner. Pour ceux qui aiment les Pilsners qui ont du corps.

	1	1,5	2	2,5	3	3,5	4	4,5	5
ARRIÈRE-GOÛT				▼					
CARACTÈRE					▼				
TEMPÉRATURE				▼					
	1	1,5	2	2,5	3	3,5	4	4,5	5

LAGER BLONDE

MONS BLONDE D'ABBAYE
Belgh Brasse

Blonde Amère

750 ml   7 % alc./vol.

TOUTE L'ANNÉE   QUÉBEC   ÉPICERIE

D'abord apparue sur les tablettes de nos voisins américains, Mons est une gamme de bières aujourd'hui disponibles et brassées au Québec. Inspirées par les bières d'abbaye belges, elle porte le nom d'une ville de Belgique.

Au service, une superbe mousse forme de la dentelle sur le verre. L'effervescence est pétillante et débordante d'énergie. Sa couleur est fidèle au style. Au nez, des notes légères de levure et de houblon s'offrent à vous. En bouche, la bière est douce et très bien maintenue par un taux d'alcool adéquat. Sa finale est légèrement amère. Tout à fait agréable.

√SUGGESTION   Un fromage à pâte semi-ferme et à croûte lavée.

√APPRÉCIATION   Un excellent rapport qualité-prix pour ce produit très fidèle à son inspiration d'origine : les Blondes belges. Le choix du format, de l'étiquetage et de la levure en fait une cousine très proche d'un produit belge. À boire frais.

BLONDE BELGE

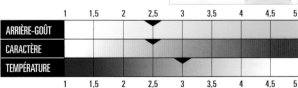

	1	1,5	2	2,5	3	3,5	4	4,5	5
ARRIÈRE-GOÛT				▼					
CARACTÈRE				▼					
TEMPÉRATURE				▼					
	1	1,5	2	2,5	3	3,5	4	4,5	5

ORANGE TIE WRAP

Gainsbourg

Blonde
Amère

500 ml		7,5 % alc./vol.
TOUTE L'ANNÉE	QUÉBEC	ÉPICERIE

La Série Road Trip de Gainsbourg, située en Outaouais, rend hommage aux bières de la côte ouest américaine qui ont inspiré bien des brasseurs ces dernières années. Le nom de la bière proviendrait d'une anecdote de brassage, à découvrir à la brasserie.

Belle mousse en dentelle. Au nez, la bière explose de saveurs. On y retrouve les notes typiques du houblon Nelson Sauvin accompagnées d'arômes d'agrumes. En bouche, la bière n'est pas trop sucrée, laissant une belle impression de rondeur et de douceur. L'amertume n'est pas trop prononcée.

√ SUGGESTION Un burger de veau, avocat, oignons rouges et mayonnaise à la lime.

√ APPRÉCIATION Elle est souvent ma complice lorsque je me présente sur place, son service en fût lui va si bien. Ce genre de bières doit être bue fraîche. La brasserie brassant de petites quantités, c'est tout à son avantage.

	1	1,5	2	2,5	3	3,5	4	4,5	5
ARRIÈRE-GOÛT					3				
CARACTÈRE					3				
TEMPÉRATURE			2						
	1	1,5	2	2,5	3	3,5	4	4,5	5

SAISON

PADOU
Microbrasserie du Lac Saint-Jean

Blonde 🍺 **Amère**

500 ml		6,2 % alc./vol.
TOUTE L'ANNÉE	QUÉBEC	ÉPICERIE

Une bière de blé, fermentée avec une levure « belge » et houblonnée à l'américaine.

Une superbe mousse se pose sur mon verre. Elle est persistante et crée un magnifique col. Au nez, la bière dégage différents arômes provenant de la levure et des houblons. En bouche, les premières impressions sont celles de la levure et du sucre, typique du style blanche. Par la suite, l'amertume s'installe et ne vous quitte plus, sans que ce soit désagréable.

√ SUGGESTION   Une salade estivale, pas trop vinaigrée.

√ APPRÉCIATION   La brasserie avait organisé un petit concours entre personnalités du monde de la bière et j'avais reçu le mandat de défendre la Padou. Je n'étais pas gêné, elle mérite tous les honneurs.

NOUVEAUTÉ
DE CETTE ÉDITION

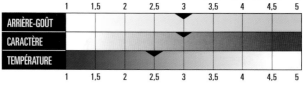

	1	1,5	2	2,5	3	3,5	4	4,5	5
ARRIÈRE-GOÛT					▼				
CARACTÈRE					▼				
TEMPÉRATURE			▼						
	1	1,5	2	2,5	3	3,5	4	4,5	5

INDIA PALE ALE

130

Une Pils tchèque. Vous remarquerez le chiffre 12 indiquant la densité avant fermentation, principe reconnu en Tchéquie et souvent appliqué par des brasseurs nord-américains en guise de reconnaissance.

Une belle mousse généreuse typique du style. Elle s'enfuit cependant tranquillement, laissant derrière elle une dentelle fine et légère. Au nez, la bière est sur ce malt clair typique pour les bières Pilsner. En bouche, la bière est sèche, craquante, sur le malt mais surtout l'amertume bien noble qui vient titiller les papilles. C'est frais, désaltérant mais surtout très agréable.

√ SUGGESTION   Les plats allemands ou de l'est de la France. C'est culturel certes, mais c'est surtout très bon.

√ APPRÉCIATION   Je l'ai vue évoluer au fil du temps, le brasseur perfectionne sa recette au gré des saisons et des projets qu'il entreprend. Très sympa de l'avoir proposée en canette, elle mérite qu'on y goûte.

	1	1,5	2	2,5	3	3,5	4	4,5	5
ARRIÈRE-GOÛT					▼				
CARACTÈRE				▼					
TEMPÉRATURE				▼					
	1	1,5	2	2,5	3	3,5	4	4,5	5

PALE ALE

Amère　　　TOUTE L'ANNÉE　　　QUÉBEC　　　ÉPICERIE

Sutton Brouërie est reconnue pour brasser des bières fermentées à 100 % avec des levures *Brettanomyces*. Cette Saison Bee-Bop a également profité d'une levure de type « saison ».

Belle mousse en dentelle. Au nez, la levure s'exprime bien, offrant un mélange légèrement épicé et floral. Le houblon Mosaic doit y être pour quelque chose également. En bouche, la bière est douce en entrée de bouche pour s'installer tranquillement sur une légère finale amère.

√ **SUGGESTION**　　Un plateau de fromages, un saucisson, une couverture et de l'ombre sous un arbre.

√ **APPRÉCIATION**　　Parfois, on aime se retrouver en face de la simplicité. Cette saison est une bonne complice. Assez proche des Saisons belges, excepté son houblonnage à froid, elle n'est pas dans la caricature de la levure très épicée. Bien au contraire.

SAISON

	1	1,5	2	2,5	3	3,5	4	4,5	5
ARRIÈRE-GOÛT				▼					
CARACTÈRE			▼						
TEMPÉRATURE			▼						
	1	1,5	2	2,5	3	3,5	4	4,5	5

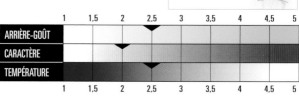

ÉTÉ QUÉBEC ÉPICERIE

Une Saison, avec houblonnage contemporain. Ce style est de plus en plus populaire et de nombreuses brasseries proposent leur version. La Saison du Parc est disponible pendant les mois les plus chauds de l'année.

En voilà une mousse très aérée. La bière, de couleur paille, est voilée. Au nez, les houblons s'expriment bien, laissant place à des notes fruitées et tropicales. En bouche, la bière est sèche, jusqu'à la dernière gorgée. La rétro-olfaction offre des arômes tropicaux, c'est le houblon, vous l'aurez compris. La finale est sèche, la bière est très désaltérante, c'est le but.

√SUGGESTION   Un parc, du soleil, une journée chaude, un pique-nique.

√APPRÉCIATION Vous cherchez une bière désaltérante et passe-partout? Allez chez votre détaillant favori et procurez-vous une caisse de Saison du Parc. Vous êtes prêt pour l'été.

SAISON HOUBLONNÉE

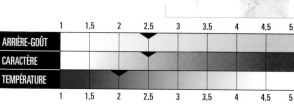

	1	1,5	2	2,5	3	3,5	4	4,5	5
ARRIÈRE-GOÛT				▼					
CARACTÈRE				▼					
TEMPÉRATURE			▼						
	1	1,5	2	2,5	3	3,5	4	4,5	5

SAISON RAKAU Microbrasserie Le Castor

Blonde Amère

660 ml   6 % alc./vol.

TOUTE L'ANNÉE   QUÉBEC   ÉPICERIE

Brassée avec différents cultivars de houblon de la Nouvelle-Zélande et une levure de saison.

Il apparaît une sensation de légèreté quand on sert cette bière. La mousse surplombe une bière à la couleur blonde claire. Au nez, les houblons s'expriment sous la forme de fruits, mangues et fleurs. En bouche, la bière se laisse bercer par la levure assez expressive. La finale n'est pas trop amère mais bien présente quand même.

√SUGGESTION   Un pique-nique de divers produits de charcuterie.

√APPRÉCIATION   L'amateur qui désire goûter une Saison bien levurée et l'influence des houblons du Nouveau Monde peut, sans contredit, acheter cette bière. À comparer avec d'autres saisons pour comprendre le rôle de la levure, mais également celui du brasseur.

NOUVEAUTÉ DE CETTE ÉDITION

	1	1,5	2	2,5	3	3,5	4	4,5	5
ARRIÈRE-GOÛT					▼				
CARACTÈRE				▼					
TEMPÉRATURE					▼				
	1	1,5	2	2,5	3	3,5	4	4,5	5

SAISON

SAISON RUSTIQUE

Brasserie Dunham

Blonde **Amère**

750 ml   6 % alc./vol.

ÉTÉ   QUÉBEC   ÉPICERIE

Cette Saison Rustique se veut la plus proche possible des Saisons belges et du nord de la France. Elle est brassée avec du malt d'orge, du seigle et de l'avoine.

Belle mousse légère qui recouvre le verre. Sa couleur blonde rappelle certaines Saisons typiques du Hainaut belge. Au nez, la bière développe quelques notes épicées et fruitées. En bouche, elle est sèche, laissant apparaître une finale légèrement amère. C'est une Saison !

√SUGGESTION   Vivez l'expérience jusqu'au bout, buvez-la dans un champ en plein mois d'août pendant que vous récoltez l'orge de la brasserie.

√APPRÉCIATION Devenue un classique de la brasserie Dunham qui nous a plusieurs fois démontré son incroyable talent pour les Saisons sèches et légèrement acidulées. Sèche, rafraîchissante et désaltérante, même si elle est servie à température pièce. Servez-la plutôt à 8-10 °C.

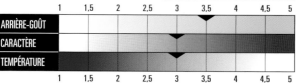

	1	1,5	2	2,5	3	3,5	4	4,5	5
ARRIÈRE-GOÛT						▼			
CARACTÈRE					▼				
TEMPÉRATURE					▼				
	1	1,5	2	2,5	3	3,5	4	4,5	5

SAISON

SENTINELLE

Dieu du Ciel !

Blonde Amère

341 ml   5,1 % alc./vol.

| TOUTE L'ANNÉE | QUÉBEC | ÉPICERIE |

Hommage aux bières blondes de la ville de Cologne en Allemagne, qui se boivent en grande quantité et qui doivent être très désaltérantes.

Une mousse qui ne s'attarde pas trop. Une belle couleur blonde bien brillante. Au nez, la bière est sur la céréale. On y perçoit des notes de pain de mie frais. En bouche, elle offre une amertume derrière une légère rondeur du malt, signe de la présence de sucre résiduel.

√ SUGGESTION   Les plats allemands ou de l'est de la France. C'est culturel certes, mais c'est surtout très bon.

√ APPRÉCIATION   À boire frais, vous trouverez la date d'expiration sur la contre-étiquette, l'expérience en sera d'autant plus agréable.

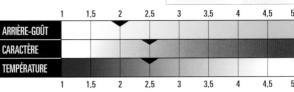

	1	1,5	2	2,5	3	3,5	4	4,5	5
ARRIÈRE-GOÛT			▼						
CARACTÈRE				▼					
TEMPÉRATURE				▼					
	1	1,5	2	2,5	3	3,5	4	4,5	5

KOLSCH

SESSION HOUBLON — Microbrasserie Le Castor

Blonde Amère

660 ml		4,3 % alc./vol.
TOUTE L'ANNÉE	QUÉBEC	ÉPICERIE

Le Castor propose une Ale houblonnée faiblement alcoolisée. Les bières «Session» sont une réponse aux bières «légères» des grands groupes brassicoles. On propose une bière faiblement alcoolisée et sucrée mais avec du goût.

La mousse se colle à la paroi du verre. Au nez, la bière offre une belle bouffée de houblon. En bouche, celui-ci s'exprime bien derrière une amertume assez frappante car elle n'est pas dérangée par le taux de sucre de la bière qui est bas. À la limite d'une amertume tranchante.

√ **SUGGESTION**   Un plat indien, bien relevé.

√ **APPRÉCIATION**   Les bières biologiques sont à la mode en ce moment. Encore faut-il que celles-ci soient agréables à boire pour attirer le consommateur. Mission accomplie pour cette Session Houblon qui ne fait pas dans la douceur.

NOUVEAUTÉ DE CETTE ÉDITION

	1	1,5	2	2,5	3	3,5	4	4,5	5
ARRIÈRE-GOÛT						3,5			
CARACTÈRE			2,5						
TEMPÉRATURE			2,5						
	1	1,5	2	2,5	3	3,5	4	4,5	5

SESSION IPA Lion Bleu

Blonde Amère

750 ml		4 % alc./vol.
TOUTE L'ANNÉE	QUÉBEC	ÉPICERIE

Avec ses 38 IBU et son taux d'alcool à 4 %, la brasserie propose son interprétation d'une Session IPA.

Proche de la Triple du Nouveau Monde, elle se distingue par un taux d'alcool bien plus bas et un taux de sucre résiduel beaucoup plus faible. En bouche, la bière est plus sèche et s'affirme sur un houblonnage bien marqué, légèrement tranchant. On en redemande.

√ SUGGESTION   Un poulet rôti, l'amertume casse le gras.

√ APPRÉCIATION   Très agréable produit à découvrir. Le choix des houblons en fait un produit proche de ce que l'on peut boire aux États-Unis, du côté de Portland. Son faible taux d'alcool n'est vraiment pas un problème.

NOUVEAUTÉ DE CETTE ÉDITION

	1	1,5	2	2,5	3	3,5	4	4,5	5
ARRIÈRE-GOÛT				▼					
CARACTÈRE				▼					
TEMPÉRATURE			▼						
	1	1,5	2	2,5	3	3,5	4	4,5	5

INDIA PALE ALE

SESSION IPA — Riverbend

SESSION IPA — Riverbend

Blonde Amère	473 ml	3,1 % alc./vol.
	TOUTE L'ANNÉE — QUÉBEC — ÉPICERIE	

Faible en alcool, cette Session IPA est houblonnée au Centennial, un houblon reconnu pour son amertume franche et ses notes d'agrumes.

Les notes aromatiques du houblon proposent des arômes de fruits confits. On y sent un peu de pêche. En bouche, la bière est étonnamment moins aqueuse que prévu. On y retrouve une petite touche de sucre et une amertume qui offre une finale très désaltérante.

√ SUGGESTION   Une Session de 4 heures.

√ APPRÉCIATION   Voilà une bière très faible en alcool mais qui a du goût. C'est très tendance. Allez-y les yeux fermés, les amateurs de houblon apprécieront la bière.

NOUVEAUTÉ DE CETTE ÉDITION

	1	1,5	2	2,5	3	3,5	4	4,5	5
ARRIÈRE-GOÛT				▼					
CARACTÈRE			▼						
TEMPÉRATURE			▼						

SESSION IPA

139

SIEUR DE LÉRY Frampton Brasse

Blonde **Amère**

341 ml | | 5 % alc./vol.

TOUTE L'ANNÉE | QUÉBEC | ÉPICERIE

Frampton Brasse utilise un système de décoction assez rare en Amérique du Nord. Cette Pilsner est le fruit du travail du jeune maître brasseur Gilbert, qui a étudié en Allemagne.

Belle couleur blonde scintillante surmontée par une mousse offrant une superbe dentelle. Au nez, des notes de grains et de levure se font sentir. En bouche, la bière est douce, suivie d'une finale légèrement amère typique du style.

√ **SUGGESTION**   Des chips et une finale de la coupe Stanley.

√ **APPRÉCIATION**   Vous cherchiez une bière à avoir en tout temps dans votre frigo ? En voici une. Équilibrée et bien balancée entre l'amertume et la douceur des grains, cette Pilsner n'a rien à envier à ses cousines brassées en Amérique du Nord.

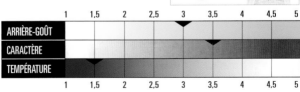

	1	1,5	2	2,5	3	3,5	4	4,5	5
ARRIÈRE-GOÛT					▼				
CARACTÈRE						▼			
TEMPÉRATURE		▼							
	1	1,5	2	2,5	3	3,5	4	4,5	5

ST-AMBROISE SESSION IPA McAuslan

Blonde Amère	473 ml		4,5 % alc./vol.
	TOUTE L'ANNÉE	QUÉBEC	ÉPICERIE

Se voulant une India Pale Ale moins alcoolisée que ses cousines, la Session IPA est un hommage aux bières anglaises faibles en alcool qui se consommaient moins modérément.

Une mousse très volatile dans le verre disparaît au bout de quelques minutes en laissant place à une belle dentelle. Au nez, la signature de la levure typique de McAuslan se présente, accompagnée par quelques notes florales et herbacées de houblon. En bouche, la bière est mince et propose une amertume soutenue mais sans tomber dans l'excès.

√ SUGGESTION Une bière apéritive pour faire découvrir l'amertume et le rôle du houblon.

√ APPRÉCIATION Les amateurs de bières houblonnées mais non sucrées seront ravis. C'est l'antithèse d'une Double IPA américaine.

	1	1,5	2	2,5	3	3,5	4	4,5	5
ARRIÈRE-GOÛT					▼				
CARACTÈRE				▼					
TEMPÉRATURE			▼						
	1	1,5	2	2,5	3	3,5	4	4,5	5

INDIA PALE ALE

SUPERPAUSE — Les Grands Bois

500 ml 5 % alc./vol.

TOUTE L'ANNÉE QUÉBEC ÉPICERIE

Une India Pale Ale d'inspiration contemporaine, idéale pour prendre une super pause selon la brasserie. Pourquoi pas.

Une mousse légère qui colle à la paroi de mon verre. Au nez, la bière est florale, fruitée et légèrement résineuse. Signe d'un houblonnage important. En bouche, la bière est sèche et l'amertume se faufile sans gêne jusqu'à la dernière gorgée. Laissant une belle impression de salade de fruits tropicaux, sans les notes sucrées.

√ **SUGGESTION** La bière estivale à boire pendant une super pause!

√ **APPRÉCIATION** Mission accomplie que cette India Pale Ale bien sèche et aromatique. Les amateurs de bières très désaltérantes seront ravis.

NOUVEAUTÉ DE CETTE ÉDITION

	1	1,5	2	2,5	3	3,5	4	4,5	5
ARRIÈRE-GOÛT					▼				
CARACTÈRE				▼					
TEMPÉRATURE				▼					
	1	1,5	2	2,5	3	3,5	4	4,5	5

INDIA PALE ALE

TRIBALE PALE ALE — MaBrasserie

Blonde
Amère

473 ml   5,5 % alc./vol.

TOUTE L'ANNÉE   QUÉBEC   ÉPICERIE

La gamme Tribale fait honneur aux bières bien houblon-nées typiques de l'Amérique du Nord. Il existe également une Session Ale et une Double IPA qui ne sont pas dans ce livre, mais que je vous invite à goûter.

Un houblonnage généreux semble être la signature de cette bière. Il s'exprime bien au nez par des notes résineuses. En bouche, la bière est amère, vous l'aurez compris. Mais cette amertume est légèrement appuyée par un taux de sucre résiduel qui en fait une bière très intéressante à boire pendant une longue période.

√ SUGGESTION   Un restaurant vietnamien « apportez votre bière ».

√ APPRÉCIATION   Située entre la Session Ale et la Double IPA, cette Pale Ale permet d'apprécier les malts, le houblon et le faible taux d'alcool, tout en composant avec l'équilibre que le brasseur a bien voulu lui donner. C'est agréable et frais.

NOUVEAUTÉ
DE CETTE ÉDITION

	1	1,5	2	2,5	3	3,5	4	4,5	5
ARRIÈRE-GOÛT						▼			
CARACTÈRE					▼				
TEMPÉRATURE			▼						
	1	1,5	2	2,5	3	3,5	4	4,5	5

PALE ALE

AMERICAN IPA

Brasserie Mille Îles

Blonde Tranchante

500 ml   6,1 % alc./vol.

TOUTE L'ANNÉE   QUÉBEC   ÉPICERIE

Jeune brasserie située à Terrebonne, la Mille Îles propose cette IPA américaine depuis peu. Fait amusant, la brasserie aime offrir des bières authentiques dans le respect des grandes traditions de brassage, il est donc de plus en plus commun de voir les produits d'inspiration américaine faire partie d'un paysage brassicole devenu authentique.

Belle mousse en dentelle. Au nez, la bière offre une généreuse corbeille de fruits. J'y perçois quelques notes d'abricots. En bouche, la bière est soutenue par une offre généreuse de houblon, laissant une finale amère bien prononcée.

√ SUGGESTION   Tout ce qui touche aux agrumes, que ce soit en dessert, en plat ou en collation.

√ APPRÉCIATION   Une jeune brasserie qui offre un produit d'une aussi belle qualité mérite qu'on s'y attarde.

NOUVEAUTÉ DE CETTE ÉDITION

	1	1,5	2	2,5	3	3,5	4	4,5	5
ARRIÈRE-GOÛT							4		
CARACTÈRE				2,5					
TEMPÉRATURE					3				

BELLE MER

Archibald

Blonde Tranchante

473 ml

7,1 % alc./vol.

TOUTE L'ANNÉE   QUÉBEC   ÉPICERIE

Archibald vous propose cette West Coast IPA, un style de bière qui met l'accent sur le houblon. Cette version dégustée contient du Hallertauer Magnum, Amarillo, Simcoe, Centennial et Eldorado.

Mousse assez fuyante. Belle couleur blonde dorée. Un nez assez discret qui nous relance sur des notes fruitées et florales du houblon. En bouche, la bière présente une belle amertume sur une base sucrée. Ce qui en fait une West Coast IPA assez ronde pour le genre.

√SUGGESTION   Un Pad Thai légèrement piquant.

√APPRÉCIATION   Archibald distribue ses produits partout au Québec. Une West Coast toujours disponible en cas de besoin.

	1	1,5	2	2,5	3	3,5	4	4,5	5
ARRIÈRE-GOÛT					▼				
CARACTÈRE				▼					
TEMPÉRATURE			▼						
	1	1,5	2	2,5	3	3,5	4	4,5	5

WEST COAST IPA

BRETTMAN Microbrasserie Kruhnen

Blonde Tranchante

750 ml		9 % alc./vol.
TOUTE L'ANNÉE	QUÉBEC	ÉPICERIE

Double IPA à double identité, selon la brasserie. Brassée avec épice secrète et levure sauvage.

Une mousse fuyante. Un corps blond doré. Au nez, la bière explose de saveurs. On y retrouve des notes de thym citronné, de laurier et de mijoté de veau au citron. Ça me rappelle un voyage en Italie dans ma jeunesse, impressionné par les saveurs d'une cuisine familiale et rustique, mais ô combien savoureuse. En bouche, la bière présente une amertume tranchante et un crescendo de saveurs et d'arômes divers. La levure sauvage vient assécher le tout et nous invite à prendre une seconde gorgée.

√ **SUGGESTION** Un fromage affiné longuement et bien gras. Accord jouissif.

√ **APPRÉCIATION** Coup de cœur. Un produit qui me rappelle des saveurs de mon enfance. Mes propos sont très subjectifs, mais j'assume entièrement.

NOUVEAUTÉ DE CETTE ÉDITION

	1	1,5	2	2,5	3	3,5	4	4,5	5
ARRIÈRE-GOÛT						▼			
CARACTÈRE					▼				
TEMPÉRATURE				▼					
	1	1,5	2	2,5	3	3,5	4	4,5	5

DOUBLE IPA

BRETT SESSION IPA Pit Caribou

Blonde Tranchante

500 ml   4,5 % alc./vol.

| TOUTE L'ANNÉE | QUÉBEC | ÉPICERIE |

Pit Caribou propose une série de bières sauvages qui profitent d'une fermentation particulière. Les *Brettanomyces* ou plusieurs bactéries donnent à cette gamme de bières un profil de goût particulier.

Une mousse légère, une belle vivacité et une couleur bien blonde. C'est une bière qui me semble rafraîchissante. Au nez, les notes florales du houblon se marient bien à celles de la levure. En finale, la bière offre une amertume sèche. On peut croire que la levure, appréciant tous les sucres, s'est régalée pendant la fermentation, laissant peu de sucre résiduel à cette bière. L'amertume est donc reine.

√ SUGGESTION   Une salade aux ingrédients estivaux et une terrasse aux amis géniaux.

√ APPRÉCIATION   En voilà un produit dans l'air du temps. On prend des thèmes qui proviennent d'anciens styles. On les marie ensemble et on a une India Pale Ale faible en alcool, fermentée à la levure *Brettanomyces*. Un travail pratique dans une culture brassicole très riche.

NOUVEAUTÉ DE CETTE ÉDITION

	1	1,5	2	2,5	3	3,5	4	4,5	5
ARRIÈRE-GOÛT					▼				
CARACTÈRE					▼				
TEMPÉRATURE			▼						
	1	1,5	2	2,5	3	3,5	4	4,5	5

CROQUE-MORT

À La Fût

473 ml   7,5 % alc./vol.

TOUTE L'ANNÉE   QUÉBEC   ÉPICERIE

Non filtrée, cette Double IPA est dorénavant proposée en canette. La version dégustée a été houblonnée au Zythos, Amarillo et Citra.

Bien voilée, cette Double IPA développe des arômes de fruits mûrs fort agréables. En bouche, la bière est sucrée mais l'amertume puissante prend le dessus jusqu'à la dernière gorgée. C'est intense et sans compromis.

√ SUGGESTION   Un festival Western au Québec et des doigts pleins de sauce.

√ APPRÉCIATION   Une des Double IPA les plus tranchantes jamais goûtée au Québec.

DOUBLE IPA

	1	1,5	2	2,5	3	3,5	4	4,5	5
ARRIÈRE-GOÛT					▼				
CARACTÈRE					▼				
TEMPÉRATURE			▼						

	1	1,5	2	2,5	3	3,5	4	4,5	5

Blonde Tranchante

500 ml		7 % alc./vol.
TOUTE L'ANNÉE	QUÉBEC	ÉPICERIE

Il y a quelques années, un jeune brasseur avait eu l'idée de brasser des bières d'inspiration américaine. Une des premières American IPA disponible au Québec.

Belle mousse aérée, signe d'un houblonnage sans complexe. Au nez, la bière offre un mélange d'arômes résineux, floraux et de sapin. En bouche, le corps de la bière est sucré en entrée de bouche pour laisser place à une amertume soutenue mais relativement courte. Sensation intéressante qui offre une dégustation en crescendo.

√ SUGGESTION   Les plats pimentés.

√ APPRÉCIATION   Bien content de pouvoir déguster cette bière en format 500 ml et brassée dans les installations d'Oshlag. À boire fraîche. N'hésitez pas à poser des questions à votre conseiller bière.

NOUVEAUTÉ DE CETTE ÉDITION

	1	1,5	2	2,5	3	3,5	4	4,5	5
ARRIÈRE-GOÛT					▼				
CARACTÈRE				▼					
TEMPÉRATURE			▼						
	1	1,5	2	2,5	3	3,5	4	4,5	5

AMERICAN IPA

HERBE À DÉTOURNE

Blonde Tranchante

341 ml   10,2 % alc./vol.

ÉTÉ   QUÉBEC   ÉPICERIE

« Cette bière prend ses racines dans la tradition des Triples belges, mais a été conçue à la façon du Nouveau Monde », nous indique la brasserie. L'utilisation d'un houblon très aromatique comme le Citra donne une dimension contemporaine à cette Triple.

De couleur blond ambré, cette Triple semble calme derrière une effervescence très lente. Elle attend que vous y trempiez les lèvres. Des arômes de fruits tropicaux se démarquent et les amateurs de Citra reconnaîtront sa signature aromatique si particulière. En bouche, la bière offre une attaque puissante d'alcool, de houblon, et son amertume tranchante est très bien équilibrée par un sucre résiduel et un taux d'alcool loin d'être timide.

√ SUGGESTION   Une pizza maison sur le BBQ avec une poitrine de poulet et une sauce BBQ en fin de soirée. Un accord particulier, vous en conviendrez, mais que j'ai testé avec beaucoup de plaisir.

√ APPRÉCIATION   Véritable révolution dans le style Triple, cette Herbe à Détourne repousse les attentes du style en ajoutant une autre dimension : l'amertume tranchante sur une blonde liquoreuse. Un délice.

	1	1,5	2	2,5	3	3,5	4	4,5	5
ARRIÈRE-GOÛT								▼	
CARACTÈRE							▼		
TEMPÉRATURE						▼			
	1	1,5	2	2,5	3	3,5	4	4,5	5

TRIPLE

LA MORSURE

Blonde Tranchante

600 ml   6,5 % alc./vol.

TOUTE L'ANNÉE   QUÉBEC   ÉPICERIE

Inspirée des IPA américaines qui sont très résineuses, cette Morsure a fait la renommée de la brasserie.

Une généreuse mousse prend place dans le verre, surplombant une bière aux reflets blonds. Au nez, des notes fruitées se font discrètes, rapidement rattrapées par une bouffée de résine de houblon. En bouche, la bière est tout d'abord maltée, suivie de très près par une longue et grande finale en amertume.

√SUGGESTION   Un plat indien avec trois piments à côté de son nom dans le menu.

√APPRÉCIATION   Si vous appréciez les bières très houblonnées, vous serez ravi. La Morsure est un éloge au houblon, lui laissant toute la place pour s'exprimer.

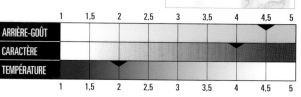

	1	1,5	2	2,5	3	3,5	4	4,5	5
ARRIÈRE-GOÛT								▼	
CARACTÈRE							▼		
TEMPÉRATURE		▼							
	1	1,5	2	2,5	3	3,5	4	4,5	5

MORALITÉ

Dieu du Ciel !

Blonde Tranchante

341 ml

6,9 % alc./vol.

| TOUTE L'ANNÉE | QUÉBEC | ÉPICERIE |

La bière qui fait vibrer les amateurs de houblon au Québec. Parlez-en à n'importe quel *beer geek* du Québec, il n'aura que de bons mots pour cette American IPA.

Une mousse formant une belle dentelle, une robe blond doré. Des arômes fruités de mangue et d'agrumes provenant des houblons. Une amertume bien soutenue dès l'entrée en bouche mais accompagnée d'un sucre résiduel pour soutenir le tout. La finale est amère, très amère. Les amateurs apprécieront.

√ SUGGESTION On aime cette bière pour ce qu'elle est. Mais quelques plats épicés profiteront de la rencontre.

√ APPRÉCIATION Peu de bières peuvent jouir d'une aussi belle réputation que la Moralité au Québec. Celle-ci partage le haut du podium avec la Yakima IPA de la brasserie Castor et c'est amplement mérité.

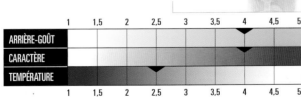

	1	1,5	2	2,5	3	3,5	4	4,5	5
ARRIÈRE-GOÛT							▼		
CARACTÈRE							▼		
TEMPÉRATURE			▼						
	1	1,5	2	2,5	3	3,5	4	4,5	5

AMERICAN IPA

SAISON BRETT — Les Trois Mousquetaires

Blonde Tranchante

750 ml		7 % alc./vol.
PRINTEMPS	QUÉBEC	ÉPICERIE

Une Saison qui a passé quelques mois dans des barils de chêne avec ajouts de *Brettanomyces* et de bactéries. Elle sera bientôt disponible toute l'année.

Une mousse fuyante, résultat d'une effervescence très présente, laisse place à un beau col. La bière est d'une belle couleur dorée. Au nez, les arômes typiques de cuir se manifestent. En bouche, la bière est acidulée puis des notes légèrement citriques apparaissent. La finale est sur une timide présence du sucre résiduel.

√ SUGGESTION   À boire fraîche à l'apéritif, accompagnée de quelques charcuteries.

√ APPRÉCIATION   Une réussite. Un produit qui offre de la complexité tout en ayant un équilibre parfaitement maîtrisé. Une des rares bières que je garde dans mon cellier pour la laisser vieillir quelques années, elle a tout le potentiel nécessaire.

	1	1,5	2	2,5	3	3,5	4	4,5	5
ARRIÈRE-GOÛT						▼			
CARACTÈRE						▼			
TEMPÉRATURE			▼						

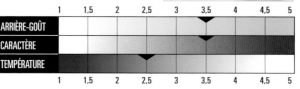

SAISON

SIMPLE MALT DOUBLE IPA   Brasseurs Illimités

Blonde Tranchante

500 ml   8 % alc./vol.

TOUTE L'ANNÉE   QUÉBEC   ÉPICERIE

D'abord disponible dans la gamme alphabétique de Brasseurs Illimités sous la lettre O, cette Double IPA a plu au consommateur, et la brasserie a décidé de la produire sous sa marque Simple Malt.

Une belle mousse en dentelle, une robe de couleur blond doré, une effervescence dynamique. Au nez, les notes de fruits tropicaux proviennent du houblon. En bouche, la bière est sucrée, alcoolisée mais rattrapée par une amertume qui s'installe et qui offre une finale longue et sèche.

√ SUGGESTION   Un fromage oka classique.

√ APPRÉCIATION Assurez-vous de sa fraîcheur, elle sera meilleure. Cette Double IPA est brassée à l'aide de quelques techniques propres aux plus grandes Doubles IPA du continent. Elle a le mérite de s'en approcher.

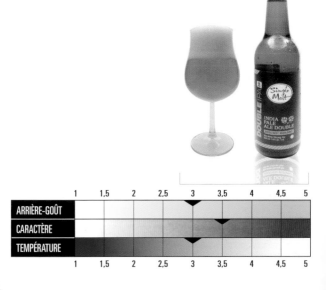

DOUBLE IPA

	1	1,5	2	2,5	3	3,5	4	4,5	5
ARRIÈRE-GOÛT					▼				
CARACTÈRE						▼			
TEMPÉRATURE					▼				
	1	1,5	2	2,5	3	3,5	4	4,5	5

TRIPLE DU NOUVEAU MONDE   Lion Bleu

Blonde Tranchante

750 ml   9,7 % alc./vol.

TOUTE L'ANNÉE   QUÉBEC   ÉPICERIE

Une Triple, brassée à la belge, mais houblonnée avec du houblon de la côte ouest des États-Unis. Un houblonnage gigantesque selon la brasserie.

Belle mousse riche et crémeuse. La bière est à la limite de la couleur ambrée. Au nez, les fruits tropicaux nous laissent croire que le houblonnage a été effectivement gargantuesque. Il prend toute la place. En bouche, le sucre résiduel de la bière tient bon devant l'amertume de plus en plus tranchante du houblon. C'est puissant, c'est fort, c'est bon.

√SUGGESTION   Un plat de pâtes au pesto.

√APPRÉCIATION   Jeune brasserie, Lion Bleu a réussi à trouver son créneau dans les bouteilles de 750 ml à partager. Cette Triple du Nouveau Monde est très souvent dans mon frigo.

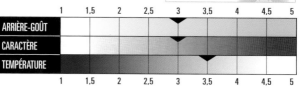

	1	1,5	2	2,5	3	3,5	4	4,5	5
ARRIÈRE-GOÛT					▼				
CARACTÈRE					▼				
TEMPÉRATURE						▼			

TRIPLE

VOX POP IPA Vox Populi

Blonde Tranchante

355 ml		6,5 % alc./vol.
TOUTE L'ANNÉE	QUÉBEC	ÉPICERIE

À chaque brassin, la brasserie propose à ses consommateurs de choisir le houblon qui sera utilisé dans cette India Pale Ale. Les arômes peuvent donc légèrement changer.

La version dégustée a été brassée au Simcoe. Le houblon s'exprime très bien. Des arômes fruités, colorés et agréables se démarquent. En bouche, la bière offre une amertume assez tranchante sur un lit de fruits exotiques. Un coup de cœur.

√ **SUGGESTION** Les plats thaïlandais à base de cari.

√ **APPRÉCIATION** Une bière à boire fraîche. La brasserie s'assure que ce soit le cas en sélectionnant ses détaillants. Il y a quelques années, les amateurs avertis couraient aux États-Unis pour trouver ce genre de produit. Maintenant, les touristes américains retrouvent le goût de chez eux. Bravo Vox Populi.

NOUVEAUTÉ DE CETTE ÉDITION

INDIA PALE ALE

	1	1,5	2	2,5	3	3,5	4	4,5	5
ARRIÈRE-GOÛT									
CARACTÈRE									
TEMPÉRATURE									

XXX TRIPLE

Brasserie Dunham

Blonde Tranchante

750 ml   8,5 % alc./vol.

| PRINTEMPS | QUÉBEC | ÉPICERIE |

Disponible au printemps, cette Triple houblonnée à froid avec différents cultivars de houblon au gré des saisons a un fort accent américain sur une base de Triple belge.

Sa mousse est invitante et dominante. Sa robe est blond doré, fidèle aux couleurs d'une Triple belge. Au nez, des notes franches de levure et de houblon se font sentir. En bouche, la bière est chaleureuse, mais n'a pas le temps de vous amadouer, les houblons arrivent au galop et vous offrent une finale sur l'amertume.

√ **SUGGESTION**   Un plat d'agneau épicé au cari rouge.

√ **APPRÉCIATION**   Rares sont les Triples belges à l'accent américain. La brasserie Dunham peut se féliciter d'avoir réussi un superbe produit qui plaira à l'amateur de sensations fortes.

	1	1,5	2	2,5	3	3,5	4	4,5	5
ARRIÈRE-GOÛT							▼		
CARACTÈRE							▼		
TEMPÉRATURE					▼				
	1	1,5	2	2,5	3	3,5	4	4,5	5

TRIPLE

YAKIMA IPA
Microbrasserie Le Castor

Blonde Tranchante

660 ml

6,5 % alc./vol.

TOUTE L'ANNÉE   QUÉBEC   ÉPICERIE

Yakima est une vallée dans la chaîne de montagnes des Cascades dans l'État de Washington. Cette Yakima IPA rend hommage aux arômes puissants du houblon qui pousse dans cette vallée. Première bière de type WestCoast IPA proposée à grande échelle au Québec.

Voguant entre la couleur ambrée et blonde, cette India Pale Ale est sublime avec sa mousse en persistance laissant place à une fine dentelle. Au nez, des effluves marqués d'agrumes sont splendides. En bouche, la bière est amère, sans aucun doute. Une amertume qui sera prolongée dans l'étalement des saveurs jusqu'à la prochaine gorgée.

√SUGGESTION   Un fromage à pâte molle et à croûte lavée au caractère puissant. L'amertume se fera un plaisir de marier les saveurs de crème et celles marquées de la croûte.

√APPRÉCIATION   Quelle magnifique India Pale Ale d'influence nord-américaine! Un houblonnage puissant et judicieux plaira à l'amateur de blonde tranchante. Elle est devenue une référence au Québec en quelques années seulement. À boire frais.

	1	1,5	2	2,5	3	3,5	4	4,5	5
ARRIÈRE-GOÛT							▼		
CARACTÈRE							▼		
TEMPÉRATURE			▼						

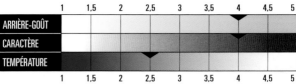

INDIA PALE ALE

BRETT ZESTE SAISON — Microbrasserie Le Castor

Blonde Acidulée

500 ml   5 % alc./vol.

TOUTE L'ANNÉE   QUÉBEC   ÉPICERIE

Proposant des bières biologiques, Le Castor a réussi a faire sa réputation sur des produits tendances. Cette Brett Zeste Saison est un bel exemple de renouveau brassicole qui utilise des références historiques.

La mousse est légère et persistante. Au nez, les notes équestres de la Brett sont bien présentes, très vite rattrapées par une belle bouffée de citron. En bouche, la bière est sèche et le jus d'agrumes ajouté apporte une belle acidité qui complexifie le tout. Un produit très original.

√ SUGGESTION   Porc sur le BBQ, citron frais, herbes de votre choix.

√ APPRÉCIATION   Elles sont peu nombreuses, les bières qui s'amusent à jouer sur la complexité des saveurs tout en offrant une bière rafraîchissante et désaltérante. Un très beau produit du Castor.

	1	1,5	2	2,5	3	3,5	4	4,5	5
ARRIÈRE-GOÛT				▼					
CARACTÈRE			▼						
TEMPÉRATURE				▼					
	1	1,5	2	2,5	3	3,5	4	4,5	5

SAISON

DULCIS SUCCUBUS

Le Trou du diable

Blonde Acidulée

750 ml   7 % alc./vol.

| TOUTE L'ANNÉE | QUÉBEC | ÉPICERIE |

Vieillie pendant six mois dans des barriques de vin blanc californien, elle porte le nom de Douce Succube en latin. La Succube est une démone à l'apparence de femme qui damne les hommes pendant leur sommeil… en alimentant leurs rêves.

Belle couleur blonde dorée pour cette Saison. Au nez, des notes de cuir et de vanille soulignent sa présence en barrique de bois. En bouche, la bière est enveloppante, laissant place à une finale légèrement acide.

√SUGGESTION   Une cueillette de morilles bien fraîches et une petite noix de beurre.

√APPRÉCIATION   Les amateurs de bières acidulées apprécieront cette Succubus aux multiples saveurs. Disponible en quantité limitée selon le bon vouloir du brasseur ; on peut la conserver quelques mois dans son cellier à bière avant d'en profiter.

	1	1,5	2	2,5	3	3,5	4	4,5	5
ARRIÈRE-GOÛT							▼		
CARACTÈRE							▼		
TEMPÉRATURE				▼					
	1	1,5	2	2,5	3	3,5	4	4,5	5

SAISON

LA SAISON DU TRACTEUR

Le Trou du diable

Blonde Acidulée

600 ml		6 % alc./vol.
TOUTE L'ANNÉE	QUÉBEC	ÉPICERIE

Inspirée par les Saisons du nord de la France et de Belgique, cette Saison profite également des houblons du Nouveau Monde qui lui donnent un caractère différent.

Sa couleur blonde est très invitante. Sa mousse est des plus expressives. Au nez, des notes tropicales et fruitées sont présentes. En bouche, la bière est légèrement acidulée, de la première gorgée à la finale. Rafraîchissante et désaltérante.

√SUGGESTION   Une salade bien fraîche et sa vinaigrette acidulée.

√APPRÉCIATION   Le brasseur a réussi à offrir les notes acidulées d'une Saison d'antan au nez tropical des houblons d'aujourd'hui. Un chef-d'œuvre.

	1	1,5	2	2,5	3	3,5	4	4,5	5
ARRIÈRE-GOÛT					▼				
CARACTÈRE						▼			
TEMPÉRATURE			▼						
	1	1,5	2	2,5	3	3,5	4	4,5	5

SAISON

Blonde
Acidulée

| 500 ml | 5,2 % alc./vol. |

| TOUTE L'ANNÉE | QUÉBEC | ÉPICERIE |

Elle est brassée selon la tradition des Saisons wallonnes, nous informe la brasserie. Sa légère acidité en fait une bière rafraîchissante.

Une belle mousse généreuse se dépose sur la bière. L'effervescence est constante sans être trop dominante. Au nez, des notes légères de levure et de céréales sont bien présentes. En bouche, la bière est sèche et une légère acidité vient couvrir le tout. Elle remplit sa mission.

√ **SUGGESTION**   Un pique-nique dans un champ, beaucoup moins de labeur et tellement plus agréable.

√ **APPRÉCIATION**   Une Saison qui réussit à nous combler car elle est bien équilibrée. Un produit à découvrir pour les amateurs de Saisons typiques de Belgique.

SAISON

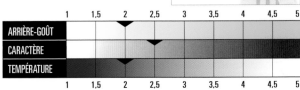

	1	1,5	2	2,5	3	3,5	4	4,5	5
ARRIÈRE-GOÛT			▼						
CARACTÈRE				▼					
TEMPÉRATURE			▼						
	1	1,5	2	2,5	3	3,5	4	4,5	5

Une Farmhouse Ale américaine, c'est-à-dire une Saison de type belge, plus acidulée et plus amère. Un produit de plus en plus à la mode en Amérique du Nord.

Une mousse très fuyante. Un nez de cuir, de céréales et de houblon. En bouche, la bière est légèrement acidulée, car l'acidité varie avec l'âge de la boisson, jeune dans ce cas-ci. La finale est sur l'acidité, qui n'est pas trop prononcée, suivie de la sécheresse recherchée dans ce type de bières.

√SUGGESTION   Charcuteries, fromages et pain frais dans un champ, au soleil.

√APPRÉCIATION   Les amateurs de bières acidulées l'apprécieront. Les amateurs de Saisons seront un peu déstabilisés. En effet, le type Farmhouse Ale ne veut pas forcément dire Saison au sens le plus belge du terme. Un produit fort intéressant, cela dit.

	1	1,5	2	2,5	3	3,5	4	4,5	5
ARRIÈRE-GOÛT						▼			
CARACTÈRE					▼				
TEMPÉRATURE					▼				
	1	1,5	2	2,5	3	3,5	4	4,5	5

SAISON

BERLINER WEISSE — Riverbend

Blonde Mordante	473 ml		5,4 % alc./vol.
	TOUTE L'ANNÉE	QUÉBEC	ÉPICERIE

Plus alcoolisée que beaucoup de ces consœurs québécoises, cette Berliner Weiss est cependant brassée avec les mêmes techniques utilisées par d'autres brasseries.

Blonde aux reflets orangés, la mousse se dissipe rapidement. Au nez, la bière propose un mélange d'arômes citriques et de grains, fort probablement à cause de son maltage plus important. En bouche, l'acidité de la bière est bien présente. On y perçoit cependant des saveurs de grains grillés en finale. Ce n'est pas désagréable, mais différent.

√SUGGESTION   Toute charcuterie de type «salaison».

√APPRÉCIATION   Plus alcoolisée et maltée, elle offre donc une perspective différente. Je vous invite à acheter 3-5 bières de type Berliner Weiss et à comparer. C'est un excellent cas d'école.

NOUVEAUTÉ DE CETTE ÉDITION

	1	1,5	2	2,5	3	3,5	4	4,5	5
ARRIÈRE-GOÛT					3				
CARACTÈRE				2,5					
TEMPÉRATURE				2,5					

BERLINER WEISS

BIÈRE DE COIN D'RUE

L'espace public

Blonde
Mordante

355 ml · 4,5 % alc./vol.

TOUTE L'ANNÉE · QUÉBEC · ÉPICERIE

L'espace public a innové en nous proposant plusieurs bières acidulées, très rafraîchissantes, en canette. C'est un pari plus que réussi.

Une mousse très discrète. Une belle couleur blonde invitant à se désaltérer. Au nez, les notes lactiques se prononcent bien. En bouche, la bière est acidulée et très rafraîchissante. On en redemande.

√ SUGGESTION   Une grosse journée chaude d'été.

√ APPRÉCIATION   C'est un coup de cœur que cette bière qui a comme seule vocation de vous désaltérer. Splendide.

NOUVEAUTÉ
DE CETTE ÉDITION

	1	1,5	2	2,5	3	3,5	4	4,5	5
ARRIÈRE-GOÛT						▼			
CARACTÈRE						▼			
TEMPÉRATURE			▼						
	1	1,5	2	2,5	3	3,5	4	4,5	5

BLONDE SURE

BIÈRE DE RUELLE

L'espace public

Blonde
Mordante

355 ml

6,5 % alc./vol.

TOUTE L'ANNÉE   QUÉBEC   ÉPICERIE

L'espace public a innové en nous proposant plusieurs bières acidulées, très rafraîchissantes, en canette. C'est un pari plus que réussi.

De couleur légèrement ambrée, cette bière sure propose tout d'abord un nez bien houblonné. On reconnaît les arômes typiques des houblons du Nouveau Monde. En bouche, la bière est un mélange d'acidité et d'amertume. L'acidité prend le dessus.

√ SUGGESTION   Une grosse journée chaude d'été.

√ APPRÉCIATION   Pour les amateurs de bières acidulées et houblonnées.

BLONDE SURE

	1	1,5	2	2,5	3	3,5	4	4,5	5
ARRIÈRE-GOÛT						▼			
CARACTÈRE						▼			
TEMPÉRATURE			▼						

GOSE

Les Trois Mousquetaires

Blonde Mordante

375 ml   3,8 % alc./vol.

ÉTÉ   QUÉBEC   ÉPICERIE

La gamme Hors-série propose des styles de bières diffé-rents, brassés au goût du brasseur. Les contre-étiquettes de la brasserie sont les plus complètes sur le marché de la bière.

De couleur légèrement ambrée, la bière est trouble, faisant penser à une Hefeweizen, mais même si cette Gose pro-vient historiquement d'Allemagne et qu'elle partage cer-taines céréales, elle est loin d'y ressembler. Au nez, des notes légèrement citriques s'amusent avec la coriandre. En bouche, la bière est salée et sa finale est complexe, mélan-geant des notes salines et céréalières.

√SUGGESTION   Le fromage Paillasson de l'île d'Orléans pro-longe la finale salée de la bière.

√APPRÉCIATION   Fraîche, cette bière plaira à l'amateur de sensations. Brassée avec de l'eau légèrement salée et des céréales acidifiées, elle présente une palette de saveurs que peu de bières peuvent vous offrir. À essayer très fraîche sous un soleil de plomb.

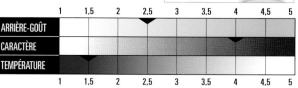

	1	1,5	2	2,5	3	3,5	4	4,5	5
ARRIÈRE-GOÛT				▼					
CARACTÈRE							▼		
TEMPÉRATURE		▼							
	1	1,5	2	2,5	3	3,5	4	4,5	5

GOSE

MELLIFERA

Le Trou du diable

Blonde
Mordante

600 ml | 5 % alc./vol.

TOUTE L'ANNÉE QUÉBEC ÉPICERIE

Depuis sa création, la Mellifera a évolué au gré des recherches et des cuvées brassées à la «shop du TDD». Elle est maintenant proposée en version plus acidulée et sèche.

Une belle mousse généreuse s'empare du verre. Au nez, la bière offre des notes mielleuses mais non sucrées. Un esprit de miel. On y perçoit également quelques notes acidulées particulières. En bouche, la bière offre une belle acidité mordante, accompagné d'une fine couche de miel jusqu'à la dernière gorgée.

√ SUGGESTION   Je l'ai essayée avec une cuillère de miel et c'est une très belle expérience.

√ APPRÉCIATION Agréables sensations lactiques et mielleuses que cette Mellifera. Bien content de lui avoir trouvé une place dans ma sélection.

	1	1,5	2	2,5	3	3,5	4	4,5	5
ARRIÈRE-GOÛT						▼			
CARACTÈRE					▼				
TEMPÉRATURE			▼						
	1	1,5	2	2,5	3	3,5	4	4,5	5

BLONDE AU MIEL

BOSON DE HIGGS

Hopfenstark

Blonde Fumée

750 ml　　　　　　　　　　　　　　　　　3,8 % alc./vol.

TOUTE L'ANNÉE　　　　QUÉBEC　　　　ÉPICERIE

Le Boson de Higgs, qui est une particule élémentaire en physique, est également une bière issue de l'imagination du brasseur. Un hybride de Saison, de Rauchbeer et de Berliner Weiss qui ne passe pas inaperçu.

Légèrement voilée, la bière offre un nez de fumée provenant des malts sélectionnés. En bouche, elle est rafraîchissante et légèrement acidulée, laissant place à une finale fumée. Étrange sensation.

√ SUGGESTION　　　Un morceau de lard fumé cuit sur feu de bois sous un chaud soleil d'été.

√ APPRÉCIATION　　　Une bière qui ne passe pas inaperçue. On aime ou pas ! La légère acidité de la bière compense les saveurs fumées et offre une dégustation très particulière.

	1	1,5	2	2,5	3	3,5	4	4,5	5
ARRIÈRE-GOÛT						▼			
CARACTÈRE							▼		
TEMPÉRATURE						▼			

1	1,5	2	2,5	3	3,5	4	4,5	5

SAISON

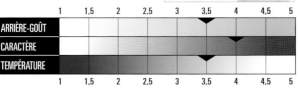

BLANCHES

Elles sont voilées par l'utilisation de blé ou de froment dans la recette. Elles peuvent offrir différents goûts et sensations. Elles sont parfois aromatisées en fonction du style d'interprétation.

DOUCES

TRANCHANTE

ACIDULÉES

MORDANTES

BLANCHE

Alchimiste

Blanche Douce

341 ml	4,7 % alc./vol.
TOUTE L'ANNÉE	QUÉBEC	ÉPICERIE

La Blanche de l'Alchimiste est une des premières bières brassées par le maître brasseur d'origine. Elle s'inspire des Weiss allemandes et de leur nez si particulier.

Sa couleur blonde, légèrement voilée nous fait croire à une bière non filtrée. Au nez, des notes de céréales et de pain accompagnent la signature particulière des bières de type Weizen sans que celle-ci soit dominante. En bouche, la bière est douce et sucrée, laissant place à une finale légère et sans aucune amertume.

√SUGGESTION   À l'apéritif, servie un tout petit peu plus fraîche qu'à l'habitude.

√APPRÉCIATION Les Weizen offrent un nez particulier qui est leur signature. Pour la Blanche de l'Alchimiste, cette signature est discrète, laissant toute la place aux saveurs de céréales et de pain habituellement masquées.

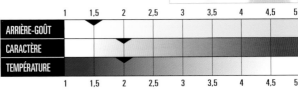

	1	1,5	2	2,5	3	3,5	4	4,5	5
ARRIÈRE-GOÛT		▼							
CARACTÈRE			▼						
TEMPÉRATURE			▼						
	1	1,5	2	2,5	3	3,5	4	4,5	5

Blanche
Douce

750 ml   5 % alc./vol.

TOUTE L'ANNÉE   QUÉBEC   ÉPICERIE

Brassée pour le première fois en 1992, la Blanche de Chambly s'inspire des Blanches de Belgique qui ont la particularité de porter le nom de la ville où la bière est brassée.

D'une belle couleur jaune paille, surmontée par une mousse crémeuse laissant rapidement un fin collet, la bière est invitante. En se basant uniquement sur la couleur particulière des Blanches, les amateurs avertis savent que cette bière sera rafraîchissante. Au nez, des arômes fruités, d'agrumes et d'épices. En bouche, la bière est douce et accompagnée d'une très légère acidité provenant des céréales utilisées.

√SUGGESTION   Un fromage frais, une tranche de pain complet et quelques radis et oignons verts. Une tartine belge que l'on apprécie avec ce genre de bières.

√APPRÉCIATION   La reine des Blanches. Indétrônable, elle est souvent considérée comme la référence des Blanches de Belgique, brassée au Québec.

	1	1,5	2	2,5	3	3,5	4	4,5	5
ARRIÈRE-GOÛT		▼							
CARACTÈRE					▼				
TEMPÉRATURE				▼					
	1	1,5	2	2,5	3	3,5	4	4,5	5

BLANCHE

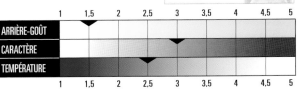

BORÉALE BLANCHE — Les Brasseurs du Nord

Blanche Douce

341 ml   4,2 % alc./vol.

TOUTE L'ANNÉE   QUÉBEC   ÉPICERIE

Contenant de l'orge, de l'avoine et du blé, la Boréale Blanche s'inspire de ses cousines belges, mais se démarque par une touche légèrement plus épicée.

Belle robe voilée surmontée par une mousse tenace laissant une belle dentelle sur le verre. Au nez, les épices s'expriment bien avec une légère préférence pour l'orange. En bouche, la bière est d'une grande fraîcheur et d'un très bel équilibre. La finale est douce et légèrement acidulée, laissant de la place pour une prochaine gorgée.

√SUGGESTION   Un gravlax de saumon et un petit peu de jus de citron. Un accord tout en fraîcheur.

√APPRÉCIATION   La Boréale Blanche est une bière qui plaira à beaucoup de convives, car sa fraîcheur et son absence d'amertume en font une excellente alliée pour les consommateurs peu adeptes des bières houblonnées. À servir très fraîche et à réchauffer dans ses mains.

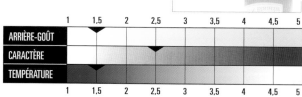

	1	1,5	2	2,5	3	3,5	4	4,5	5
ARRIÈRE-GOÛT		▼							
CARACTÈRE				▼					
TEMPÉRATURE		▼							

| | 1 | 1,5 | 2 | 2,5 | 3 | 3,5 | 4 | 4,5 | 5 |

BLANCHE

CHEVAL BLANC
Les Brasseurs RJ

Blanche Douce

750 ml		5 % alc./vol.
TOUTE L'ANNÉE	QUÉBEC	ÉPICERIE

Du nom de la célèbre brasserie artisanale de Montréal, cette Cheval Blanc est une des premières bières du groupe Les Brasseurs RJ.

Sous une mousse fuyante et discrète se cache une Blanche très peu voilée. Au nez, les notes d'écorces d'orange et de coriandre se manifestent, accompagnées par un arôme de levure. En bouche, la bière est douce, laissant une finale sur les épices et la levure.

√**SUGGESTION** Une salade de crevettes sur une vinaigrette aux accents d'agrumes.

√**APPRÉCIATION** D'inspiration Blanche, cette Cheval Blanc est rafraîchissante et douce. Elle plaira à bon nombre de convives qui veulent découvrir les styles de bières sans déguster des bières trop amères. Un excellent rapport qualité-prix.

	1	1,5	2	2,5	3	3,5	4	4,5	5
ARRIÈRE-GOÛT			▼						
CARACTÈRE				▼					
TEMPÉRATURE		▼							
	1	1,5	2	2,5	3	3,5	4	4,5	5

IPA BELGE

DOMINUS VOBISCUM BLANCHE

Microbrasserie Charlevoix

500 ml   5 % alc./vol.

TOUTE L'ANNÉE   QUÉBEC   ÉPICERIE

La série Dominus Vobiscum, signifiant «Que le Seigneur soit avec vous» en latin, est un clin d'œil aux nombreuses bières d'abbaye en Belgique. Toute la gamme Dominus Vobiscum offre des bières d'inspiration belge.

De couleur jaune paille, influence du blé, cette Blanche est surmontée par une mousse formant une belle dentelle. Au nez, des arômes floraux sont très clairement perceptibles suivis de notes d'agrumes. En bouche, la bière est efferves-cente, accentuant la très légère pointe d'acidité. La finale est un doux mélange d'épices et de fruits.

√SUGGESTION   Essayez-la avec des sashimis de poisson blanc.

√APPRÉCIATION   Plus complexe qu'une Blanche traditionnelle, cette Dominus Vobiscum Blanche vous offre un nez intéressant et une finale surprenante. Elle adore surfer avec des fruits de mer et quelques poissons.

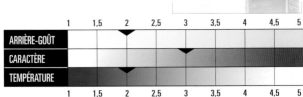

BLANCHE

	1	1,5	2	2,5	3	3,5	4	4,5	5
ARRIÈRE-GOÛT			▼						
CARACTÈRE					▼				
TEMPÉRATURE			▼						

FARNHAM 12 — Farnham Ale & Lager

Blanche Douce

473 ml — 5,2 % alc./vol.

TOUTE L'ANNÉE — QUÉBEC — ÉPICERIE

D'inspiration allemande, cette Hefeweizen, disponible en canette, est souvent proposée en fût. Elle est un tout petit peu plus ronde en canette.

Une mousse fuyante, un corps plus rond, fort probablement du blé. Au nez, les notes typiques d'une Hefeweizen sont bien présentes (banane et clou de girofle). En bouche, la bière est douce et agréable.

√ **SUGGESTION** Une collation d'après-midi, un morceau de muffin, par exemple.

√ **APPRÉCIATION** Elle n'a pas comme vocation de devenir la première dans sa catégorie mais on peut compter sur elle pour ce qu'elle est : une très agréable Hefeweizen.

NOUVEAUTÉ DE CETTE ÉDITION

	1	1,5	2	2,5	3	3,5	4	4,5	5
ARRIÈRE-GOÛT				▼					
CARACTÈRE			▼						
TEMPÉRATURE			▼						

JOUFFLUE Microbrasserie Archibald

Blanche *Douce*

473 ml   4,2 % alc./vol.

TOUTE L'ANNÉE   QUÉBEC   ÉPICERIE

La Joufflue est une Blanche qui s'inspire de sa cousine la Hoegaarden. Elle est disponible en plusieurs formats.

Très belle couleur blonde voilée surmontée par une mousse fuyante. Au nez, elle offre des arômes de coriandre et de céréales. En bouche, la bière est légèrement acidulée et développe quelques arômes d'agrumes en rétro-olfaction.

√**SUGGESTION**   Une salade estivale aux notes légèrement vinaigrées.

√**APPRÉCIATION**   Une Blanche qui propose des saveurs plus céréalières que fruitées. Sa légère acidité en fait un produit rafraîchissant et son format en canette permet de la transporter partout.

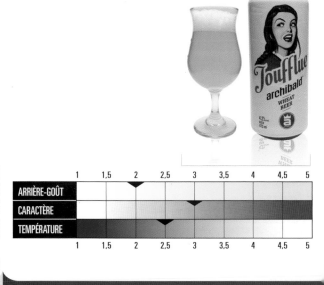

BLANCHE

	1	1,5	2	2,5	3	3,5	4	4,5	5
ARRIÈRE-GOÛT			▼						
CARACTÈRE						▼			
TEMPÉRATURE				▼					

178

MONS WITTE D'ABBAYE

Belgh Brasse

Blanche Douce

750 ml   5 % alc./vol.

| TOUTE L'ANNÉE | QUÉBEC | ÉPICERIE |

D'abord apparue sur les tablettes de nos voisins américains, Mons est une gamme de bières aujourd'hui disponibles et brassées au Québec. Inspirées par les bières d'abbaye belges, elle porte le nom d'une ville de Belgique.

Cette Blanche est filtrée. Mais derrière cette couleur limpide se cachent des arômes légers d'écorces d'orange et de levure. En bouche, elle est douce et laisse place à une finale sucrée.

√SUGGESTION   Un poulet à la King et ses champignons dans la crème.

√APPRÉCIATION   Plus sucrée que ses cousines belges, cette Blanche mérite de se retrouver dans votre verre pour une fin de journée de plein air.

	1	1,5	2	2,5	3	3,5	4	4,5	5
ARRIÈRE-GOÛT		1,5							
CARACTÈRE		1,5							
TEMPÉRATURE			2						
	1	1,5	2	2,5	3	3,5	4	4,5	5

WEIHENSTEPHANER HEFEWEISSBIER

Weihenstephan Brauerei

500 ml   0,5 % alc./vol.

TOUTE L'ANNÉE   ALLEMAGNE   ÉPICERIE

Une bière sans alcool provenant d'Allemagne et disponible depuis quelques mois au Québec. Une des plus anciennes brasseries d'Allemagne.

Belle mousse crémeuse. Au nez, les notes particulières de la levure typique des bières de blé allemandes s'expriment mais laissent place également à quelques arômes particuliers de céréales. En bouche, la bière est plus mince qu'une Weizen classique, mais l'équilibre est cependant très intéressant.

√SUGGESTION   Pour le conducteur désigné qui aime des bières savoureuses.

√APPRÉCIATION   La meilleure bière sans alcool au Québec, tout simplement.

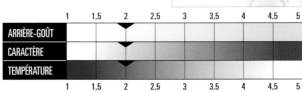

	1	1,5	2	2,5	3	3,5	4	4,5	5
ARRIÈRE-GOÛT			▼						
CARACTÈRE			▼						
TEMPÉRATURE			▼						
	1	1,5	2	2,5	3	3,5	4	4,5	5

WEISS

HOPFENWEISSE

Les Trois Mousquetaires

Blanche Tranchante

375 ml

6 % alc./vol.

TOUTE L'ANNÉE   QUÉBEC   ÉPICERIE

La gamme Série Signature propose des bières d'inspiration du monde entier et disponibles toute l'année. Se voulant un hybride entre une Weiss et une bière houblonnée au houblon de la côte ouest américaine, elle est originale et particulière.

Sa mousse riche et crémeuse s'installe copieusement dans le verre. Au nez, des notes d'agrumes provenant du houblon et de l'houblonnage à cru. En bouche, la bière est tranchante. Son amertume se manifeste dès la première gorgée et ne semble pas vouloir disparaître.

√ SUGGESTION   Fromages à pâte molle et à croûte lavée.

√ APPRÉCIATION   Les amateurs de sensations fortes apprécieront cette bière. Son amertume est présente, sans aucun complexe. Elle est d'ailleurs aidée par la légère acidité des céréales utilisées. Les amateurs du genre apprécieront son caractère fruité au nez et son corps tranchant en bouche.

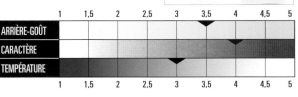

	1	1,5	2	2,5	3	3,5	4	4,5	5
ARRIÈRE-GOÛT						3,5			
CARACTÈRE							4		
TEMPÉRATURE				2,5					
	1	1,5	2	2,5	3	3,5	4	4,5	5

WEIZEN

LA MOUSSAILLON Microbrasserie Le Naufrageur

Blanche Acidulée

500 ml		4,5 % alc./vol.
TOUTE L'ANNÉE	QUÉBEC	ÉPICERIE

Une bière de blé avec ajout de thym et de citron. Elle rend honneur aux nombreux adeptes des sports nautiques qui fréquentent la baie des Chaleurs.

Au nez, la bière est un très agréable mélange de saveurs citronnées et herbacées. On se croirait dans les cuisines d'un mas provençal. En bouche, la bière est très agréable et sa légère acidité en fait une boisson désaltérante.

√SUGGESTION   Mijoté de poulet au thym et au citron.

√APPRÉCIATION   Agréable et originale, la Moussaillon nous fait voyager à peu de frais. La brasserie a fait preuve d'originalité sans tomber dans l'excès. C'est un de mes coups de cœur.

NOUVEAUTÉ
DE CETTE ÉDITION

BLANCHE

	1	1,5	2	2,5	3	3,5	4	4,5	5
ARRIÈRE-GOÛT				▼					
CARACTÈRE			▼						
TEMPÉRATURE			▼						
	1	1,5	2	2,5	3	3,5	4	4,5	5

NYCTERIS — Microbrasserie Kruhnen

Blanche Acidulée

750 ml — 6,1 % alc./vol.

TOUTE L'ANNÉE — QUÉBEC — ÉPICERIE

Bière sure, brassée avec ajout de sureau. Produit disponible en très petite quantité.

Belle couleur blonde paille. Au nez, les fruits s'expriment bien. Je ne trouve pas forcément l'ananas comme indiqué sur l'étiquette, mais j'aime y plonger mes narines pour me croire dans un champ de fleurs à la fin du printemps. En bouche, la bière est acidulée et sèche. C'est à la limite d'une acidité mordante. C'est très désaltérant. Une légère finale poivrée s'installe tranquillement.

√ **SUGGESTION** Bière assez complexe qui mérite de se laisser découvrir seule.

√ **APPRÉCIATION** La brasserie Kruhnen est tenue par un couple de passionnés qui présentent différents produits fortement inspirés des grands courants brassicoles. Depuis peu, la brasserie s'amuse à proposer des produits qui suivent les tendances, la Nycteris est un bel exemple.

NOUVEAUTÉ DE CETTE ÉDITION

	1	1,5	2	2,5	3	3,5	4	4,5	5
ARRIÈRE-GOÛT					▼				
CARACTÈRE				▼					
TEMPÉRATURE					▼				

BERLINER MELON WEISS — Brasserie Dunham

Blanche Mordante

750 ml — 3,9 % alc./vol.

TOUTE L'ANNÉE — QUÉBEC — ÉPICERIE

Une Berliner Weiss, bien mordante, houblonnée à froid avec un houblon allemand Huell Melon.

Belle mousse en dentelle. La bière est bien blanche, comprendre voilée. Au nez, le citron s'exprime délicatement, provenant de la technique particulière de brassage qui utilise des bactéries. On y perçoit également des notes de céréales fraîches. En bouche, la bière est très acidulée et citronnée. Par contre, c'est rafraîchissant, but premier de cette bière sans complexe.

√ SUGGESTION   Un sorbet au Limoncello.

√ APPRÉCIATION   La brasserie Dunham aime brasser ce genre de bières en petite quantité. Si vous tombez sur une bouteille, faites-vous plaisir. Tout simplement.

NOUVEAUTÉ DE CETTE ÉDITION

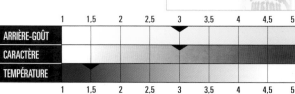

	1	1,5	2	2,5	3	3,5	4	4,5	5
ARRIÈRE-GOÛT					3				
CARACTÈRE					3				
TEMPÉRATURE		1,5							

Blanche Mordante

355 ml   3 % alc./vol.

TOUTE L'ANNÉE   QUÉBEC   ÉPICERIE

Une Berliner Weiss à 3 % d'alcool, 3 SRM et 3 IBU. Est-ce la bière la moins houblonnée au Québec ?

Belle couleur blond clair aux reflets pâles. La mousse se dissipe rapidement. Au nez, la bière propose le nez typique d'une bière de blé ayant subi une acidification du moût : des arômes citronnés. Ce genre de bières n'est pas la plus explosive en aromatique mais dévoile ses atouts à chaque gorgée. Le faible taux de sucre et taux d'alcool en font une bière très pratique pour les journées de canicule. On apprécie l'acidité qui rafraîchit le palais.

√SUGGESTION   À boire sans accompagnement, car elle est très fragile.

√APPRÉCIATION Depuis peu, les bières acidulées et faibles en alcool sont légion sur les tablettes des détaillants. Vous pouvez, sans aucun doute, vous procurer cette Berliner Weiss faiblement alcoolisée.

	1	1,5	2	2,5	3	3,5	4	4,5	5
ARRIÈRE-GOÛT					▼				
CARACTÈRE				▼					
TEMPÉRATURE			▼						
	1	1,5	2	2,5	3	3,5	4	4,5	5

BERLINER WEISS

LA SÛRE PRENANTE

La Voie Maltée

Blanche Mordante

473 ml

3,8 % alc./vol.

TOUTE L'ANNÉE　　　QUÉBEC　　　ÉPICERIE

Une bière de blé acidulée ayant obtenu un houblonnage à cru à la garde.

Belle couleur blonde voilée, aux reflets blanchâtres. La mousse se dissipe assez rapidement. Au nez, des notes de fruits tropicaux très présentes. En bouche, l'acidité des bactéries lactiques se manifeste et propose une finale sur l'acidité, accompagnée des notes tropicales du houblon. C'est fort intéressant.

√SUGGESTION　　Le fromage en grain du jour, les fruits tropicaux explosent en bouche.

√APPRÉCIATION　　Très sympathique que cette Berliner Weiss houblonnée à cru. Elles sont peu nombreuses sur le marché et celle-ci défend très bien le style.

NOUVEAUTÉ DE CETTE ÉDITION

	1	1,5	2	2,5	3	3,5	4	4,5	5
ARRIÈRE-GOÛT						▼			
CARACTÈRE					▼				
TEMPÉRATURE			▼						
	1	1,5	2	2,5	3	3,5	4	4,5	5

P'TITE RURALE

À La Fût

Blanche Mordante

473 ml

3,7 % alc./vol.

TOUTE L'ANNÉE   QUÉBEC   ÉPICERIE

Une bière de blé, acidulée, non filtrée à l'indice IBU assez bas (14 IBU).

La mousse est bien discrète. Au service, les arômes qui se dégagent sont ceux de l'acidité citrique. En rapprochant mon nez, je confirme les notes citriques. En bouche, la bière présente une acidité assez vive qui augmente à chaque gorgée. Une bière intéressante.

√ SUGGESTION   À découvrir sans accompagnement.

√ APPRÉCIATION   Vous cherchez une bière pour comprendre le rôle des bactéries dans une bière? La P'tite Rurale est parfaite et joue très bien son rôle. Tout simplement.

NOUVEAUTÉ DE CETTE ÉDITION

	1	1,5	2	2,5	3	3,5	4	4,5	5
ARRIÈRE-GOÛT						▼			
CARACTÈRE						▼			
TEMPÉRATURE		▼							
	1	1,5	2	2,5	3	3,5	4	4,5	5

BLANCHE SURE

AMBRÉES

Le plus souvent légèrement caramélisées, car elles utilisent des malts également légèrement caramélisés. Elles sont très populaires dans les pays ou la culture bière a été influencée par le Royaume-Uni au cours de son histoire.

DOUCES

RONDES

LIQUOREUSE

AMÈRES

TRANCHANTES

MORDANTE

BELLE GUEULE HEFEWEIZEN   Les Brasseurs RJ

Ambrée Douce

341 ml   5,2 % alc./vol.

| TOUTE L'ANNÉE | QUÉBEC | ÉPICERIE |

Brassée avec une souche de levure bavaroise importée par le maître brasseur Jérôme C. Denys, aujourd'hui à la retraite. Les amateurs avertis ont accueilli chaleureusement cette Belle Gueule Hefeweizein.

Superbe mousse crémeuse surplombant une bière limpide aux reflets dorés, cette Hefeweizen est tout en levure quand vous approchez votre nez. Ses notes de banane et de clou de girofle en font un exemple du style. On y perçoit également quelques notes céréalières. En bouche, la bière est douce et très bien balancée, offrant un produit rafraîchissant avec du caractère.

√SUGGESTION   Quelques cretons ou rillettes pas trop assaisonnés qui relèveront les notes de clou de girofle dans la bière.

√APPRÉCIATION   Voici une Hefeweizen très abordable qui doit être dans votre frigo. Jérôme C. Denys maître brasseur reconnu, a réussi à offrir un produit qui a du style, du caractère, mais également du charme.

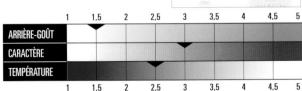

	1	1,5	2	2,5	3	3,5	4	4,5	5
ARRIÈRE-GOÛT		▼							
CARACTÈRE					▼				
TEMPÉRATURE				▼					
	1	1,5	2	2,5	3	3,5	4	4,5	5

WEIZEN

BERNARD

Brasserie Les 2 Frères

500 ml — 5 % alc./vol.

TOUTE L'ANNÉE — QUÉBEC — ÉPICERIE

Brassée pour la brasserie Helm, rue Bernard à Montréal, cette Pale Ale est disponible en épicerie.

Une mousse compacte et bien blanche, un nez de céréales caramélisées, un corps mince et une finale amère sans tomber dans l'excès. Pas de doute, c'est une Pale Ale.

√SUGGESTION   Quelques ailes de poulet pas trop piquantes.

√APPRÉCIATION   La bière qu'appréciera le consommateur adepte des bières légèrement caramélisées sans être trop houblonnées.

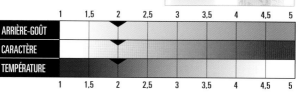

	1	1,5	2	2,5	3	3,5	4	4,5	5
ARRIÈRE-GOÛT			▼						
CARACTÈRE			▼						
TEMPÉRATURE			▼						

PALE ALE

BOCK DE JOLIETTE

Alchimiste

Ambrée
Douce

341 ml

6,1 % alc./vol.

| TOUTE L'ANNÉE | QUÉBEC | ÉPICERIE |

Une Bock est une Lager allemande plus forte qu'à l'habitude. La microbrasserie l'Alchimiste la propose toute l'année et offre une version spéciale pendant les mois d'hiver.

De couleur ambrée avec une effervescence tranquille et un collet peu dominant, la bière développe des arômes de caramel et de céréales au nez. En bouche, elle est douce avec quelques notes de caramel provenant des céréales utilisées. Son amertume est très faible, laissant place à la douceur.

√ SUGGESTION   Une choucroute et ses légères notes de clou de girofle et baies de genièvre.

√ APPRÉCIATION Pour les amateurs de bières ambrées douces et désaltérantes. Sa faible amertume plaira aux consommateurs qui aiment les saveurs de grains.

	1	1,5	2	2,5	3	3,5	4	4,5	5
ARRIÈRE-GOÛT		▼							
CARACTÈRE				▼					
TEMPÉRATURE				▼					
	1	1,5	2	2,5	3	3,5	4	4,5	5

BOCK

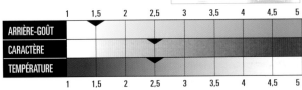

BUCKÉ

Vrooden

Ambrée **Douce**

500 ml		4,5 % alc./vol.
TOUTE L'ANNÉE	QUÉBEC	ÉPICERIE

La brasserie Vrooden, même si elle est jeune, nous avait habitués à brasser des bières d'inspiration allemandes. Est-ce une erreur de nous proposer cette Best Bitter?

Belle dentelle de mousse qui se pose sur le verre, pendant que j'écris ces lignes. Au nez, la bière est sur le malt biscuit, tout simplement. En bouche, elle offre une très agréable sensation de douceur, les houblons s'exprimant délicatement en finale, sans excès. Le malt a toute la place qu'il désire pour offrir de belles gorgées bien caramélisées.

√SUGGESTION   Une bière qui mérite qu'on ne pense qu'à elle.

√APPRÉCIATION   Incroyable produit très bien exécuté par la brasserie. Tout y est. Ou plutôt tout ce qui ne doit pas y être, n'y est pas. On est loin d'une caricature de Bitter, mais plutôt face à une fidèle reconstitution. Oui, la brasserie a très bien fait de nous proposer ce petit détour par l'Angleterre.

NOUVEAUTÉ
DE CETTE ÉDITION

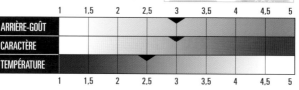

	1	1,5	2	2,5	3	3,5	4	4,5	5
ARRIÈRE-GOÛT					3				
CARACTÈRE					3				
TEMPÉRATURE			2,5						

	1	1,5	2	2,5	3	3,5	4	4,5	5

BEST BITTER

CHARLES HENRI ALE AMBRÉE

Brasserie Les 2 Frères

500 ml   6,2 % alc./vol.

| TOUTE L'ANNÉE | QUÉBEC | ÉPICERIE |

Charles-Henri aimait beaucoup de choses dans la vie : sa famille, sa décapotable rouge, Maurice Richard et jouer aux cartes, nous informe la brasserie. Charles-Henri était le grand-papa des deux frères. Cette bière est un hommage aux valeurs de la famille.

Une mousse bien présente et appétissante. Un nez de céréales, de biscuit et de sucre malté. En bouche, la bière est douce, et la présence du malt se fait sentir. La finale, également douce, laisse place au sucré du malt. Une bière très intéressante et faiblement houblonnée.

√SUGGESTION   Des pâtes *al dente,* une réduction de tomates, ail, persil et huile d'olive et un excellent parmesan.

√APPRÉCIATION   C'est une des bières préférées de ma femme, qui n'aime pas l'amertume mais plutôt le caractère typé des malts bien brassés. Elle qui n'appréciait pas la bière il y a quelques années…

	1	1,5	2	2,5	3	3,5	4	4,5	5
ARRIÈRE-GOÛT			▼						
CARACTÈRE		▼							
TEMPÉRATURE			▼						
	1	1,5	2	2,5	3	3,5	4	4,5	5

Douce | **TOUTE L'ANNÉE** | **QUÉBEC** | **ÉPICERIE**

Le coup de grisou est une explosion accidentelle d'une poche de gaz dans une mine. La Coup de Grisou des Brasseurs RJ est une bière épicée de sarrasin.

Légèrement ambrée et voilée, cette Coup de Grisou offre un nez franc d'épices et de levure sur une note plus florale. En bouche, elle est crémeuse et douce jusqu'à la dernière gorgée. La coriandre, très expressive, offre des saveurs qui se marient très bien aux autres arômes épicés.

√SUGGESTION   Un fromage à pâte molle et à croûte lavée aux saveurs de beurre et de crème. Un mariage qui laissera les épices dominer la dégustation.

√APPRÉCIATION   Agréable grâce à ses saveurs rondes et épicées, elle n'en demeure pas moins rafraîchissante. Cette Coup de Grisou est une excellente compagne pour une soirée bières et fromages. L'absence d'amertume sera remarquée, même avec les fromages les plus forts.

	1	1,5	2	2,5	3	3,5	4	4,5	5
ARRIÈRE-GOÛT		▼							
CARACTÈRE					▼				
TEMPÉRATURE				▼					
	1	1,5	2	2,5	3	3,5	4	4,5	5

BIÈRE AUX ÉPICES

HEFEWEIZEN

Lion Bleu

Ambrée Douce

750 ml		4,4 % alc./vol.
TOUTE L'ANNÉE	QUÉBEC	ÉPICERIE

Disponible en 750 ml, cette bière de blé d'inspiration allemande est embouteillée et refermentée en bouteille.

Une mousse riche. Un corps légèrement ambré. Au nez, la levure s'exprime bien. On y perçoit des notes légères de clou de girofle, c'est loin d'être caricatural. En bouche, la bière est douce et les céréales apportent une légère touche minérale qui accentuent la rétro-olfaction sur la levure.

√ SUGGESTION   Les plats mijotés en règle générale.

√ APPRÉCIATION   Loin d'être une caricature, cette Hefeweizen offre un profil aromatique plus discret et plus agréable à boire. Le format est parfait pour le partage.

NOUVEAUTÉ DE CETTE ÉDITION

	1	1,5	2	2,5	3	3,5	4	4,5	5
ARRIÈRE-GOÛT			▼						
CARACTÈRE			▼						
TEMPÉRATURE				▼					
	1	1,5	2	2,5	3	3,5	4	4,5	5

HEFEWEIZEN

LA VALKYRIE Microbrasserie Archibald

Ambrée Douce	473 ml	7 % alc./vol.
	TOUTE L'ANNÉE	QUÉBEC	ÉPICERIE

Un style de bière allemand rappelant les bières plus fortes disponibles à la brasserie.

Une mousse fuyante caresse la bière de couleur ambrée, tirant sur le foncé. Au nez, les notes de céréales sont bien présentes. En bouche, la bière est sucrée et douce, typique du style.

√SUGGESTION   Un poulet rôti et sa sauce, déglacée à la bière.

√APPRÉCIATION   Habituée des tablettes, cette Valkyrie plaira à l'amateur de bières qui veut découvrir de nouvelles sensations, sans pour autant tomber dans l'amertume ou la thématique du houblon. Une complice parfaite.

	1	1,5	2	2,5	3	3,5	4	4,5	5
ARRIÈRE-GOÛT			▼						
CARACTÈRE			▼						
TEMPÉRATURE			▼						
	1	1,5	2	2,5	3	3,5	4	4,5	5

BOCK

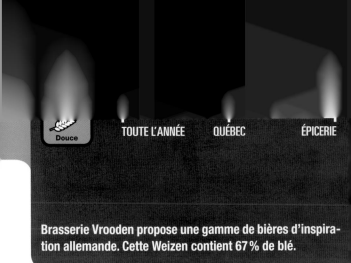

Brasserie Vrooden propose une gamme de bières d'inspiration allemande. Cette Weizen contient 67 % de blé.

Belle mousse compacte. Au nez, la levure s'exprime bien sans tomber dans la caricature. En bouche, la bière est douce et le blé apporte une très agréable touche légèrement minérale. La finale est douce.

√SUGGESTION   Une soirée allemande, plats typiques compris.

√APPRÉCIATION   Encore une fois une bière réussie de la brasserie Vrooden. Une bière de blé qui ne tombe pas dans l'excès et la caricature mais qui propose un bel équilibre dans l'ensemble.

WEIZEN

	1	1,5	2	2,5	3	3,5	4	4,5	5
ARRIÈRE-GOÛT			▼						
CARACTÈRE			▼						
TEMPÉRATURE					▼				

En l'an de grâce 1652, le père Jacques Buteux a été jeté dans Le Trou du diable, on ne l'a plus jamais revu. Cette bière lui rend hommage en offrant un style propre aux bières trappistes, brassées par des moines.

De couleur ambrée, cette Triple offre une mousse crémeuse et persistante très invitante. Des arômes fruités se démarquent. En bouche, elle est ronde et fruitée. Sa finale est principalement dictée par son taux d'alcool généreux. La deuxième gorgée mélange des notes fruitées et chaleureuses. Un pur bonheur.

√SUGGESTION   Un fromage cheddar de quelques mois, plus très jeune, mais pas trop vieux, qui développe des notes de noisettes et de crème.

√APPRÉCIATION   Une Triple sans complexe qui invite à découvrir ses notes chaleureuses soutenues par des arômes fruités. À servir à une température légèrement plus élevée que la moyenne, pour profiter de son caractère.

	1	1,5	2	2,5	3	3,5	4	4,5	5
ARRIÈRE-GOÛT			▼						
CARACTÈRE				▼					
TEMPÉRATURE				▼					
	1	1,5	2	2,5	3	3,5	4	4,5	5

TRIPLE

RÉSERVE DE NOËL — Les Trois Mousquetaires

Ambrée / Ronde

750 ml — 11,3 % alc./vol.

AUTOMNE — QUÉBEC — ÉPICERIE

Les bières de Noël sont offertes par la brasserie aux meilleurs clients et aux employés. Brassées à la fin des récoltes pour être distribuées pendant la période de Noël, elles étaient très souvent plus maltées et on y ajoutait des épices.

La brasserie nous offre une Lager rouge, selon ses mots, de couleur brun orangé intrigante. Au nez, c'est un festival d'épices. On y retrouve également quelques arômes de vanille et une légère note de sapin. En bouche, la bière est chaleureuse et son bouquet d'épices offre une finale originale. Un peu de chaleur à chaque gorgée.

√ **SUGGESTION** Un gâteau aux carottes partageant quelques épices communes.

√ **APPRÉCIATION** Disponible une fois par année, cette bière de Noël doit faire partie de vos cadeaux offerts à vos proches. Quoi de mieux que d'offrir une bière chaleureuse et réconfortante pour souligner votre amitié !

	1	1,5	2	2,5	3	3,5	4	4,5	5
ARRIÈRE-GOÛT				▼					
CARACTÈRE					▼				
TEMPÉRATURE							▼		

| | 1 | 1,5 | 2 | 2,5 | 3 | 3,5 | 4 | 4,5 | 5 |

BIÈRE AUX HERBES OU AROMATES

ST-AMBROISE VINTAGE ALE MILLÉSIMÉE

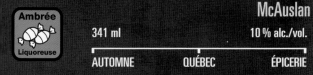

McAuslan

Ambrée
Liquoreuse

341 ml   10 % alc./vol.

AUTOMNE   QUÉBEC   ÉPICERIE

Brassée une seule fois par année, cette Ale millésimée est le symbole du savoir-faire des brasseurs anglais et de leurs bières qui mûrissaient quelques années dans des barriques de bois. La brasserie vous conseille de la laisser reposer quelques années dans votre cellier avant de la consommer.

Servie dans un ballon à température de la cave, la bière se dépose délicatement, laissant de la place à une mousse riche et crémeuse. Au nez, des notes de caramel et d'alcool sont très présentes. En bouche, la bière est chaleureuse sur une bouffée d'alcool suivie d'une amertume puissante. La finale est un mélange d'amertume et de sucre résiduel.

√ SUGGESTION   Un cigare, mais un Churchill !

√ APPRÉCIATION   Ronde, généreuse, puissante et chaleureuse sont les principaux qualificatifs de cette Barley Wine brassée sans complexe par McAuslan.

	1	1,5	2	2,5	3	3,5	4	4,5	5
ARRIÈRE-GOÛT						▼			
CARACTÈRE							▼		
TEMPÉRATURE								▼	

BARLEY WINE

La Altbier est la proche cousine de la Pale et Red Ale anglaise, mais brassée en Allemagne. On raconte que les brasseurs de Düsseldorf avaient visité les brasseurs de Londres et furent agréablement surpris du type de bière brassé en Angleterre.

Belle mousse crémeuse. La couleur de la bière nous laisse croire à une explosion de malts caramélisés. Au nez, le malt s'exprime bien en effet. On y perçoit des notes légèrement caramélisées. Le houblon se fait discret. En bouche, la bière est mince et une légère amertume, combinée des céréales et du houblon, offre une belle finale.

√SUGGESTION   Les plats mijotés, les fromages à pâte semi-ferme et à croûte lavée, par exemple.

√APPRÉCIATION   Agréable Altbier que Vrooden nous propose. Elle est à boire comme elle est brassée, méthodiquement pour en apprécier toutes les saveurs.

	1	1,5	2	2,5	3	3,5	4	4,5	5
ARRIÈRE-GOÛT			▼						
CARACTÈRE			▼						
TEMPÉRATURE			▼						
	1	1,5	2	2,5	3	3,5	4	4,5	5

SCHWARZBIER

AMBRÉE AMÈRE

La Chouape

Ambrée Amère

500 ml		5 % alc./vol.
TOUTE L'ANNÉE	QUÉBEC	ÉPICERIE

Inspirée des American Pale Ales, cette «ambrée amère» a été la première bière à utiliser un vocabulaire simple et intuitif pour le commun des mortels. Une ambrée qui est amère. Tout simplement.

Une belle mousse en dentelle surplombe une bière d'une belle robe ambrée. Au nez, la bière est poussée par des notes d'épices et de céréales. On ne ressent pas trop l'aromatique du houblon. En bouche, son faible taux d'alcool et son sucre résiduel laissent place à une amertume longue et persistante.

√SUGGESTION   Un fromage cheddar encore jeune.

√APPRÉCIATION   Nous sommes loin des American Pale Ales habituellement disponibles sur le marché. Le brasseur a quand même voulu offrir une bière aromatique et moins amère. Mission accomplie.

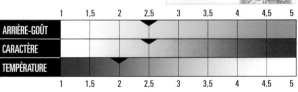

	1	1,5	2	2,5	3	3,5	4	4,5	5
ARRIÈRE-GOÛT				▼					
CARACTÈRE				▼					
TEMPÉRATURE			▼						
	1	1,5	2	2,5	3	3,5	4	4,5	5

BELLE GUEULE HOUBLON — Les Brasseurs RJ

Ambrée / Amère

473 ml		6,2 % alc./vol.
TOUTE L'ANNÉE	QUÉBEC	ÉPICERIE

Il y a quelques années, une des rares Lagers du Québec à offrir un nez très aromatique de houblon et une amertume loin d'être timide en finale. Houblonnage à cru.

Une mousse fugace qui se plaît à disparaître aussi vite qu'elle est apparue. Au nez, le houblon est aromatique mais loin des agrumes habituellement inspirés de la côte ouest américaine. En bouche, la bière est amère mais sans excès. Sa levure de type Lager laisse place à une finale sèche et très désaltérante.

√ SUGGESTION   Un fromage frais, un morceau de pain et du temps.

√ APPRÉCIATION   J'aime l'idée d'utiliser les subtilités d'une fermentation basse avec le houblonnage à cru. La bière est sèche et céréalière, en plus d'avoir quelques notes houblonnées bien placées.

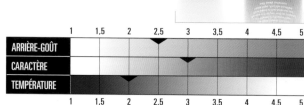

	1	1,5	2	2,5	3	3,5	4	4,5	5
ARRIÈRE-GOÛT				▼					
CARACTÈRE					▼				
TEMPÉRATURE			▼						

LAGER AMBRÉE

BOBONOM Sutton Brouërie

Ambrée / **Amère**

500 ml	6 % alc./vol.

| TOUTE L'ANNÉE | QUÉBEC | ÉPICERIE |

Brassée 100 % avec des levures de type *Brettanomyces*. Celles-ci offrent des notes fruitées mais une finale sèche car très atténuante.

Belle mousse en dentelle sur une bière de couleur ambrée. Au nez, les houblons aromatiques s'expriment bien. On y perçoit des notes de papaye. En bouche, la bière est amère et sèche, accentuant l'amertume de celle-ci. La finale est longue et persistante.

√ SUGGESTION   À consommer à leur restaurant qui est à découvrir. Profitez-en pour louer une chambre à l'auberge, vous pourrez en consommer plus d'une.

√ APPRÉCIATION   Pat Roy, maître brasseur, aime ses levures et elles le lui rendent bien. On est devant un produit remarquable sur le plan de l'artisanat mais surtout celui de l'apprentissage. On en veut d'autres.

NOUVEAUTÉ DE CETTE ÉDITION

	1	1,5	2	2,5	3	3,5	4	4,5	5
ARRIÈRE-GOÛT					3				
CARACTÈRE					3				
TEMPÉRATURE			2,5						
	1	1,5	2	2,5	3	3,5	4	4,5	5

PALE ALE

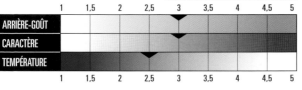

BORÉALE IPA — Les Brasseurs du Nord

Ambrée / Amère

355 ml		6,2 % alc./vol.
TOUTE L'ANNÉE	QUÉBEC	ÉPICERIE

Très tendance dans le marché de la bière, les India Pale Ales (IPA) se divisent en deux grands courants d'inspiration : britannique, plus maltée, ou américaine, plus houblonnée. Cette Boréale IPA est un judicieux mélange des deux genres.

La mousse est généreuse, signe d'un houblonnage bien prononcé. Au nez, des notes légères d'agrumes et de biscuit précèdent une douceur en bouche suivie d'une amertume délicate. Quel équilibre !

√SUGGESTION   Filet de porc caramélisé sur le BBQ. Le sucre caramélisé et les houblons sont un parfait mariage.

√APPRÉCIATION   Une des premières IPA disponible à grande échelle sur le marché. À une époque pas si lointaine, elle a souvent été considérée comme la bière qui renouvelait le monde de la brasserie. Aujourd'hui, elle est disponible partout au Québec.

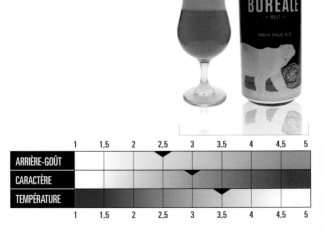

	1	1,5	2	2,5	3	3,5	4	4,5	5
ARRIÈRE-GOÛT				▼					
CARACTÈRE					▼				
TEMPÉRATURE						▼			

| | 1 | 1,5 | 2 | 2,5 | 3 | 3,5 | 4 | 4,5 | 5 |

CHARLES HENRI INDIA PALE ALE

Ambrée
Amère

Brasserie Les 2 Frères

500 ml 6,2 % alc./vol.

| TOUTE L'ANNÉE | QUÉBEC | ÉPICERIE |

Charles-Henri aimait beaucoup de choses dans la vie : sa famille, sa décapotable rouge, Maurice Richard et jouer aux cartes, nous informe la brasserie. Charles-Henri était le grand-papa des deux frères. Une bière en hommage aux valeurs familiales.

Cette IPA à la mousse généreuse offre un nez de houblons et de malts caramélisés. C'est un mélange d'inspiration anglaise et de tendances américaines. En bouche, la bière attaque sur une amertume bien présente mais pas trop prononcée. La finale est sèche et amère.

√ SUGGESTION   La complice idéale d'un buffet indien.

√ APPRÉCIATION   Entre une IPA d'inspiration anglaise et une interprétation américaine, cette Charles Henri arrive à se placer sans trop dominer. Bien distribuée, cette Charles Henri est une excellente complice que l'on retrouve un peu partout.

	1	1,5	2	2,5	3	3,5	4	4,5	5
ARRIÈRE-GOÛT					▼				
CARACTÈRE				▼					
TEMPÉRATURE			▼						
	1	1,5	2	2,5	3	3,5	4	4,5	5

Ambrée / Amère

473 ml | 5 % alc./vol.

TOUTE L'ANNÉE | QUÉBEC | ÉPICERIE

La microbrasserie Archibald a été l'une des premières microbrasseries à diffuser ses produits en canette. La Chipie est l'une des premières bières distribuée par la brasserie.

Une mousse fugace, une couleur ambrée rappelant celle des malts utilisés et un nez de caramel typique d'une Pale Ale anglaise. En bouche, la bière offre une légère amertume qui plaira aux amateurs du style.

√SUGGESTION   La bière idéale pour la saison de la pêche : autour du BBQ.

√APPRÉCIATION   Très buvable et disponible partout, cette Pale Ale est parfaite pour le plein air. Un produit de qualité.

PALE ALE

	1	1,5	2	2,5	3	3,5	4	4,5	5
ARRIÈRE-GOÛT				▼					
CARACTÈRE			▼						
TEMPÉRATURE			▼						
	1	1,5	2	2,5	3	3,5	4	4,5	5

CORTE-REAL — Microbrasserie Le Naufrageur

Ambrée / **Amère**

500 ml		5,6 % alc./vol.
TOUTE L'ANNÉE	QUÉBEC	ÉPICERIE

Du nom d'un explorateur portugais qui sillonna la baie des Chaleurs en 1501 et qui se mesura aux aptitudes guerrières des Micmacs.

De couleur ambrée, cette Pale Ale offre une mousse ample qui s'efface rapidement. Au nez, des notes de céréales et florales se font discrètes. En bouche, la bière est douce, rapidement accompagnée d'une légère amertume provenant des céréales et du houblon.

√SUGGESTION   Un fromage à pâte ferme et à croûte brossée, pas trop fort et tout en finesse.

√APPRÉCIATION   Cette Pale Ale plaira à l'amateur du style. Pas trop prononcées, les saveurs se distinguent et offrent un équilibre intéressant. À boire en fût à la brasserie comme projet de vacances.

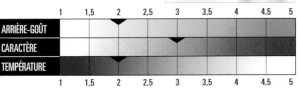

	1	1,5	2	2,5	3	3,5	4	4,5	5
ARRIÈRE-GOÛT			▼						
CARACTÈRE					▼				
TEMPÉRATURE			▼						

PALE ALE

Ambrée
Amère

341 ml   5 % alc./vol.

TOUTE L'ANNÉE   ONTARIO   ÉPICERIE

Provenant de Creemore, un petit village ontarien, au nord de Toronto, cette Pilsner a fait la réputation de la brasserie.

Une belle couleur ambrée, une mousse en dentelle. Des saveurs typiques de céréales et de houblons d'Europe. En bouche, la bière est amère sans tomber dans l'excès. C'est une bière de soif avec toute la noblesse que peut avoir une bière désaltérante.

√SUGGESTION   Quelques fromages de l'Ontario, une région riche en terroir.

√APPRÉCIATION   Son arrivée au Québec fut très remarquée et elle continue, aujourd'hui, à conquérir les palais de plusieurs amateurs de bières.

	1	1,5	2	2,5	3	3,5	4	4,5	5
ARRIÈRE-GOÛT			▼						
CARACTÈRE			▼						
TEMPÉRATURE			▼						
	1	1,5	2	2,5	3	3,5	4	4,5	5

PILSNER

HICKSON
Brasserie Les 2 Frères

Ambrée **Amère**

500 ml | 6,2 % alc./vol.

TOUTE L'ANNÉE | QUÉBEC | ÉPICERIE

La Hickson IPA est une des premières bières brassées par la brasserie et a très vite fait la réputation de la gamme Hickson.

Une superbe mousse. Une belle robe. Un nez franc de résines de houblon et de fleurs. En bouche, la bière est extrêmement bien équilibrée, entre le sucre des malts et l'amertume du houblon. La finale n'est pas trop amère et encore une fois très bien équilibrée.

√ SUGGESTION   Un fromage à pâte semi-ferme et à croûte lavée.

√ APPRÉCIATION   Un petit bijou ignoré par plusieurs mais qui mérite d'être découvert. Un excellent rapport qualité-prix.

	1	1,5	2	2,5	3	3,5	4	4,5	5
ARRIÈRE-GOÛT			▼						
CARACTÈRE					▼				
TEMPÉRATURE			▼						
	1	1,5	2	2,5	3	3,5	4	4,5	5

INDIA PALE ALE

INDIA PALE LAGER — Creemore Springs Brewery

Ambrée / Amère

473 ml   5,3 % alc./vol.

TOUTE L'ANNÉE   ONTARIO   ÉPICERIE

Sous la marque Mad & Noisy, les brasseurs de Creemore Springs proposent des bières plus houblonnées que leurs produits originaux. Cette India Pale Lager en est un bon exemple.

Une mousse persistante, un nez typique des houblons américains et de quelques arômes bien caramélisés. En bouche, la bière a un goût sucré, suivi d'une amertume longue mais pas trop puissante.

√SUGGESTION   De la cuisine de pub anglo-saxon, une sauce forte sur la table.

√APPRÉCIATION   Très tendance, cette India Pale Lager remplit bien sa mission qui consiste à offrir un produit bien houblonné.

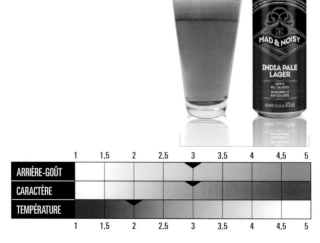

	1	1,5	2	2,5	3	3,5	4	4,5	5
ARRIÈRE-GOÛT					3				
CARACTÈRE					3				
TEMPÉRATURE			2						

	1	1,5	2	2,5	3	3,5	4	4,5	5

IPA DU LIÈVRE — Microbrasserie du Lièvre

Ambrée
Amère

341 ml   6 % alc./vol.

TOUTE L'ANNÉE   QUÉBEC   ÉPICERIE

Depuis qu'elle est présentée dans un format 341 ml, ses volumes sont adaptés aux ventes et garantissent un produit frais.

La bière offre une belle amertume qui se place sans gêne jusqu'à la fin de la dégustation. La céréale n'est pas bien loin, venant appuyer l'aromatique du houblon.

√SUGGESTION   Des plats épicés et piquants. Un bon mariage entre l'amertume tranchante de la bière et les épices.

√APPRÉCIATION   Un produit qui répond à nos attentes. Elle penche plus vers les versions anglaises qu'américaines. J'apprécie la finesse de ses arômes offrant des céréales, du houblon et de l'équilibre.

	1	1,5	2	2,5	3	3,5	4	4,5	5
ARRIÈRE-GOÛT							▼		
CARACTÈRE						▼			
TEMPÉRATURE						▼			
	1	1,5	2	2,5	3	3,5	4	4,5	5

INDIA PALE ALE

JAZZ Microbrasserie Jukebox

Ambrée **Amère**

500 ml   5 % alc./vol.

TOUTE L'ANNÉE   QUÉBEC   ÉPICERIE

Le brasseur a trouvé des complices pour s'amuser et exercer son art de produire des bières d'inspiration américaines dans les installations d'Oshlag.

Une mousse généreuse, signe d'un houblonnage puissant. Au nez, des notes florales, d'agrumes et de houblon s'expriment bien. En bouche, la bière est légèrement sur la céréale et la résine de houblon, et la finale pointe vers une amertume pas trop tranchante.

√ **SUGGESTION**   Un fromage à pâte semi-ferme, encore assez jeune.

√ **APPRÉCIATION**   La collection Jukebox plaira à l'amateur de bières houblonnées, et cette Jazz n'échappera pas à la règle.

	1	1,5	2	2,5	3	3,5	4	4,5	5
ARRIÈRE-GOÛT					▼				
CARACTÈRE					▼				
TEMPÉRATURE					▼				
	1	1,5	2	2,5	3	3,5	4	4,5	5

AMERICAN AMBER ALE

Ambrée / Amère

473 ml

3,8 % alc./vol.

TOUTE L'ANNÉE QUÉBEC ÉPICERIE

Cette Session Ale d'inspiration anglaise se compare à une bière « light » selon son taux d'alcool, mais offre une généreuse portion de houblon, selon la brasserie. Une « light » houblonnée ?

Sa mousse est légèrement savonneuse. Au nez, des notes de fruits tropicaux et caramel. En bouche, la bière offre une amertume très désaltérante et bien équilibrée. Un produit désaltérant que les amateurs de « light » devraient essayer.

√ SUGGESTION   Devant le BBQ, lors d'une chaude journée ensoleillée.

√ APPRÉCIATION   La première fois qu'on m'a présenté cette bière, j'étais devant un feu de foyer large de 2 mètres et quelques volailles accrochées à la crémaillère. J'avais chaud et soif ! Elle arrivait à point et son faible taux d'alcool m'a permis d'en boire quelques-unes de plus.

	1	1,5	2	2,5	3	3,5	4	4,5	5
ARRIÈRE-GOÛT				2,5					
CARACTÈRE					3				
TEMPÉRATURE			2						

PALE ALE

LA CIBOIRE

Microbrasserie Archibald

Ambrée / **Amère**

473 ml   6 % alc./vol.

TOUTE L'ANNÉE	QUÉBEC	ÉPICERIE

La Ciboire est l'India Pale Ale de la microbrasserie. Elle est disponible en canette, très populaire depuis quelques années.

À la limite d'une blonde, cette ambrée propose une mousse persistante. Au nez, la bière est florale et quelques arômes de malt vous montent au nez. En bouche, la bière est bien plus amère que ne l'auraient laissé croire les arômes perçus. La finale est sur l'amertume sèche et mince de la bière.

√ **SUGGESTION**   Les plats épicés et piquants. L'amertume aime tous les plats très épicés.

√ **APPRÉCIATION**   Une India Pale Ale un peu moins ronde que ses cousines et un petit peu plus amère, car elle a moins de sucre résiduel. L'amateur d'amertume sèche sera ravi.

	1	1,5	2	2,5	3	3,5	4	4,5	5
ARRIÈRE-GOÛT					▼				
CARACTÈRE				▼					
TEMPÉRATURE				▼					
	1	1,5	2	2,5	3	3,5	4	4,5	5

LA FAISANT-MALT
La Voie Maltée

Ambrée
Amère

473 ml		5,2 % alc./vol.
TOUTE L'ANNÉE	QUÉBEC	ÉPICERIE

Une Pale Ale américaine titrant 5,2 % alc./vol. et offrant une amertume de 40 IBU.

Belle couleur ambrée. La bière est très limpide. La mousse se fait présente mais pas très persistante. Au nez, les sucres de la céréale se mélangent à ceux du houblon. On y perçoit des notes légèrement résineuses et florales provenant des cultivars de houblon. En bouche, la bière est plus sucrée que ses cousines du même style. L'amertume vient enlacer la gorgée et s'appuie sur le sucre pour offrir une finale pas trop sèche.

√ SUGGESTION   Des Ribs sauce BBQ.

√ APPRÉCIATION   Un peu moins sèche que ses cousines, elle propose cependant une belle approche sur le plan aromatique ainsi que celui de l'équilibre.

	1	1,5	2	2,5	3	3,5	4	4,5	5
ARRIÈRE-GOÛT			▼						
CARACTÈRE				▼					
TEMPÉRATURE			▼						
	1	1,5	2	2,5	3	3,5	4	4,5	5

Ambrée
Amère

500 ml		6 % alc./vol.
TOUTE L'ANNÉE	QUÉBEC	ÉPICERIE

Dernière bière à être brassée au printemps, la Marzen était consommée au début de la saison de brassage suivante, soit en octobre.

Une belle mousse persistante. Des notes de malts caramélisés. On y perçoit des arômes de biscuits. En bouche, la bière est sur le caramel, la céréale et le pain. L'amertume s'installe tranquillement. On est en présence de houblons nobles, ils laissent la place à la céréale.

√ SUGGESTION   Une choucroute pas trop vinaigrée.

√ APPRÉCIATION   Encore un excellent produit de cette jeune brasserie qui se taille une place dans le marché de la bière. À découvrir.

	1	1,5	2	2,5	3	3,5	4	4,5	5
ARRIÈRE-GOÛT				▼					
CARACTÈRE				▼					
TEMPÉRATURE					▼				
	1	1,5	2	2,5	3	3,5	4	4,5	5

MARZEN

En hommage à la comtesse Matilde mais surtout à la bière Orval. Cette Pale Ale belge reçoit également des *Brettanomyces* à l'embouteillage.

Superbe mousse en dentelle qui tient sur le verre. Des notes de cuir typiques des Bretts s'en échappent. En bouche, la bière est légèrement acidulée, mais l'amertume est dominante et laisse une finale sèche et amère.

√SUGGESTION   Une tartine de fromage frais, du poivre du moulin et quelques légumes croquants.

√APPRÉCIATION   Un produit à découvrir! Goose Island, brasserie de Chicago distribuée par Labatt, nous offre des produits d'exception, cette Matilda en étant la preuve.

	1	1,5	2	2,5	3	3,5	4	4,5	5
ARRIÈRE-GOÛT					▼				
CARACTÈRE					▼				
TEMPÉRATURE					▼				
	1	1,5	2	2,5	3	3,5	4	4,5	5

PALE ALE BELGE

Cette Pale Ale 50/50 a été fermentée 50 % dans des cuves en inox et 50 % dans des cuves en bois, en hommage aux brasseurs d'antan.

La mousse est très typique du style, une belle dentelle sans être trop persistante. Au nez, la bière laisse s'exprimer ses malts. J'y perçois quelques notes de biscuit. En bouche, l'amertume de la bière s'exprime bien. On est loin des bières très aromatiques sur le houblon. Le brassage se veut plus à l'anglaise. C'est loin d'être déplaisant.

√ SUGGESTION   De la bouffe de pub. Tout simplement.

√ APPRÉCIATION   J'aime l'effort culturel qui est fait derrière cette bière. Il ne s'agit pas simplement de brasser un style, mais surtout d'en comprendre les fondements et les techniques qu'utilisaient les brasseurs d'antan.

PALE ALE

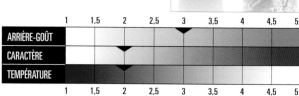

	1	1,5	2	2,5	3	3,5	4	4,5	5
ARRIÈRE-GOÛT					3				
CARACTÈRE			2						
TEMPÉRATURE			2						

| | 1 | 1,5 | 2 | 2,5 | 3 | 3,5 | 4 | 4,5 | 5 |

PALE ALE AMÉRICAINE — Les Trois Mousquetaires

Ambrée Amère

750 ml		5 % alc./vol.
TOUTE L'ANNÉE	QUÉBEC	ÉPICERIE

Rare Ale brassée dans les locaux des Trois Mousquetaires, elle a été très vite acceptée par les amateurs qui ont vu en elle le talent du maître brasseur Alex Ganivet Boileau. Dans cette Ale, inspirée par ses cousines américaines, le houblon est à l'honneur.

Une mousse fugace apparaît pour laisser place à une bière de couleur ambrée à l'effervescence tranquille. Au nez, des arômes prononcés d'agrumes et de résine de houblon annoncent la couleur. En bouche, l'amateur ne se trompe pas, la bière est assise sur une belle base de malt et ses notes caramélisées, pour découvrir une finale sur l'amertume en crescendo. L'étalement est long et offre une variété de saveurs sous la thématique de la lupuline.

√**SUGGESTION** Une bière qui accompagne les plats épicés et puissants de l'ouest de l'Asie.

√**APPRÉCIATION** Légèrement plus maltée que ses cousines américaines, elle fait honneur au Cascade, cet illustre houblon de la côte ouest américaine. Le brasseur lui a offert un « houblonnage à cru ». La finale est complexe et plaît aux amateurs de lupuline.

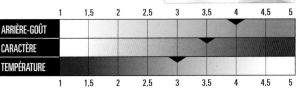

	1	1,5	2	2,5	3	3,5	4	4,5	5
ARRIÈRE-GOÛT							4		
CARACTÈRE						3,5			
TEMPÉRATURE					3				
	1	1,5	2	2,5	3	3,5	4	4,5	5

REBEL IPA

Samuel Adams

Ambrée
Amère

341 ml   6,5 % alc./vol.

TOUTE L'ANNÉE   ÉTATS-UNIS   ÉPICERIE

Distribuée au Québec, cette IPA de la côte est américaine est à découvrir et à comparer avec les produits brassés au Québec.

Une mousse en dentelle fuyante. Une belle couleur ambrée. Des notes résineuses et d'agrumes confits qui se pointent au nez et un corps légèrement sucré, très vite rattrapé par une amertume qui se dissipe dans l'étalement. Un bel équilibre.

√ SUGGESTION   Un poulet tandoori, un riz frit asiatique et un pain libanais. Vive le multiculturalisme !

√ APPRÉCIATION   Samuel Adams, l'une des plus anciennes brasseries artisanales aux États-Unis mais surtout la plus grande, prouve qu'il est tout à fait possible de faire des produits en accord avec son temps, peu importe la taille des cuves.

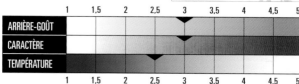

	1	1,5	2	2,5	3	3,5	4	4,5	5
ARRIÈRE-GOÛT					▼				
CARACTÈRE					▼				
TEMPÉRATURE			▼						
	1	1,5	2	2,5	3	3,5	4	4,5	5

SHAWI BEACH — Le Trou du diable

Ambrée / Amère

600 ml   6,5 % alc./vol.

ÉTÉ   QUÉBEC   ÉPICERIE

Bière forte de plage. La brasserie aime proposer un style de bière hors du commun.

Belle mousse volatile. Les houblons s'expriment bien, on surfe sur la pêche, l'abricot et les fruits de la passion. En bouche, la bière développe une bonne amertume, accompagnée d'un sucre résiduel qui équilibre le tout. C'est très agréable.

√ **SUGGESTION**   Plage, soleil, ballon de plage.

√ **APPRÉCIATION**   Je vous l'avoue, je l'ai redécouverte il y a peu. Le marché va vite, très vite. C'est une bière qui est relativement jeune, si on compare à l'histoire de la bière mais qui est la grande sœur de beaucoup de nouvelles cuvées.
Bref, de temps en temps, une valeur sûre, c'est toujours apprécié.

NOUVEAUTÉ DE CETTE ÉDITION

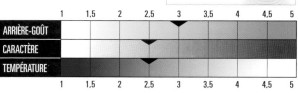

	1	1,5	2	2,5	3	3,5	4	4,5	5
ARRIÈRE-GOÛT					3				
CARACTÈRE				2,5					
TEMPÉRATURE				2,5					

BIÈRE FORTE DE PLAGE

SHAWINIGAN HANDSHAKE Le Trou du diable

Ambrée
Amère

375 ml		6,5 % alc./vol.
TOUTE L'ANNÉE	QUÉBEC	ÉPICERIE

La Shawinigan Handshake est un hommage à l'humour du p'tit gars de Shawinigan, l'ancien premier ministre du Canada, Jean Chrétien.

De couleur ambrée, cette Weizen offre une mousse dense et crémeuse. Ses arômes sont ceux de la banane et des céréales. En bouche, la bière offre des notes très biscuitées suivies d'une amertume légère qui se poursuit jusqu'à la fin de l'étalement. Son profil est proche d'une Weizen, mais l'ajout de houblons permet d'offrir plus de longueur.

√ **SUGGESTION** Un poisson cuit le plus naturellement possible, accompagné d'une purée de légumes racines et d'une pointe de beurre.

√ **APPRÉCIATION** Les amateurs de Weizen et ceux de bières houblonnées seront ravis. Le caractère particulier des Weizens est bien présent grâce à la levure et sa signature si particulière et aux houblons utilisés qui ne sont pas trop présents et dominants, mais jouent un rôle particulier et apprécié.

	1	1,5	2	2,5	3	3,5	4	4,5	5
ARRIÈRE-GOÛT					▼				
CARACTÈRE						▼			
TEMPÉRATURE					▼				
	1	1,5	2	2,5	3	3,5	4	4,5	5

WEIZEN

Ambrée
Amère

341 ml
6 % alc./vol.

TOUTE L'ANNÉE | QUÉBEC | ÉPICERIE

Brassée pour le 25e anniversaire de la brasserie, cette Pale Ale anglaise a mûri quelques semaines avec des copeaux de bois.

Une belle couleur ambrée, une mousse en dentelle. Un nez de vanille et de caramel. En bouche, la bière est douce et laisse place à une amertume modérée mais assez longue. Les houblons utilisés ne sont pas très aromatiques, mais cèdent la place aux céréales.

√SUGGESTION   Un mijoté de veau aux abricots, par exemple.

√APPRÉCIATION De style bière anglaise, cette Pale Ale s'éloigne de ses cousines américaines, très populaires. Les amateurs de bières plus vanillées et boisées l'apprécieront.

	1	1,5	2	2,5	3	3,5	4	4,5	5
ARRIÈRE-GOÛT			▼						
CARACTÈRE			▼						
TEMPÉRATURE				▼					
	1	1,5	2	2,5	3	3,5	4	4,5	5

PALE ALE

ST-AMBROISE PALE ALE — McAuslan

Ambrée / Amère

473 ml　　　　　　　　　　　　　　　　5 % alc./vol.

TOUTE L'ANNÉE　　　　QUÉBEC　　　　ÉPICERIE

Depuis qu'elle est distribuée en canette, la St-Ambroise Pale Ale est parfaite pour les sorties de pêche, de chasse ou le camping entre amis.

De couleur ambrée, la bière est surmontée d'une mousse fugace qui laisse une dentelle sur le bord du verre. Au nez, des notes de caramel et de céréales caramélisées se démarquent. En bouche, la bière est légèrement amère et son étalement est moyen. Une belle amertume rafraîchissante prend le dessus, jusqu'à la gorgée suivante.

√ SUGGESTION　En apéritif dans le bois, avec quelques prises du jour.

√ APPRÉCIATION　Si vous cherchez un produit offrant un excellent rapport qualité-prix dans un format facile à transporter, procurez-vous cette Pale Ale qui n'a rien à envier à ses cousines d'Angleterre.

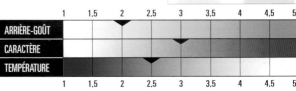

	1	1,5	2	2,5	3	3,5	4	4,5	5
ARRIÈRE-GOÛT			▼						
CARACTÈRE					▼				
TEMPÉRATURE				▼					

VESPERA

MonsRegius

500 ml

5,5 % alc./vol.

TOUTE L'ANNÉE   QUÉBEC   ÉPICERIE

Une Pale Ale belge avec ajout de Bretts. La plus connue est la Orval. On va voir ce que le brasseur nous a réservé.

Mousse discrète. Belle robe ambrée. Au nez, les levures s'entremêlent. J'y perçois quelques notes d'ester et quelques arômes caractéristiques de la Brett. Un mélange floral, qu'on vous offre dans un caveau. Ambiance très sympa. En bouche, la bière est sèche, c'est le résultat de la levure. L'amertume se pointe le nez, non pas sur l'aromatique mais bien sur l'amertume d'un houblon bien frais. C'est très rafraîchissant.

√ SUGGESTION   Un fromage à pâte semi-ferme et à croûte lavée.

√ APPRÉCIATION Naturellement, on ne peut comparer avec Orval pour plusieurs raisons qui ne sont pas forcément très nobles. Mais on est content de trouver un produit naturel qui pousse un peu plus loin la culture bière, pour le plaisir de nos papilles.

NOUVEAUTÉ DE CETTE ÉDITION

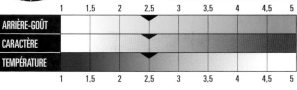

	1	1.5	2	2.5	3	3.5	4	4.5	5
ARRIÈRE-GOÛT				▼					
CARACTÈRE				▼					
TEMPÉRATURE				▼					
	1	1.5	2	2.5	3	3.5	4	4.5	5

CÔTE OUEST IPA

Gainsbourg

Ambrée
Tranchante

500 ml   7 % alc./vol.

| TOUTE L'ANNÉE | QUÉBEC | ÉPICERIE |

La Côte Ouest IPA fait partie de la série «Road Trip». Des bières qui s'inspirent des régions brassicoles de la côte ouest des États-Unis.

Belle mousse légère et persistante. La bière offre une belle effervescence. Au nez, les fruits tropicaux s'expriment bien. La version dégustée est houblonnée au Simcoe. En bouche, la bière est assez effervescente, ce qui allège la sensation sucrée de la bière et laisse venir les notes aromatiques du houblon, sur une belle base d'amertume bien contrôlée.

√ SUGGESTION   Des huîtres de la Californie.

√ APPRÉCIATION   Cette Côte Ouest IPA me rappelle les petites brasseries californiennes qui pullulent partout sur le bord de la côte. À boire fraîche par une belle grande journée de soleil.

NOUVEAUTÉ DE CETTE ÉDITION

	1	1,5	2	2,5	3	3,5	4	4,5	5
ARRIÈRE-GOÛT					▼				
CARACTÈRE					▼				
TEMPÉRATURE				▼					
	1	1,5	2	2,5	3	3,5	4	4,5	5

INDIA PALE ALE

DEATH VALLEY

Les Brasseurs RJ

Ambrée
Tranchante

750 ml   8 % alc./vol.

TOUTE L'ANNÉE   QUÉBEC   ÉPICERIE

Classée dans les India Pale Ales, la Death Valley est en fait une Double India Pale Ale ou Imperial India Pale Ale, une version plus alcoolisée et plus maltée que les India Pale Ales.

Sa couleur est légèrement plus pâle que ses cousines québécoises, signe d'un choix de malt plus pâle également. Son nez est fruité et quelques notes de marmelade d'oranges se distinguent. En bouche, son corps est malté et la bière est sucrée. Sa finale est très longue, laissant apparaître une amertume équilibrée.

√SUGGESTION   Moules marinières légèrement crémeuses.

√APPRÉCIATION   Un des meilleurs rapports qualité-prix disponible au Québec. Cette Death Valley va plaire aux amateurs de houblon qui apprécient les bières aux notes florales et fruitées.

	1	1,5	2	2,5	3	3,5	4	4,5	5
ARRIÈRE-GOÛT						▼			
CARACTÈRE						▼			
TEMPÉRATURE					▼				
	1	1,5	2	2,5	3	3,5	4	4,5	5

DIABLE AU CORPS — Les Brasseurs du Temps

Ambrée Tranchante

750 ml		10 % alc./vol.
TOUTE L'ANNÉE	QUÉBEC	ÉPICERIE

Avec 100 IBU et 10 % alc./vol., cette Diable au Corps est une India Pale Ale Impériale. Le terme impérial est très souvent utilisé dans les styles contemporains pour définir des bières plus maltées, plus alcoolisées… plus typées.

Une mousse formant une belle dentelle, un corps offrant une effervescence douce et une couleur sublime : ambrée aux reflets orangés. Au nez, des notes d'orange confite se démarquent suivies de quelques arômes épicés. En bouche, la bière est puissante et valse sur des notes d'alcool et de sucre. La finale est longue et sous le signe de l'amertume.

√SUGGESTION   Un poulet tandoori épicé.

√APPRÉCIATION Puissante, exaltante et sans complexe, cette IPA impériale saura ravir les papilles les plus exigeantes.

	1	1,5	2	2,5	3	3,5	4	4,5	5
ARRIÈRE-GOÛT							▼		
CARACTÈRE							▼		
TEMPÉRATURE						▼			
	1	1,5	2	2,5	3	3,5	4	4,5	5

IPA IMPÉRIALE

DOCKER IPA Brasseur de Montréal

Ambrée Tranchante

625 ml   6,8 % alc./vol.

TOUTE L'ANNÉE   QUÉBEC   ÉPICERIE

Disponible en version double, session et normale. Houblonnée au Citra, Centennial et Bravo.

Une mousse en dentelle prend place. La bière a des reflets blonds sur un corps ambré. Au nez, les houblons sont sur l'ananas, la résine de houblon et le sucre candi blanc. En bouche, la bière développe une amertume tranchante qui ne disparaît pas jusqu'à la dernière gorgée.

√SUGGESTION   Les plats épicés de votre choix. La cuisine d'Asie est complice de ce genre de bières.

√APPRÉCIATION   Intéressant que de pouvoir comparer les trois versions. Je vous invite à faire l'exercice. Cela permet de comprendre les différentes influences de chaque ingrédient.

	1	1,5	2	2,5	3	3,5	4	4,5	5
ARRIÈRE-GOÛT					▼				
CARACTÈRE					▼				
TEMPÉRATURE			▼						
	1	1,5	2	2,5	3	3,5	4	4,5	5

INDIA PALE ALE

FRAPPABORD
Microbrasserie du Lac Saint-Jean

Ambrée
Tranchante

500 ml		11 % alc./vol.
TOUTE L'ANNÉE	QUÉBEC	ÉPICERIE

Frappabord était un boxeur de la région du Lac-Saint-Jean. Cette Barley Wine lui rend hommage car elle frappe tout aussi fort.

Une mousse dense et généreuse se pose sur la bière. Elle ne bougera pas de là avant plusieurs minutes. Au nez, les notes de sucre et de céréales sont bien présentes. En bouche, la bière est sucrée et ronde et l'amertume se présente à grands coups de crochet gauche.

√ **SUGGESTION** Un mijoté de votre choix bien relevé et bien épicé.

√ **APPRÉCIATION** Une Barley Wine américain dans sa plus pure interprétation. Le sucre, l'alcool et l'amertume à profusion.

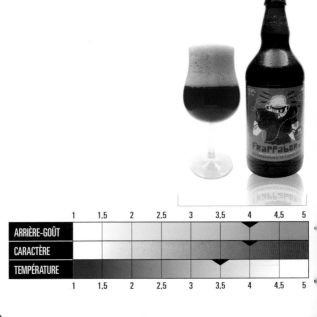

BARLEY WINE

	1	1,5	2	2,5	3	3,5	4	4,5	5
ARRIÈRE-GOÛT							▼		
CARACTÈRE							▼		
TEMPÉRATURE						▼			
	1	1,5	2	2,5	3	3,5	4	4,5	5

GLUTENBERG AMERICAN PALE ALE

Ambrée Tranchante

Brasseurs sans Gluten

341 ml   5,5 % alc./vol.

TOUTE L'ANNÉE   QUÉBEC   ÉPICERIE

Brasseurs sans Gluten offre une gamme de bières brassées dans un environnement 100 % sans gluten. Rapidement, la brasserie a su démontrer, dans plusieurs concours internationaux, la grande qualité de ses produits en remportant plusieurs médailles.

Une belle mousse, laissant place à une jolie dentelle, surplombe la bière de couleur ambrée. Au nez, des notes d'agrumes, provenant des houblons sélectionnés, sont présentes et s'accordent au style. En bouche, la bière est mince, offrant un profil très amer et finissant sur quelques notes plus sucrées en rétro-olfaction.

√ **SUGGESTION**   Un fromage à pâte molle et à croûte lavée accompagné d'une galette de millet ou d'un pain sans gluten.

√ **APPRÉCIATION**   Cette bière offre une superbe interprétation du style American Pale Ale sans aucune trace de malt d'orge. Elle est d'ailleurs plus débalancée et penche plus vers l'amertume que ses collègues québécoises, ce qui est fort apprécié des amateurs avertis et une caractéristique si spéciale pour le style. Un produit à boire, même sans intolérance au gluten.

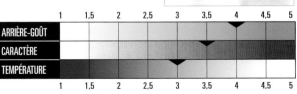

	1	1,5	2	2,5	3	3,5	4	4,5	5
ARRIÈRE-GOÛT							▼		
CARACTÈRE						▼			
TEMPÉRATURE					▼				
	1	1,5	2	2,5	3	3,5	4	4,5	5

AMERICAN PALE ALE

GLUTENBERG INDIA PALE ALE

Brasseurs sans Gluten

473 ml   6 % alc./vol.

TOUTE L'ANNÉE   QUÉBEC   ÉPICERIE

Les Brasseurs sans Gluten se sont spécialisés dans les bières sans gluten qui ont du goût. Depuis qu'ils ont remporté de nombreuses médailles dans des concours prestigieux, leur réputation n'est plus à faire.

De belle couleur blonde, cette India Pale Ale offre un nez très aromatique de fruits et de fleurs. En bouche, la bière est sur le thème de l'amertume, avec une petite finale florale fort sympathique. Entre bière amère et bière tranchante, elle ne cache pas son amertume.

√SUGGESTION   Des charcuteries italiennes.

√APPRÉCIATION   Cette brasserie nous offre une qualité de produits jamais atteinte dans les bières sans gluten. Un produit d'exception.

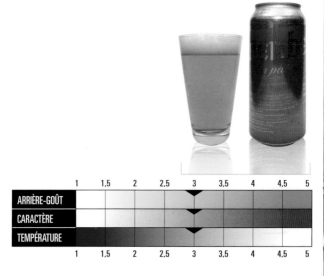

	1	1,5	2	2,5	3	3,5	4	4,5	5
ARRIÈRE-GOÛT					▼				
CARACTÈRE					▼				
TEMPÉRATURE					▼				

INDIA PALE ALE

GOOSE ISLAND IPA Labatt

Ambrée Tranchante

341 ml		5,9 % alc./vol.
TOUTE L'ANNÉE	QUÉBEC	ÉPICERIE

Originaire de Chicago, la Goose IPA était brassée par la brasserie Goose Island, dont la réputation n'est plus à faire du côté des Américains. Aujourd'hui disponible dans plusieurs régions du monde, elle est brassée sous licence par Labatt à Montréal.

Une mousse discrète qui laisse place à la bière. Au nez, le houblon s'exprime bien mais cède la place à quelques notes de miel provenant de la céréale. En bouche, le sucre résiduel est le premier à se manifester, suivi d'une amertume longue et persistante qui rend la bière presque tranchante. Les amateurs apprécieront.

√ SUGGESTION   Une parfaite alliée pour vos soirées entre gars, devant votre sport préféré.

√ APPRÉCIATION   Goose Island est une des « craft » pionnières aux États-Unis qui a été achetée par le groupe AB-InBev en 2010. Depuis, elle véhicule une image qui plaît à de plus en plus de consommateurs et propose des bières artisanales qui sont brassées avec la même philosophie. Cette Goose IPA est une excellente ambassadrice.

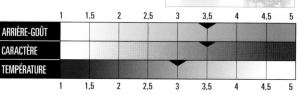

	1	1,5	2	2,5	3	3,5	4	4,5	5
ARRIÈRE-GOÛT						▼			
CARACTÈRE						▼			
TEMPÉRATURE					▼				
	1	1,5	2	2,5	3	3,5	4	4,5	5

INDIA PALE ALE

HOUBLONNIÈRE DOUBLE IPA   Brasseurs du Monde

Ambrée Tranchante

500 ml   5,2 % alc./vol.

TOUTE L'ANNÉE   QUÉBEC   ÉPICERIE

La version Double « Houblon » de la Houblonnière des Brasseurs du Monde. Une version plus houblonnée mais sur la même base de céréales.

Belle couleur ambrée et voilée. Au nez, les houblons s'expriment sans complexes. On y trouve même des notes de mangue assez prononcées. En bouche, la bière offre un léger sucre résiduel qui permet d'atténuer l'amertume sur les premières gorgées. Mais le houblon revient en force et vous offre une finale sur une amertume tranchante. C'est amusant ce Crescendo.

√ SUGGESTION   Des plats estivaux.

√ APPRÉCIATION   Pas vraiment une Double IPA au sens stylistique, il n'empêche que son houblonnage intense en fait une bière très intéressante. Le sucré amer de la bière est bien exécuté et vous invite à apprécier les différents arômes du houblon, tout au long de la dégustation.

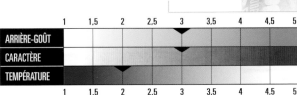

	1	1,5	2	2,5	3	3,5	4	4,5	5
ARRIÈRE-GOÛT					▼				
CARACTÈRE					▼				
TEMPÉRATURE			▼						

	1	1,5	2	2,5	3	3,5	4	4,5	5

Ambrée Tranchante

341 ml

8,2 % alc./vol.

TOUTE L'ANNÉE — QUÉBEC — ÉPICERIE

Ferme brassicole et familiale située à Frampton, la brasserie propose son interprétation d'une Double IPA, style qui rayonne depuis le sud de la Californie.

Belle mousse légère et en dentelle. La bière ne semble pas être trop gazéifiée. Au nez, les agrumes explosent sous forme de marmelade et de confiture. En bouche, la bière présente une amertume tranchante qui vous suit tout au long de la dégustation. Toute une expérience.

√SUGGESTION   Fromages affinés plusieurs mois mais qui ont surtout du caractère.

√APPRÉCIATION   Au nez, les agrumes confits laissent croire à un brassage plus à l'anglaise. En bouche, une amertume très vive est signe d'un houblonnage généreux. Un mélange des deux genres qui en fait une Double IPA différente.

NOUVEAUTÉ DE CETTE ÉDITION

	1	1,5	2	2,5	3	3,5	4	4,5	5
ARRIÈRE-GOÛT						▼			
CARACTÈRE					▼				
TEMPÉRATURE					▼				
	1	1,5	2	2,5	3	3,5	4	4,5	5

DOUBLE IPA

MAC TAVISH

Le Trou du diable

Ambrée
Tranchante

600 ml   5 % alc./vol.

TOUTE L'ANNÉE	QUÉBEC	ÉPICERIE

Les membres de l'équipe Le Trou du diable étant de grands amateurs de l'univers Bicolline, ils rendent hommage à Mac Tavish, seigneur du royaume de Bicolline qui repose en paix. Un hommage à sa sagesse et à sa vaillance.

D'une belle couleur ambrée, cette Pale Ale offre un nez franc d'agrumes provenant du houblon sélectionné. En bouche, la bière est accrocheuse et son amertume est tout aussi franche. Elle laisse une agréable sensation de fraîcheur qui invite à une seconde gorgée.

√SUGGESTION   Un gravlax de saumon au houblon, de la main de Frank Chaumanet, chef du Trou du diable.

√APPRÉCIATION   Proche des American Pale Ales de nos voisins du Sud, la bière conserve très peu de notes maltées pour laisser toute la place au houblon. Si vous n'aimez pas les bières tranchantes, oubliez-la, sinon, courez en acheter.

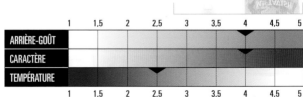

	1	1,5	2	2,5	3	3,5	4	4,5	5
ARRIÈRE-GOÛT							▼		
CARACTÈRE						▼			
TEMPÉRATURE			▼						
	1	1,5	2	2,5	3	3,5	4	4,5	5

PALE ALE

PEAU D'OURS

Le Bilboquet

Ambrée
Tranchante

500 ml		5 % alc./vol.
TOUTE L'ANNÉE	QUÉBEC	ÉPICERIE

Résultat d'un pacte amer, la Peau d'ours dévoile une douceur qui, de réputation, se révélait austère, nous informe la brasserie.

Une mousse généreuse et bien aérée, indiquant un houblonnage abondant. Au nez, des notes de houblon se révèlent sous forme d'agrumes et de pins. En bouche, la bière est mince, et l'amertume vient attaquer le palais sans ménagement. Les amateurs du style apprécieront.

√SUGGESTION   Des plats épicés et piquants.

√APPRÉCIATION   Très tranchante, cette Peau d'ours plaira à l'amateur du genre. Elle possède en outre un faible taux d'alcool, ce qui donne une bière au corps mince et donc très désaltérante.

	1	1,5	2	2,5	3	3,5	4	4,5	5
ARRIÈRE-GOÛT								▼	
CARACTÈRE							▼		
TEMPÉRATURE			▼						
	1	1,5	2	2,5	3	3,5	4	4,5	5

Ambrée Tranchante

473 ml 8 % alc./vol.

TOUTE L'ANNÉE QUÉBEC ÉPICERIE

Disponible en canette, cette Double IPA propose un houblonnage de Cascade et de Chinook pour un IBU de 75.

Sa mousse en dentelle est fort agréable. Au nez, elle présente des notes légèrement résineuses de houblon. En bouche, la bière est marquée par une rondeur, très vite dominée par une amertume franche et puissante.

√ SUGGESTION Un fromage à pâte semi-ferme et à croûte lavée.

√ APPRÉCIATION Pour les amateurs de Double IPA plus inspirés par des méthodes de brassage à l'anglaise qu'à la nord-américaine. Un retour aux sources après avoir passé par la côte ouest.

	1	1,5	2	2,5	3	3,5	4	4,5	5
ARRIÈRE-GOÛT						▼			
CARACTÈRE							▼		
TEMPÉRATURE			▼						
	1	1,5	2	2,5	3	3,5	4	4,5	5

DOUBLE IPA

COLORADO Microbrasserie Le Castor

Ambrée
Mordante

500 ml		6,2 % alc./vol.
TOUTE L'ANNÉE	QUÉBEC	ÉPICERIE

Brassée à l'aide d'une levure de type *Brettanomyces* en milieu sans oxygène. Houblonné avec des houblons du Pacifique.

Intéressant que de sentir cette bière et d'y découvrir les arômes typiques de la « Brett ». On y perçoit à peine les houblons. En bouche, la bière offre une acidité qui s'exprime bien et qui se présente en crescendo. Attention, l'expérience est totalement différente si on la boit jeune ou vieille.

√SUGGESTION   Les fromages affinés à pâte semi-ferme.

√APPRÉCIATION Une bière laboratoire. On apprécie d'y découvrir le caractère de la levure et l'apport des houblons. À boire jeune ou vieillie en cave.

NOUVEAUTÉ DE CETTE ÉDITION

	1	1,5	2	2,5	3	3,5	4	4,5	5
ARRIÈRE-GOÛT					3				
CARACTÈRE				2,5					
TEMPÉRATURE				2,5					
	1	1,5	2	2,5	3	3,5	4	4,5	5

AMERICAN WILD ALE

ROUSSES

Des bières qui sont caramélisées si brassées avec des ingrédients nobles et qui développent des arômes différents allant de caramel à céréales grillées. Elles peuvent être très faiblement houblonnées ou très fortement amères.

DOUCES

RONDES

AMÈRES

TRANCHANTES

ÉPICÉE

FUMÉE

BORÉALE ROUSSE — Les Brasseurs du Nord

Rousse Douce

341 ml   5 % alc./vol.

TOUTE L'ANNÉE   QUÉBEC   ÉPICERIE

La bière qui a fait la renommée des Brasseurs du Nord. À l'époque, le pari était très audacieux de proposer une bière de couleur rousse à des consommateurs peu habitués à ce genre de produit. La Boréale Rousse est la première Rousse «microbrassée» au Québec, elle est souvent considérée comme la référence.

Une mousse bien blanche vient se poser sur une bière de couleur rousse, aux reflets orangés. Au nez, ce sont des notes de céréales et de caramel qui s'offrent à vous. En bouche, la bière est douce, laissant paraître quelques notes de caramel et de céréales. La finale est courte et très légèrement amère.

√SUGGESTION   Un fromage à pâte semi-ferme et à croûte lavée légèrement fruité.

√APPRÉCIATION   Une Rousse douce dans la plus pure tradition du style fort apprécié des consommateurs québécois. Si vous aimez les bières aux accents de céréales et de caramel, n'hésitez pas à la laisser dans le frigo jusqu'à la prochaine gorgée.

	1	1,5	2	2,5	3	3,5	4	4,5	5
ARRIÈRE-GOÛT			▼						
CARACTÈRE					▼				
TEMPÉRATURE				▼					
	1	1,5	2	2,5	3	3,5	4	4,5	5

RED ALE

BRASSE-CAMARADE
La Barberie

Rousse
Douce

500 ml   6,5 % alc./vol.

| TOUTE L'ANNÉE | QUÉBEC | ÉPICERIE |

La Barberie soutenant l'entrepreneuriat, une partie des profits de la Brasse-Camarade est versée au Fonds d'emprunt du Québec, entreprise d'économie sociale qui aide au développement des petites entreprises.

Au Québec, on l'appellerait Rousse, elle porte d'ailleurs si joliment son nom. Au nez, des notes de caramel sont bien présentes. En bouche, la bière se laisse apprivoiser sous des notes céréalières et légèrement amères. La finale est courte.

√ SUGGESTION   Quelques arachides grillées au miel et des amis, le début d'une belle soirée.

√ APPRÉCIATION   Ni trop forte ni trop douce, cette Brasse-Camarade offre un caractère équilibré qui plaira à l'amateur de Rousse. Peut-on uniquement parler de couleur ? Bien sûr que non, mais lorsqu'on parle de Rousse, on parle de ce genre de bière, douce et peu amère avec quelques saveurs caramélisées.

	1	1,5	2	2,5	3	3,5	4	4,5	5
ARRIÈRE-GOÛT			▼						
CARACTÈRE					▼				
TEMPÉRATURE				▼					
	1	1,5	2	2,5	3	3,5	4	4,5	5

RED ALE

ENGLISH BAY PALE ALE   Granville Island Brewing

Rousse **Douce**

473 ml   5 % alc./vol.

TOUTE L'ANNÉE   COLOMBIE-BRITANNIQUE   ÉPICERIE

Fondée en 1984, la Granville Island Brewing Company est aujourd'hui propriété du groupe Molson qui distribue sa bière partout au Canada.

Une belle mousse généreuse prend forme. Au nez, des notes de malts caramélisés sont typiques du style. En bouche, la bière est douce et principalement axée sur le sucre du malt. Très peu d'amertume en finale.

√ **SUGGESTION**   La bière qui accompagne vos repas sur le pouce du milieu de la semaine.

√ **APPRÉCIATION**   Cette Pale Ale douce ne sera fort probablement pas la bière la plus incroyable que vous aurez bue, mais fort probablement celle que vous reprendrez. Mission accomplie.

PALE ALE

	1	1,5	2	2,5	3	3,5	4	4,5	5
ARRIÈRE-GOÛT			▼						
CARACTÈRE		▼							
TEMPÉRATURE			▼						
	1	1,5	2	2,5	3	3,5	4	4,5	5

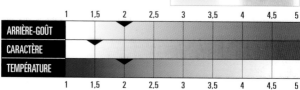

IRISH HEAD ALE

Le Bockale

Rousse Douce

500 ml		5,5 % alc./vol.
TOUTE L'ANNÉE	QUÉBEC	ÉPICERIE

Inspirée par les Red Ale irlandaises que l'on boit à la température de la cave, dans les nombreux pubs anglais, cette Irish Head Ale fait partie de la gamme régulière du Bockale, situé à Drummondville.

Au nez, elle vous offrira des arômes discrets de caramel comme beaucoup d'autres bières du même style. C'est en bouche qu'elle se démarque. Son équilibre entre les saveurs légèrement épicées de la levure, les malts caramel et les houblons en font une bière très agréable à boire tout au long de la soirée. C'est d'ailleurs clairement le but avoué sur la contre-étiquette.

√ SUGGESTION   Une soirée dans un pub.

√ APPRÉCIATION   Elles sont un peu cachées par toutes les nouvelles tendances, mais une bonne «rousse» de temps en temps, ça fait la job. En voilà une qui va vous accompagner tout au long de la soirée.

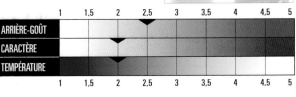

	1	1,5	2	2,5	3	3,5	4	4,5	5
ARRIÈRE-GOÛT				▼					
CARACTÈRE			▼						
TEMPÉRATURE			▼						
	1	1,5	2	2,5	3	3,5	4	4,5	5

IRISH RED ALE   Microbrasserie Coaticook

Rousse
Douce

500 ml   4,2 % alc./vol.

| TOUTE L'ANNÉE | QUÉBEC | ÉPICERIE |

Brassée avec des céréales torréfiées telles que l'orge et le blé. La brasserie Coaticook commence à distribuer ses produits au moment d'écrire ces lignes.

Une belle mousse dense. Le malt s'exprime tellement bien qu'on le sent pendant le service. Cela rappelle des arômes typiques de certaines Ales britanniques, c'est bon signe. En bouche, la bière est douce, le malt confirme sa présence et l'amertume est faible.

√SUGGESTION   Un mijoté d'agneau à l'anglaise.

√APPRÉCIATION   Quelle belle découverte! La brasserie nous offre une très belle interprétation du style. C'est fort agréable.

NOUVEAUTÉ
DE CETTE ÉDITION

	1	1,5	2	2,5	3	3,5	4	4,5	5
ARRIÈRE-GOÛT				▼					
CARACTÈRE			▼						
TEMPÉRATURE			▼						
	1	1,5	2	2,5	3	3,5	4	4,5	5

LA BONNE AVENTURE Pit Caribou

Rousse **Douce**

500 ml 5 % alc./vol.

TOUTE L'ANNÉE QUÉBEC ÉPICERIE

Baptisée en l'honneur de l'île Bonaventure, que l'on peut apercevoir depuis la brasserie, cette Red Ale puise sa source d'inspiration dans les styles britanniques Bitter et Alt, selon la brasserie.

Une belle couleur rousse et une mousse laissant une dentelle soulignent cette bière. Au nez, des notes de caramel et céréales rôties sont présentes. En bouche, la bière est douce et sa finale offre une très légère amertume. Une bière tout en douceur.

√ SUGGESTION Un plateau de charcuteries avec quelques moutardes artisanales, la bière y apportera de la douceur.

√ APPRÉCIATION La brasserie ayant puisé son inspiration dans les Bitters et les Alts. Elle a cependant offert un produit de couleur plus foncée que les styles d'inspiration.

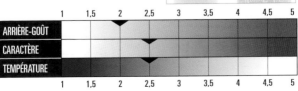

	1	1,5	2	2,5	3	3,5	4	4,5	5
ARRIÈRE-GOÛT			▼						
CARACTÈRE				▼					
TEMPÉRATURE				▼					
	1	1,5	2	2,5	3	3,5	4	4,5	5

ALT

Rousse
Douce

500 ml		5,5 % alc./vol.
TOUTE L'ANNÉE	QUÉBEC	ÉPICERIE

Jeune brasserie située à Neuville. L'esprit de Clocher propose cette Rousse irlandaise en 500 ml. Format idéal pour ce type de bière.

Belle mousse crémeuse et persistante. Au nez, les malts caramélisés se prononcent très bien. En bouche, la bière est douce et la finale offre une légère amertume de céréales et de houblon.

√SUGGESTION   Un fromage à pâte semi-ferme et un petit chutney d'oignons.

√APPRÉCIATION   Quelle agréable bière que cette Porte Bonheur. Son nom lui va si bien. Une très belle découverte.

NOUVEAUTÉ
DE CETTE ÉDITION

IRISH RED ALE

	1	1,5	2	2,5	3	3,5	4	4,5	5
ARRIÈRE-GOÛT			▼						
CARACTÈRE			▼						
TEMPÉRATURE			▼						
	1	1,5	2	2,5	3	3,5	4	4,5	5

Rousse Douce

500 ml		5,3 % alc./vol.
TOUTE L'ANNÉE	QUÉBEC	ÉPICERIE

Cette Red Ale, brassée au Lac-Saint-Jean, utilise des céréales issues d'une agriculture biologique certifiée.

Une belle Rousse et sa mousse blanche se profilent dans la pinte. Au nez, des arômes de céréales caramélisées sont très présents. En bouche, la bière surfe sur des notes de noix provenant des céréales. Elle est douce et accompagnée d'une très légère amertume.

√SUGGESTION   Accompagne un repas de cabane à sucre sans tomber dans l'excès d'une boisson trop sucrée.

√APPRÉCIATION   Une Rousse québécoise comme on les aime. Ses arômes sont l'exemple typique d'une Red Ale 100 % pur malt. Elle est très bien réussie pour le style, tout simplement.

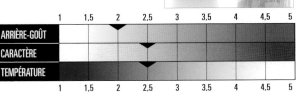

	1	1,5	2	2,5	3	3,5	4	4,5	5
ARRIÈRE-GOÛT			▼						
CARACTÈRE				▼					
TEMPÉRATURE				▼					

RED ALE

DUMDUMINATOR

Les Brasseurs du Temps

Rousse Ronde

750 ml		8 % alc./vol.
TOUTE L'ANNÉE	QUÉBEC	ÉPICERIE

La bière préférée du maître brasseur Dominique Gosselin selon ses dires et ses nombreuses descentes de pintes reconnues dans le milieu. Cette Dumduminator est un hommage aux bières fortes allemandes dont le nom se termine par le suffixe -ator

Une mousse un peu fuyante laisse place à une bière rousse foncée, à la limite de la couleur brune. Au nez, des arômes de malt, de levure et d'épices se partagent la vedette. En bouche, la bière est ronde, alcoolisée et sa finale est courte. On y perçoit quand même une très légère amertume provenant du grain.

√**SUGGESTION** Un mijoté avec une viande de votre choix, ce qui compte, c'est la sauce, résultat d'une cuisson lente pendant quelques heures.

√**APPRÉCIATION** Un classique que j'ai toujours dans mon frigo. Il n'y a pas de demi-mesure avec cette bière. Vous cherchez un produit rond en bouche et bien sucré, vous avez trouvé.

	1	1,5	2	2,5	3	3,5	4	4,5	5
ARRIÈRE-GOÛT				▼					
CARACTÈRE				▼					
TEMPÉRATURE				▼					
	1	1,5	2	2,5	3	3,5	4	4,5	5

DOPPELWEIZENBOCK

GROS MOLLET — Microbrasserie du Lac Saint-Jean

Rousse Ronde

500 ml		7,8 % alc./vol.
TOUTE L'ANNÉE	QUÉBEC	ÉPICERIE

S'inspirant des légendes et histoires de la région du Lac-Saint-Jean, la brasserie rend hommage à Gros Mollet, un illustre personnage de la région. Cette Double est également disponible en plusieurs versions millésimées à la brasserie.

Une belle mousse laissant une dentelle sur le verre surplombe une bière aux reflets de caramel. Au nez, les arômes de caramel sont dominants. En bouche, la bière est ronde et l'alcool domine les saveurs. La finale est principalement dictée par les sucres résiduels et le taux d'alcool.

√SUGGESTION   Une fondue au fromage au vin blanc. La légère acidité du vin blanc équilibrera parfaitement ce mariage aux accents réconfortants.

√APPRÉCIATION   Une Double à l'esprit belge. Des notes très sucrées sur une base alcoolisée assez imposante pour offrir de la rondeur, mais pas trop lourdes pour masquer les saveurs des céréales. Idéale pour une dégustation à l'aveugle avec quelques cousines belges.

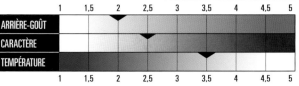

	1	1,5	2	2,5	3	3,5	4	4,5	5
ARRIÈRE-GOÛT			▼						
CARACTÈRE				▼					
TEMPÉRATURE						▼			
	1	1,5	2	2,5	3	3,5	4	4,5	5

DOUBLE

COLBORNE

Microbrasserie Le Naufrageur

Rousse
Amère

500 ml		5 % alc./vol.
TOUTE L'ANNÉE	QUÉBEC	ÉPICERIE

En hommage au *Colborne*, voilier de 350 tonnes qui s'échoua avec 40 caisses d'or destiné aux soldats anglais. Seuls six survivants eurent une vie très heureuse, sans que personne ne sache où est passé l'or.

Dans une pinte, la bière s'exprime pleinement et son effervescence est des plus vives. La mousse se disperse lentement. Au nez, des notes de céréales caramélisées et de caramel appuient quelques saveurs de pain. En bouche, la bière est douce, laissant place à une finale légèrement amère.

√**SUGGESTION** Une chaudrée du pêcheur dans la Baie-des-Chaleurs.

√**APPRÉCIATION** Si vous cherchez une bière aux accents de caramel avec une amertume toute en finesse, la voici. Sympathique interprétation du style Red Ale, elle a tout pour plaire.

	1	1,5	2	2,5	3	3,5	4	4,5	5
ARRIÈRE-GOÛT			▼						
CARACTÈRE					▼				
TEMPÉRATURE			▼						
	1	1,5	2	2,5	3	3,5	4	4,5	5

RED ALE

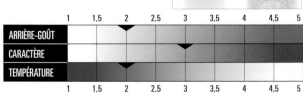

Située à Rouyn-Noranda, la brasserie Le Trèfle Noir vous offre une India Pale Ale aux inspirations américaines, soit légèrement plus houblonnée que ses cousines anglaises.

Des arômes francs d'agrumes et de résine de houblon se démarquent au nez. En bouche, la bière est maltée et ronde, laissant place à une finale très résineuse sur une amertume compensée par le sucre résiduel de la bière. Quelques saveurs de caramel se pointent discrètement pendant la dégustation.

√**SUGGESTION**   Un poulet au cari pas trop relevé et bien crémeux.

√**APPRÉCIATION**   Même si elle ne ressemble pas à ses cousines américaines, son houblonnage intensif en fait une bière amère, épaulé par un sucre résiduel plus important que celui de la plupart des bières du même style.

INDIA PALE ALE

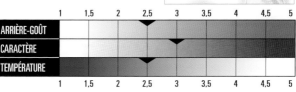

	1	1,5	2	2,5	3	3,5	4	4,5	5
ARRIÈRE-GOÛT				▼					
CARACTÈRE					▼				
TEMPÉRATURE				▼					

Contenant une faible quantité de blé grillé, cette Red Ale, plus connue sous le nom de Rousse, s'inspire des recettes des pays anglo-saxons.

Une mousse riche et crémeuse s'installe rapidement au-dessus du verre pour laisser, tout aussi rapidement, de la place à une sublime dentelle surmontant cette bière aux couleurs rouge orangé. Au nez, des notes légères de caramel et de noix se font discrètes. En bouche, la bière est douce. Ses saveurs sont principalement dictées par les malts et céréales utilisés. L'amertume est légère, mais bien perceptible.

√ SUGGESTION   Un Fish and Chips maison, ce n'est pas si long à faire.

√ APPRÉCIATION   Voilà ce qu'on attend d'une Rousse. Une légère pointe de céréales et de caramel au nez, suivie d'une douceur rapidement épaulée par une amertume pas trop soutenue. Mission accomplie pour cette Griffon Rousse.

	1	1,5	2	2,5	3	3,5	4	4,5	5
ARRIÈRE-GOÛT			▼						
CARACTÈRE					▼				
TEMPÉRATURE				▼					
	1	1,5	2	2,5	3	3,5	4	4,5	5

RED ALE

SCIE TROUILLARDE DOUBLE

Rousse / **Amère**

Les Brasseurs du Temps

750 ml   7 % alc./vol.

AUTOMNE	QUÉBEC	ÉPICERIE

C'est l'histoire d'un brasseur qui avait envie de rendre hommage à la tarte à la citrouille de sa maman. Il brassa cette bière aux accents de muscade, de cannelle, d'épices et de vraies citrouilles.

Une belle mousse invitante s'efface très lentement sur les parois du verre. La couleur se rapproche d'une Rousse. Au nez, la bière rappelle les desserts d'automne, on y sent de la cannelle et de la muscade. En bouche, le sucre des céréales se réveille, très vite distancé par une petite amertume fort agréable.

√ **SUGGESTION**   Une tarte à la citrouille, une boule de crème glacée vanille et un grand verre de Scie Trouillarde Double.

√ **APPRÉCIATION**   Une des rares bières d'automne qui ne tombe pas dans la caricature des bières sucrées. On aime sa légère amertume qui vient équilibrer les épices et le sucre résiduel.

	1	1,5	2	2,5	3	3,5	4	4,5	5
ARRIÈRE-GOÛT				▼					
CARACTÈRE						▼			
TEMPÉRATURE					▼				

BIÈRE AUX HERBES OU AROMATES

SIMPLE MALT ALTBIER   Brasseurs Illimités

Rousse Amère

500 ml   6,6 % alc./vol.

TOUTE L'ANNÉE   QUÉBEC   ÉPICERIE

La gamme de produits Simple Malt se décline en plusieurs variétés de bières qui s'inspirent librement des styles historiques.

Après un superbe col de mousse, la bière s'installe tranquillement dans le verre. Au nez, des notes de fruits secs et de pain grillé s'invitent sans gêne. En bouche, la bière est sèche, laissant peu de place au sucre résiduel. Son amertume provient du malt et du houblon sélectionnés.

√SUGGESTION   Viandes blanches sur le BBQ, marinées dans une préparation à base de vinaigre de malt.

√APPRÉCIATION   Si vous n'aimez pas les bières sucrées et caramélisées avec une amertume de houblon légèrement florale, cette bière est pour vous. Elle est tout le contraire et plaira aux amateurs qui veulent changer les sensations sur leurs papilles.

	1	1,5	2	2,5	3	3,5	4	4,5	5
ARRIÈRE-GOÛT					▼				
CARACTÈRE						▼			
TEMPÉRATURE				▼					
	1	1,5	2	2,5	3	3,5	4	4,5	5

ALT

Rousse
Amère

473 ml   8,6 % alc./vol.

| TOUTE L'ANNÉE | QUÉBEC | ÉPICERIE |

Les vins d'orge étaient brassés en Angleterre pour offrir une alternative aux alcools importés. Ils étaient plus alcoolisés que les bières habituellement bues dans les pubs.

Une belle mousse crémeuse se pose sur ma bière de couleur roux-acajou. Au nez, le chocolat praliné me surprend. On y perçoit par la suite des notes de caramel salé. C'est très agréable. En bouche, la bière est un mélange de rondeur et d'amertume. C'est cette dernière qui domine.

√SUGGESTION   Un plateau de fromages aux caractères forts.

√APPRÉCIATION   Très agréable découverte que ce vin d'orge d'Alma. Les arômes sont magnifiques. Ça invite à le découvrir délicatement.

NOUVEAUTÉ
DE CETTE ÉDITION

	1	1,5	2	2,5	3	3,5	4	4,5	5
ARRIÈRE-GOÛT						▼			
CARACTÈRE					▼				
TEMPÉRATURE						▼			
	1	1,5	2	2,5	3	3,5	4	4,5	5

BARLEY WINE

Rousse Tranchante

341 ml 6,5 % alc./vol.

TOUTE L'ANNÉE · QUÉBEC · ÉPICERIE

Inspirée par ses consœurs de la côte ouest américaine, cette India Pale Ale est plus houblonnée et plus forte que ses cousines anglaises. Produit vedette au Brouepub de Montréal, il a fait la notoriété de la brasserie avant que celle-ci n'embouteille ses produits.

Une mousse abondante prend d'assaut le verre, laissant place à une dentelle. La bière est rousse aux reflets acajou. Au nez, des notes résineuses et d'agrumes sont typiques des houblons utilisés. En bouche, la bière offre des saveurs de caramel très vite accompagnées d'une amertume loin d'être discrète.

√SUGGESTION   Un plat épicé aux différents caris.

√APPRÉCIATION   Valeur sûre dans votre frigo, cette Corne du Diable saura réveiller vos papilles à la première gorgée. Devenue la référence des American Pale Ales au Québec, elle a défini un nouveau style : les Quebec Pale Ales, à l'amertume franche mais au corps légèrement plus malté.

	1	1,5	2	2,5	3	3,5	4	4,5	5
ARRIÈRE-GOÛT								▼	
CARACTÈRE							▼		
TEMPÉRATURE					▼				
	1	1,5	2	2,5	3	3,5	4	4,5	5

INDIA PALE ALE

Houblonnée pendant 90 minutes avant la fin de l'ébullition, cette IPA américaine est un pied de nez aux nombreux barils de bière détruits pendant la période de la prohibition et un hommage aux brasseurs qui utilisèrent des houblons amérisants à la reprise de la production.

Un superbe col de mousse s'installe dans mon verre et surmonte une IPA américaine aux couleurs plus sombres qu'à l'habitude. Au nez, des saveurs de caramel et légèrement herbacées laissent place à une bière amère en bouche. La finale est longue et amère. Une des rares bières québécoises offrant une finale aussi longue.

√ SUGGESTION   Une terrine de campagne aux quatre poivres. L'amertume et le poivre feront valser vos papilles.

√ APPRÉCIATION   Pour les amateurs de houblon, cette IPA américaine est un hommage aux nombreuses bières du même style, brassée chez nos voisins du Sud et offrant une amertume tranchante.

AMERICAN IPA

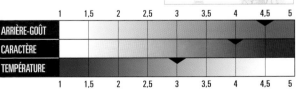

	1	1,5	2	2,5	3	3,5	4	4,5	5
ARRIÈRE-GOÛT								▼	
CARACTÈRE						▼			
TEMPÉRATURE					▼				
	1	1,5	2	2,5	3	3,5	4	4,5	5

ROUTE DES ÉPICES

Dieu du Ciel !

Rousse Épicée

341 ml

5,3 % alc./vol.

AUTOMNE | QUÉBEC | ÉPICERIE

Basée sur une Rye Pale Ale (bière de seigle), cette Route des épices est brassée avec du poivre lui donnant un caractère tout à fait particulier.

Un nez de poivre se fait largement sentir. Il provient du poivre ajouté mais également du seigle utilisé pendant le brassage. En bouche, la bière est douce et développe des notes de caramel. La finale est poivrée sans pour autant être désagréable.

√**SUGGESTION** Utilisez cette bière pour réaliser un mijoté de bœuf. Succès garanti.

√**APPRÉCIATION** Même si la première version de cette bière était beaucoup plus poivrée et marquée, ce qui plaisait à beaucoup d'amateurs du genre, l'équilibre atteint aujourd'hui en fait une bière agréable et plus grand public. À essayer pour le plaisir de découvrir une création originale d'un de nos brasseurs québécois.

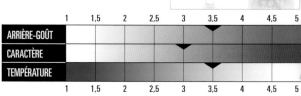

	1	1,5	2	2,5	3	3,5	4	4,5	5
ARRIÈRE-GOÛT						3,5			
CARACTÈRE					3				
TEMPÉRATURE						3,5			
	1	1,5	2	2,5	3	3,5	4	4,5	5

Le premier local qui a abrité les installations de la brasserie a brûlé en 1964. Cette Rousse fumée s'inspire des Lagers fumées de Bavière.

La première fois que j'ai senti cette bière, elle m'a fait penser à un sac de chips au barbecue de la marque Lay's, les Grills. On ne les trouve qu'en Belgique, il me semble. Je viens d'ouvrir la bouteille et je retrouve encore cette sensation particulière. C'est réconfortant. En bouche, la bière propose des notes fumées mais pas trop expressives. Bref, c'est vraiment un sac de « grills » liquide.

√ SUGGESTION   À votre avis ?

√ APPRÉCIATION   Cette bière ne doit pas changer. C'est sans aucun doute ma bière fumée préférée depuis très longtemps. Un coup de cœur et je suis ravi de la voir, enfin, distribuée en bouteille.

NOUVEAUTÉ
DE CETTE ÉDITION

	1	1,5	2	2,5	3	3,5	4	4,5	5
ARRIÈRE-GOÛT				▼					
CARACTÈRE			▼						
TEMPÉRATURE						▼			
	1	1,5	2	2,5	3	3,5	4	4,5	5

RAUCHBIER

BRUNES

On les associe souvent aux bières les plus sucrées mais ce n'est pas forcément vrai. Les bières brunes peuvent être brassées avec des céréales de couleur brune, leurs donnant des arômes de mélasse, de céréales cuites ou de chocolat. Elles peuvent également être brassées avec l'ajout de sucre candi ou de mélasse, leur donnant des notes de sucre candi et de mélasse, tout simplement.

DOUCES

RONDES

LIQUOREUSES

AMÈRE

TRANCHANTES

FUMÉES

Brune Douce	600 ml		4,7 % alc./vol.
	TOUTE L'ANNÉE	QUÉBEC	ÉPICERIE

Du nom d'une ancienne échelle de calcul de l'alcool, plus la bière avait un chiffre bas moins elle contenait d'alcool. On les brassait pour la consommation de tous les jours, elles sont aujourd'hui les témoins de l'histoire brassicole qui prouve que tout le monde buvait de la bière, tous les jours, il y a presque deux siècles.

À la limite de la couleur rousse, on se présente devant une bière qui perd sa mousse assez rapidement. Au nez, les arômes sont ceux d'une céréale bien torréfiée, d'un biscuit bien sucré et d'une légère pointe de fumée. En bouche, la bière présente un bel équilibre de l'ensemble des ingrédients. C'est très agréable.

√SUGGESTION   Un plateau de cheddar anglais.

√APPRÉCIATION Bien exécutée que cette «table beer» comme aime indiquer la brasserie. Des bières faibles en alcool mais qui ont du goût. Il est agréable de profiter d'un brassage judicieux et adéquat. Une pause parfaite entre une bière bien houblonnée et une bière acidulée.

NOUVEAUTÉ
DE CETTE ÉDITION

SCOTTISH ALE

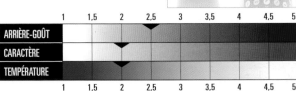

	1	1,5	2	2,5	3	3,5	4	4,5	5
ARRIÈRE-GOÛT				▼					
CARACTÈRE			▼						
TEMPÉRATURE			▼						
	1	1,5	2	2,5	3	3,5	4	4,5	5

Brune	341 ml		5,8 % alc./vol.
Douce	TOUTE L'ANNÉE	QUÉBEC	ÉPICERIE

Dans la même famille que la fameuse Belle Gueule HefeWeizen, cette Dunkel Weizen vient compléter le trio disponible en carton de 6 partout au Québec. Pour amateurs de bières de blé allemandes.

Une mousse crémeuse et légèrement de couleur crème se pose sur une bière d'une belle couleur brune. Au nez, la banane typique de la levure est présente mais loin d'être dominante. On y trouve également quelques notes de caramel. En bouche, la bière est légèrement fumée et sa finale est sur le sucre résiduel mais sans être trop ronde.

√ SUGGESTION   Un jambon à la bière cuit dans la même bière.

√ APPRÉCIATION L'utilisation des malts caramels et malts bruns avec la levure typique employée par le brasseur donne un résultat très sympathique. J'apprécie la sensation en bouche et les notes de caramel qui s'offrent à la première gorgée.

	1	1,5	2	2,5	3	3,5	4	4,5	5
ARRIÈRE-GOÛT			▼						
CARACTÈRE			▼						
TEMPÉRATURE					▼				
	1	1,5	2	2,5	3	3,5	4	4,5	5

DUNKELWEIZEN

267

Brune	341 ml		6,5 % alc./vol.
Douce	TOUTE L'ANNÉE	QUÉBEC	ÉPICERIE

La plus ancienne Brune au Miel sur le marché. Elle est brassée depuis de très nombreuses années dans la sympathique brasserie du Lièvre à Mont-Laurier.

Une mousse en dentelle s'invite dans le verre. La bière est d'une belle vitalité. Au nez, des arômes légers de miel et d'effluves sucrés se présentent sans excès. En bouche, la bière est douce, et seule son effervescence, plus élevée qu'à l'habitude, vient troubler cette douceur et rondeur.

√ SUGGESTION   Un plat de gibier en sauce et une soirée d'automne entre amis.

√ APPRÉCIATION   Douce et ronde en entrée de bouche, elle se révèle un peu plus caractérielle à la seconde gorgée. Cette Brune douce au miel plaira aux convives qui veulent découvrir les saveurs habituelles des bières brunes, accompagnées d'une légère amertume provenant des céréales et des houblons choisis.

BROWN ALE

	1	1,5	2	2,5	3	3,5	4	4,5	5
ARRIÈRE-GOÛT			▼						
CARACTÈRE					▼				
TEMPÉRATURE				▼					
	1	1,5	2	2,5	3	3,5	4	4,5	5

Douce

Les English Brown Ale sont de moins en moins brassées car très souvent remplacées par des bières plus houblonnées et plus typées. Cette version nous est offerte par la brasserie Frampton Brasse qui brasse également d'autres bières d'inspiration anglaise.

Avez-vous vu cette mousse ? Aucun trucage. Elle est persistante. La bière est d'une belle couleur brun noisette. Rien qu'au visuel, je l'aime déjà. Au nez, la bière offre timidement des arômes de céréales et de biscuits. En bouche, la bière est mince et sa finale est définitivement axée sur la céréale et les malts torréfiés, sans tomber dans l'excès. J'y perçois également une légère touche métallique provenant de la levure. Ce n'est pas un défaut mais une caractéristique perceptible chez certaines levures anglaises.

√ SUGGESTION   Un mijoté d'agneau à l'anglaise et un terrible accent british.

√ APPRÉCIATION   Une très belle découverte que cette Dorchester. Elle me fait penser qu'il faudrait que je retourne en Angleterre pour apprécier la simplicité de la bière. On a tendance à l'oublier parfois.

NOUVEAUTÉ
DE CETTE ÉDITION

	1	1,5	2	2,5	3	3,5	4	4,5	5
ARRIÈRE-GOÛT			▼						
CARACTÈRE			▼						
TEMPÉRATURE		▼							
	1	1,5	2	2,5	3	3,5	4	4,5	5

ENGLISH BROWN ALE

J'aime beaucoup la description sur la contre-étiquette de la bouteille. C'est tout à fait vrai. Et de ne pas vous en parler plus n'est pas très sympathique de ma part. J'assume.

En voilà une bière qui a fière allure. La mousse est belle, le verre est attirant. Au nez, la céréale laisse s'exprimer ses arômes de biscuit et pain grillé. En bouche, la bière est douce et le malt confirme sa présence. C'est un excellent exemple du style.

√ SUGGESTION   Fish and Chips, croyez-moi !

√ APPRÉCIATION   J'aime cette bière. Elle a réussi à me séduire par ses arômes délicats mais surtout son équilibre. On est loin des bières extravagantes. Avez-vous lu la contre-étiquette ?

BROWN ALE

	1	1,5	2	2,5	3	3,5	4	4,5	5
ARRIÈRE-GOÛT			▼						
CARACTÈRE			▼						
TEMPÉRATURE					▼				
	1	1,5	2	2,5	3	3,5	4	4,5	5

NECTAREÜS

Brasseurs du Monde

Brune Douce

500 ml   6,5 % alc./vol.

TOUTE L'ANNÉE   QUÉBEC   ÉPICERIE

Inspirée des bières égyptiennes auxquelles on ajoutait du miel, cette Brune au miel contient du miel de fleurs sauvages et des céréales grillées.

Une mousse fuyante sur une bière d'un beau brun foncé. Au nez, des notes de biscuit à la mélasse et de miel en émanent. En bouche, la bière est douce et l'amertume de la céréale vient aviver le sucre résiduel. Une finale intéressante.

√ SUGGESTION   Une bière parfaite pour un petit goûter composé de quelques biscuits maison.

√ APPRÉCIATION   Voilà une bière au miel qui ne tombe pas trop sur le cœur mais qui offre une riche finale entre l'amertume de la céréale et le sucre résiduel. Un produit très réussi.

	1	1,5	2	2,5	3	3,5	4	4,5	5
ARRIÈRE-GOÛT			▼						
CARACTÈRE		▼							
TEMPÉRATURE							▼		
	1	1,5	2	2,5	3	3,5	4	4,5	5

BRUNE AU MIEL

ORDRE DE TOAST

Lagabière

Brune **Douce**

500 ml		5 % alc./vol.
TOUTE L'ANNÉE	QUÉBEC	ÉPICERIE

Impossible de sauter le déjeuner avec «l'ordre de toasts» annonce la brasserie. Le style Brown Ale étant reconnu pour mettre en valeur les céréales aux arômes de toasts brûlés, il n'en fallait pas plus à la brasserie pour proposer ce jeu de mots.

Une belle mousse abondante se profile sur mon verre. Au nez, la bière me rappelle mes derniers toasts «pain brun» qui accompagnaient mon déjeuner. C'est une signature de ce style. En bouche, la bière est douce et les céréales accompagnent la dégustation jusqu'à la dernière gorgée. La finale est douce, équilibrée et fort agréable. À ne pas boire trop froide.

√SUGGESTION Une tranche de pain, un jambon d'artisan, une petite moutarde forte.

√APPRÉCIATION Une des meilleures Brown Ale disponible au Québec. Tout simplement.

NOUVEAUTÉ DE CETTE ÉDITION

	1	1,5	2	2,5	3	3,5	4	4,5	5
ARRIÈRE-GOÛT				▼					
CARACTÈRE			▼						
TEMPÉRATURE						▼			
	1	1,5	2	2,5	3	3,5	4	4,5	5

BROWN ALE

ST-AMBROISE BALTIC PORTER McAuslan

Brune
Douce

341 ml   8,2 % alc./vol.

TOUTE L'ANNÉE   QUÉBEC   ÉPICERIE

La brasserie propose ce Baltic Porter depuis plus d'un an maintenant. C'est un hommage aux brasseurs britanniques qui offraient des bières fortes mais rondes et onctueuses, précise la brasserie.

Une mousse discrète, une robe d'un beau noir opaque. Au nez, la bière est généreuse, en offrant des notes de chocolat et de malts rôtis. En bouche, on sent la rondeur de la bière. La finale invite l'alcool, le sucre et les malts torréfiés à se rencontrer jusqu'à la dernière gorgée.

√SUGGESTION   Tout plat avec du sirop d'érable. L'accord est étonnant.

√APPRÉCIATION   Voilà une bière qui est passée un peu sous le radar. Et pourtant, elle mérite d'être la complice de vos soirées d'automne, un morceau de chocolat à la main ou un mijoté à l'érable, par exemple.

	1	1,5	2	2,5	3	3,5	4	4,5	5
ARRIÈRE-GOÛT					▼				
CARACTÈRE					▼				
TEMPÉRATURE						▼			
	1	1,5	2	2,5	3	3,5	4	4,5	5

BALTIC PORTER

BELLE GUEULE WEIZEN BOCK — Les Brasseurs RJ

Brune Ronde	341 ml		7,2 % alc./vol.
	TOUTE L'ANNÉE	QUÉBEC	ÉPICERIE

La plus alcoolisée de la gamme des Weizen de Belle Gueule. À la limite de la couleur noire, les malts foncés utilisés en grande quantité en font une bière haute en saveurs et riche en goût.

Une mousse crémeuse et persistante attend que vous y posiez les lèvres. La bière est plus proche du noir que du brun. Au nez, des notes de caramel cuit et de biscuits aux bananes sont très intéressantes. En bouche, la bière est ronde, chaleureuse et une petite note d'alcool vient titiller vos papilles. La finale est pleine d'épices, de sucre et de banane.

√SUGGESTION Une pièce de viande cuite sur le BBQ, servie avec du gros sel et un excellent poivre blanc.

√APPRÉCIATION Voilà une bière qui ne laisse pas indifférent. Moins ronde que ses cousines Weizen Bock québécoises, elle ne cache cependant pas son sucre résiduel et son taux d'alcool. Un produit à essayer.

	1	1,5	2	2,5	3	3,5	4	4,5	5
ARRIÈRE-GOÛT					▼				
CARACTÈRE						▼			
TEMPÉRATURE						▼			
	1	1,5	2	2,5	3	3,5	4	4,5	5

DOMINUS VOBISCUM DOUBLE

Brune
Ronde

Microbrasserie Charlevoix

500 ml   8 % alc./vol.

TOUTE L'ANNÉE	QUÉBEC	ÉPICERIE

La série Dominus Vobiscum, signifiant «Que le Seigneur soit avec vous» en latin, est un clin d'œil aux nombreuses bières d'abbaye en Belgique. Toute la gamme Dominus Vobiscum offre des bières d'inspiration belge.

Une superbe mousse crémeuse se profile dès les premières gouttes. Sa couleur brune est magnifique. Au nez, c'est un mélange d'épices et de fruits confits qui se présente. En bouche, la bière offre des saveurs épicées et une rondeur d'alcool loin d'être désagréables et fort probablement accentuées par un sucre résiduel loin d'être timide. Sa finale est courte, laissant place à la chaleur de l'alcool et aux notes épicées en rétro-olfaction.

√ **SUGGESTION**   Un fromage bleu affiné quelques mois et au caractère prononcé.

√ **APPRÉCIATION** Légèrement plus épicée que ses cousines belges, cette Double partage cependant une rondeur et une densité marquées dès la première gorgée. Les amateurs de bières de caractère seront comblés.

	1	1,5	2	2,5	3	3,5	4	4,5	5
ARRIÈRE-GOÛT				▼					
CARACTÈRE						▼			
TEMPÉRATURE						▼			
	1	1,5	2	2,5	3	3,5	4	4,5	5

DOUBLE

DOMINUS VOBISCUM HIBERNUS

Brune

Ronde

Microbrasserie Charlevoix

750 ml

10 % alc./vol.

TOUTE L'ANNÉE	QUÉBEC	ÉPICERIE

La série Dominus Vobiscum, signifiant «Que le Seigneur soit avec vous» en latin, est un clin d'œil aux nombreuses bières d'abbaye en Belgique. Toute la gamme Dominus Vobiscum offre des bières d'inspiration belge.

Ses reflets acajou accompagnés d'une superbe dentelle sont très invitants. Au nez, des notes de sucre candi et d'épices sont très fidèles au style. En bouche, la bière est ronde et chaleureuse. On y perçoit quelques subtiles notes de fruits confits. L'alcool domine du haut de ses 10% et offre une finale douce et ronde. Un pur bonheur.

√ SUGGESTION   Une tarte au sirop d'érable.

√ APPRÉCIATION   Une superbe interprétation du style Quadruple. Ronde et chaleureuse, cette Hibernus offre une expérience qui plaira aux amateurs de bières avec du caractère, mais sans amertume. À garder dans son cellier et à boire sans laisser vieillir, la bière est bien trop subtile.

	1	1,5	2	2,5	3	3,5	4	4,5	5
ARRIÈRE-GOÛT			▼						
CARACTÈRE							▼		
TEMPÉRATURE							▼		
	1	1,5	2	2,5	3	3,5	4	4,5	5

QUADRUPLE

ÉQUINOXE DU PRINTEMPS — Dieu du Ciel !

Brune Ronde

341 ml — 9,1 % alc./vol.

PRINTEMPS — QUÉBEC — ÉPICERIE

Équinoxe du printemps est une Scotch Ale brassée avec du sirop d'érable et soulignant le temps des sucres au Québec.

Une mousse riche et crémeuse vous accompagne jusqu'à ce que vous y trempiez les lèvres. La couleur acajou est superbe et représente très bien le style. Au nez, des notes de caramel et de tire d'érable se manifestent. En bouche, la légère amertume du caramel se manifeste, suivie de notes de sucre d'érable et d'alcool. Une Scotch Ale puissante.

√SUGGESTION Quitte à faire exploser les papilles, une tarte au sirop d'érable pendant le temps des sucres. Au diable les résolutions.

√APPRÉCIATION Cette Scotch Ale étonne par la puissance des saveurs et arômes de sucre caramélisé qu'elle propose. Légèrement plus forte de caractère que ses cousines belges, elle plaira aux consommateurs qui apprécient la tire d'érable.

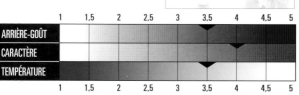

	1	1,5	2	2,5	3	3,5	4	4,5	5
ARRIÈRE-GOÛT						▼			
CARACTÈRE							▼		
TEMPÉRATURE						▼			

HURLEVENT

Le Trèfle Noir

Brune Ronde

500 ml   7,5 % alc./vol.

TOUTE L'ANNÉE   QUÉBEC   ÉPICERIE

Brassée avec du miel local, elle s'inspire des bières Double de Belgique qui utilisent un ajout de sucre pour en augmenter le taux d'alcool.

Une mousse qui se dissipe rapidement. Au nez, la bière est sucrée. On y perçoit du sucre candi mais également du miel foncé. Celui qu'on utilise en cuisine. En bouche, la bière est ronde. Une rondeur qui provient du taux de sucre résiduel et de l'alcool. La finale est sur le miel, les fruits confits et la confiture d'abricot. Une bière digestive.

√SUGGESTION   Sortez-moi des biscuits au miel, un feu de camp et une guitare.

√APPRÉCIATION   Sans complexe, cette Double belge offre une bonne dose de sucre, dans un corps rond et agréable. Elle ne fait pas dans la demi-mesure, c'est ce qu'on lui demande d'ailleurs. Quitte à être ronde, autant qu'elle le soit sans complexe.

NOUVEAUTÉ DE CETTE ÉDITION

DOUBLE BELGE

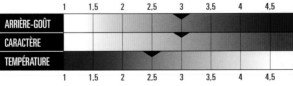

	1	1,5	2	2,5	3	3,5	4	4,5	5
ARRIÈRE-GOÛT					▼				
CARACTÈRE				▼					
TEMPÉRATURE				▼					
	1	1,5	2	2,5	3	3,5	4	4,5	5

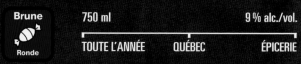

Brune			
Ronde	750 ml		9 % alc./vol.
	TOUTE L'ANNÉE	QUÉBEC	ÉPICERIE

Les Brasseurs du Temps est réputé pour brasser des bières d'envergure, comprendre bien maltées et alcoolisées. Cette Scotch Ale n'échappe pas à la règle.

Lorsque les rayons de soleil traversent sa robe, elle offre de belles couleurs acajou surmontées par une mousse riche et crémeuse. Au nez, des notes de sucre candi et de tourbe. On soupçonne un peu d'ajout de malt fumé dans la recette. En bouche, la bière est ample et sa finale est complexe. Noisettes, tourbe, caramel, sucre candi s'étalent jusqu'à la prochaine gorgée.

√ SUGGESTION   Trouvez-vous un superbe gâteau aux carottes et faites-vous plaisir.

√ APPRÉCIATION Scotch Ale légèrement plus alcoolisée que ses cousines du même style ; le maître brasseur a réussi l'exploit d'offrir un produit très complexe avec un taux d'alcool élevé et une base maltée aussi puissante. À boire tranquillement…

	1	1,5	2	2,5	3	3,5	4	4,5	5
ARRIÈRE-GOÛT				▼					
CARACTÈRE							▼		
TEMPÉRATURE							▼		
	1	1,5	2	2,5	3	3,5	4	4,5	5

SCOTCH ALE

Brune Ronde	750 ml		9 % alc./vol.
	HIVER	QUÉBEC	ÉPICERIE

La version «bière de Noël» de la brasserie. Des bières habituellement brassées à la fin de la période de brassage (octobre) et distribuées aux employés et meilleurs clients. Elle se devait d'être chaleureuse avec une bonne dose d'épices.

Sentez-vous ces arômes d'anis, de sucre et de fruits confits? On ne peut les manquer. En bouche, la bière offre de la douceur et de la rondeur. Ses épices se manifestent à nouveau en rétro-olfaction pour vous laisser sur une note très chaleureuse d'alcool.

√ SUGGESTION   À boire en digestif pendant la période de Noël accompagnée d'un gâteau au fromage.

√ APPRÉCIATION   Une bière de Noël comme je les aime, ses épices sont chaudes et chaleureuses, et son taux d'alcool est loin d'être timide. Sa finale est ronde et sur les notes épicées. Un produit à découvrir et à conserver jusqu'à Noël prochain.

DOUBLE

	1	1,5	2	2,5	3	3,5	4	4,5	5
ARRIÈRE-GOÛT			▼						
CARACTÈRE							▼		
TEMPÉRATURE						▼			
	1	1,5	2	2,5	3	3,5	4	4,5	5

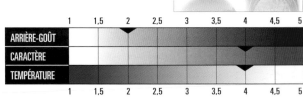

L'ASSOIFFÉE 8 — Brasseurs du Monde

Brune Ronde

341 ml   6,5 % alc./vol.

| TOUTE L'ANNÉE | QUÉBEC | ÉPICERIE |

Un hommage aux moines trappistes qui brassent de la bière depuis des siècles. L'Assoiffée 8 est une bière qui fait partie de la gamme Assoiffée. Elle a fait partie d'un coffret qui comprenait également la 6, 10 et 12.

La couleur rouge acajou est superbe. Les bulles s'amusent à entretenir la mousse riche et crémeuse. Elle surmonte la bière et ne bouge pas, signe d'une belle vitalité de la bière. Au nez, des notes de sucre candi, de noix et de pruneaux confits sont invitantes. En bouche, elle est ronde et maltée. Son amertume est douce, laissant place à beaucoup de rondeur.

√ **SUGGESTION** Le Louis d'Or de la Fromagerie du Presbytère. Cette magnifique tomme de type jurassien offre des notes fruitées et de noisettes que la bière appréciera particulièrement pour le plus grand plaisir de vos papilles.

√ **APPRÉCIATION** Moins complexe que ses cousines belges, cette Assoiffée 8 n'a cependant rien à envier aux Doubles brassées en Belgique. Son corps rond et moelleux en fait une excellente accompagnatrice de vos fins de soirée et ses saveurs discrètes plairont aux amateurs qui découvrent le style.

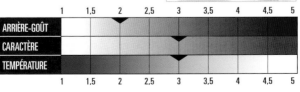

	1	1,5	2	2,5	3	3,5	4	4,5	5
ARRIÈRE-GOÛT			▼						
CARACTÈRE					▼				
TEMPÉRATURE					▼				
	1	1,5	2	2,5	3	3,5	4	4,5	5

DOUBLE

L'ASSOIFFÉE 12

Brasseurs du Monde

Brune Ronde

341 ml — 11 % alc./vol.

TOUTE L'ANNÉE — QUÉBEC — ÉPICERIE

Cette Assoiffée 12 est la plus forte de la gamme des Assoif-fées. Le chiffre 12 fait référence à une ancienne échelle de mesure de la densité de la bière en Belgique.

Une mousse abondante remplit le verre. La bière est très dynamique. Au nez, ce sont les épices qui se manifestent en premier, suivies d'arômes de levure. En bouche, la bière est ronde, avec une bonne dose de sucre résiduel. L'alcool offre une petite pointe d'amertume, mais la rondeur domine.

√**SUGGESTION** Un de vos cigares préférés.

√**APPRÉCIATION** On n'est pas tout à fait dans le style Qua-druple, car son nez d'épices est un petit peu trop marqué pour le genre, mais le produit final est intéressant et original. À décou-vrir à la température de la cave, elle n'en sera que meilleure.

	1	1,5	2	2,5	3	3,5	4	4,5	5
ARRIÈRE-GOÛT			▼						
CARACTÈRE					▼				
TEMPÉRATURE								▼	
	1	1,5	2	2,5	3	3,5	4	4,5	5

QUADRUPLE

LEFFE BRUNE

AB-InBev

Brune
Ronde

330 ml

6,5 % alc./vol.

TOUTE L'ANNÉE | BELGIQUE | ÉPICERIE

La gamme de produits Leffe comprend les bières d'abbaye les plus connues dans le monde. Une bière d'abbaye est une bière associée à une congrégation religieuse soit par son nom, sa recette ou la représentation d'un élément spirituel sur l'étiquette.

De couleur brune aux reflets acajou, cette Leffe brune présente une mousse riche prenant ses aises dans le verre. Des notes de sucre candi brun vous sautent au nez. En bouche, elle est douce et sucrée laissant très peu de place à l'amertume. Sa finale courte est sous le signe du sucre candi.

√SUGGESTION   Le poulet du général Tao, sur fond de saveurs aigres-douces, appréciera les notes douces de la Leffe.

√APPRÉCIATION   Disponible pratiquement partout sur la planète, la Leffe brune est une excellente complice à faible coût pour passer quelques soirées automnales. Son caractère doux et sucré plaira aux personnes qui n'aiment pas les bières amères.

	1	1,5	2	2,5	3	3,5	4	4,5	5
ARRIÈRE-GOÛT		1,5							
CARACTÈRE		1,5							
TEMPÉRATURE					3				

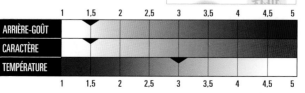

DOUBLE

NUIT D'AUTOMNE

Frampton Brasse

Brune Ronde

341 ml
10 % alc./vol.

| TOUTE L'ANNÉE | QUÉBEC | ÉPICERIE |

Frampton Brasse utilise un système de décoction, assez rare en Amérique du Nord. Cette Quadruple est un hommage à ses cousines belges.

D'une belle couleur brun acajou, la bière est surmontée par une mousse discrète. Au nez, des notes de mélasse et de banane cuite sont intéressantes. En bouche, la bière est chaleureuse et corpulente. Son taux d'alcool se fait bien sentir. Une bière offrant une finale légèrement amère mais principalement sucrée.

√SUGGESTION   Un muffin au chocolat et à la banane juste sorti du four avec un peu de beurre mi-salé.

√APPRÉCIATION   J'ai déjà senti ce nez, il me rappelle la Rochefort 10 lorsqu'elle est fraîche. Le corps, quant à lui, est légèrement plus malté. À consommer après un BBQ, juste avant d'allumer le feu de camp.

	1	1,5	2	2,5	3	3,5	4	4,5	5
ARRIÈRE-GOÛT			▼						
CARACTÈRE						▼			
TEMPÉRATURE						▼			
	1	1,5	2	2,5	3	3,5	4	4,5	5

QUADRUPLE

RIGOR MORTIS ABT

Dieu du Ciel !

Brune Ronde

341 ml
10,5 % alc./vol.

TOUTE L'ANNÉE   QUÉBEC   ÉPICERIE

Elle s'inspire des bières trappistes belges rondes, sucrées et très peu amères. La brasserie vous conseille de la garder pendant quelques mois avant de la boire.

Une belle dentelle se forme sur le verre. La couleur est sublime et correspond tout à fait au style, brune aux reflets acajou. Les arômes sont ceux du sucre candi et d'épices provenant fort probablement des esters de la levure. En bouche, la bière est ronde et sa finale est courte, laissant place à une petite pointe acidulée qui équilibre son taux d'alcool puissant.

√ SUGGESTION   Une carbonnade flamande, le fameux mijoté de bœuf belge que vous aurez cuisiné avec la même bière.

√ APPRÉCIATION   Moins liquoreuses que certaines Quadruples disponibles sur le marché, cette Rigor Mortis offre une finale légèrement plus acidulée que ses cousines belges. Son corps est cependant très malté et sucré. Une bière légèrement plus complexe qu'à l'habitude.

	1	1,5	2	2,5	3	3,5	4	4,5	5
ARRIÈRE-GOÛT				▼					
CARACTÈRE						▼			
TEMPÉRATURE							▼		
	1	1,5	2	2,5	3	3,5	4	4,5	5

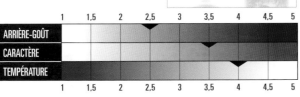

QUADRUPLE

SCOTCH ALE DU NORD
Les Brasseurs du Nord

Brune Ronde

341 ml   7,5 % alc./vol.

TOUTE L'ANNÉE   QUÉBEC   ÉPICERIE

La série Artisan remplace les produits saisonniers d'il y a quelques années.

Belle robe brun-acajou. Au nez, la bière propose un mélange de céréales, de sucre brun, de noix confites et de pruneaux. En bouche, elle est ronde avec une très légère touche fumée, mais c'est la rondeur qui domine. La finale est assez courte, sur le sucre et l'amertume de l'alcool.

√SUGGESTION   Mijoté de veau aux pêches. C'est l'impression que j'ai eue à la première gorgée.

√APPRÉCIATION   Une Scotch Ale plus robuste que ses consœurs. Elle permet d'apprécier les soirées d'hiver. Les versions belges sont un petit peu moins liquoreuses et fumées.

	1	1,5	2	2,5	3	3,5	4	4,5	5
ARRIÈRE-GOÛT				▼					
CARACTÈRE						▼			
TEMPÉRATURE						▼			

TROIS PISTOLES

Unibroue

Brune

Ronde

750 ml

9 % alc./vol.

TOUTE L'ANNÉE   QUÉBEC   ÉPICERIE

À Trois-Pistoles, sur un des murs de l'église, il manque une pierre et gare à celui qui finira la construction de l'église, le cheval noir reviendra le hanter.

Une mousse fugace laisse place à une bière brune aux reflets acajou. Des arômes de sucre candi, d'épices et de caramel se dégagent. Dès la première gorgée, la bière est douce et sa carbonatation, légèrement plus prononcée que chez ses cousines du même style, diminue l'influence des sucres résiduels sur le palais. La finale s'étire sur le sucre et l'alcool, même si celui-ci est moins perceptible que chez certaines bières du même style.

√ **SUGGESTION**   Quelques fromages bleus aux profils différents et aux arômes prononcés. N'oubliez pas les noix de pacane caramélisées au sirop d'érable.

√ **APPRÉCIATION**   Même si elle propose un taux d'alcool avoisinant le 10 %, elle offre un corps et une finale beaucoup plus doux que ses cousines nord-américaines. Plus proche d'une Quadruple belge, elle accompagne à merveille les fromages bleus puissants.

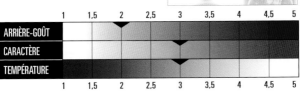

	1	1,5	2	2,5	3	3,5	4	4,5	5
ARRIÈRE-GOÛT			▼						
CARACTÈRE					▼				
TEMPÉRATURE					▼				
	1	1,5	2	2,5	3	3,5	4	4,5	5

WEIZENBOCK

Les Trois Mousquetaires

Brune Ronde

750 ml — 10,5 % alc./vol.

TOUTE L'ANNÉE — QUÉBEC — ÉPICERIE

La gamme Grande Cuvée propose des bières inspirées des grands styles historiques. Traditionnellement brassées en Allemagne, les Weizenbocks sont des bières brunes de blé plus fortes que leurs cousines Dunkel Weizens.

Une belle couleur brun acajou se dessine dans le verre. La mousse est bien présente mais se fait discrète très rapidement. Au nez, des notes légèrement vineuses sont présentes, laissant place à quelques saveurs de fruits confits. En bouche, la bière est ronde et chaleureuse. Très peu d'amertume couvre la richesse de l'alcool.

√ SUGGESTION   Un fromage bleu dans toute sa splendeur et ses arômes.

√ APPRÉCIATION   Voilà une bière digestive qui plaira à l'amateur de bières rondes et chaleureuses. Son alcool, très présent, est agréablement balancé avec les notes légèrement plus acidulées du blé. Une bière à avoir dans sa cave et à servir à cette température.

	1	1,5	2	2,5	3	3,5	4	4,5	5
ARRIÈRE-GOÛT			▼						
CARACTÈRE									
TEMPÉRATURE							▼		
	1	1,5	2	2,5	3	3,5	4	4,5	5

DOPPELBOCK
Les Trois Mousquetaires

Brune Liquoreuse

750 ml   8,6 % alc./vol.

| TOUTE L'ANNÉE | QUÉBEC | ÉPICERIE |

Lager brune forte brassée autrefois pour remplacer les aliments solides pendant la période de carême dans les monastères et abbayes bavarois, cette Doppelbock offre une amertume moyenne.

À l'œil, la bière offre des beaux reflets bourgogne très communs dans les Brunes rondes. Les arômes de mélasse et fruits séchés sont très agréables. En bouche, la bière est liquoreuse et l'alcool y est très chaleureux. Une belle densité résiduelle offre une impression très agréable de boisson liquoreuse si vous la servez à une température proche de 14 °C.

√SUGGESTION   Des viandes rôties sur le BBQ, un soir de printemps, avec un petit peu de fleur de sel en fin de cuisson. Le mariage sera parfait.

√APPRÉCIATION Douce, chaleureuse et liquoreuse, cette magnifique Doppelbock accompagnera votre premier BBQ quand les soirées sont encore légèrement fraîches. À défaut de faire le carême, accompagnez-la d'une superbe pièce de viande cuite sur du charbon de bois.

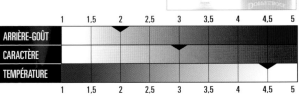

	1	1,5	2	2,5	3	3,5	4	4,5	5
ARRIÈRE-GOÛT			▼						
CARACTÈRE					▼				
TEMPÉRATURE								▼	
	1	1,5	2	2,5	3	3,5	4	4,5	5

EISBOCK

Alchimiste

Brune Liquoreuse

341 ml		9,5 % alc./vol.
TOUTE L'ANNÉE	QUÉBEC	ÉPICERIE

Développée en 2006, cette Eisbock avait surpris les amateurs, car le style était peu commun à l'époque. On gèle la bière pour en retirer les cristaux de glace et augmenter le taux d'alcool.

À la couleur, on se rapproche des bières brunes aux reflets acajou très communes en Europe. Au nez, des notes puissantes de sucre et d'alcool se dégagent. En bouche, la bière est liquoreuse et puissante. Sa finale est sur l'amertume, très vite rattrapée par une incroyable densité et une douceur du sucre.

√ SUGGESTION   À faire réduire lentement à feu doux et à verser sur une boule de crème glacée à la vanille.

√ APPRÉCIATION   Une Eisbock aussi intéressante et à ce prix est une aubaine. Au cours des années, elle a su évoluer et offrir une des très rares bières liquoreuses au Québec qui se permet de vous émoustiller les papilles avec une densité résiduelle aussi imposante.

	1	1,5	2	2,5	3	3,5	4	4,5	5
ARRIÈRE-GOÛT			▼						
CARACTÈRE							▼		
TEMPÉRATURE							▼		
	1	1,5	2	2,5	3	3,5	4	4,5	5

Brassée avec du miel de fleurs sauvages, cette Scotch Ale est l'idée originale d'un brasseur amateur (Jan Philippe Barbeau) qui remporta un concours il y a quelques années. Aujourd'hui Jan Philippe est copropriétaire brasseur du Loup Rouge à Sorel.

La couleur brun acajou de cette bière invite à y tremper les lèvres. Des arômes de miel et d'alcool se démarquent franchement. À la première gorgée, la bière est liquoreuse et l'alcool explose en bouche. À servir à température cave, c'est une liqueur de malt.

√ SUGGESTION   En digestif, juste avant d'aller dormir et faire de beaux rêves.

√ APPRÉCIATION   Cette Mc Kroken Flower a beaucoup d'histoire pour une si jeune bière. Et sa réputation n'est pas surfaite. J'aime cette liqueur de bière qui vous submerge sans avoir l'intention de vous libérer.

	1	1,5	2	2,5	3	3,5	4	4,5	5
ARRIÈRE-GOÛT			▼						
CARACTÈRE							▼		
TEMPÉRATURE								▼	
	1	1,5	2	2,5	3	3,5	4	4,5	5

SCOTCH ALE

MC KROKEN FLOWER GRANDE RÉSERVE

Brune

Liquoreuse

Le Bilboquet

750 ml

10,8 % alc./vol.

TOUTE L'ANNÉE   QUÉBEC   ÉPICERIE

Vieillie 4 mois dans des fûts de chêne, cette Mc Kroken Flower Grande Réserve est la version murie de la Mc Kroken Flower disponible en format de 500 ml.

Une belle Brune à reflet bourgogne. Au nez, des notes pâtissières se présentent sans complexe : miel, vanille et sucre candi. En bouche, la bière est liquoreuse et sa chaleureuse empreinte d'alcool vient envelopper les papilles. Le vieillissement en fût de bois lui offre une finale légèrement plus vanillée.

√SUGGESTION   Deux boules de crème glacée à la vanille, un sirop de chocolat maison et quelques cuillères à partager entre amis.

√APPRÉCIATION   Sans complexe, cette Imperial Scotch Ale qui rend hommage aux bières au caractère bien plus prononcé que les styles originaux, est à découvrir si vous appréciez les bières liquoreuses.

	1	1,5	2	2,5	3	3,5	4	4,5	5
ARRIÈRE-GOÛT		▼							
CARACTÈRE						▼			
TEMPÉRATURE						▼			
	1	1,5	2	2,5	3	3,5	4	4,5	5

SCOTCH ALE

ST-AMBROISE SCOTCH ALE — McAuslan

Brune Liquoreuse

341 ml — 7,5 % alc./vol.

TOUTE L'ANNÉE — QUÉBEC — ÉPICERIE

Cette Scotch Ale se rapproche plus facilement d'une Wee Heavy, une bière forte et liquoreuse qui se brassait en Écosse, que d'une Scotch Ale de Belgique, pays où ce style a d'abord été commercialisé au siècle dernier.

La mousse est fugace, laissant place à un léger et discret collet. La couleur est d'un brun acajou très invitant. Au nez, la bière offre des arômes de mélasse et de sucre candi. En bouche, elle est ronde et douce, laissant venir une finale légèrement tourbée.

√ **SUGGESTION** Un chocolat noir fruité, épicé ou au goût de noisette.

√ **APPRÉCIATION** Une bière réconfortante et chaleureuse qui accompagnera une fin de repas d'automne. Outre ses saveurs liquoreuses et riches, son grand avantage est sa disponibilité à travers le Québec.

	1	1,5	2	2,5	3	3,5	4	4,5	5
ARRIÈRE-GOÛT			▼						
CARACTÈRE				▼					
TEMPÉRATURE							▼		

WEE HEAVY BOURBON — Microbrasserie Le Castor

Brune
Liquoreuse

660 ml   11 % alc./vol.

TOUTE L'ANNÉE   QUÉBEC   ÉPICERIE

La microbrasserie Le Castor présente des bières brassées avec des matières premières biologiques. Fait rare au Québec. Cette Wee Heavy, cousine d'une Scotch Ale, a été vieillie en fûts de bourbon que le maître brasseur a sélectionnés.

D'une belle couleur acajou, la bière offre une mousse timide qui se dissipe très rapidement. Au nez, des notes de vanille et de bourbon se dégagent. En bouche, la bière est liquoreuse et pâtissière, ça goûte la vanille et le bourbon. C'est splendide.

√ SUGGESTION   Un gâteau de type Opéra et quelques cuillères. À partager en collégialité.

√ APPRÉCIATION   Voilà une bière qui utilise avec délicatesse et intelligence le vieillissement en fût de bourbon. Un doux mélange de vanille, d'alcool, de sucre et une finale loin d'être désagréable. Un must.

SCOTCH ALE

	1	1,5	2	2,5	3	3,5	4	4,5	5
ARRIÈRE-GOÛT			▼						
CARACTÈRE							▼		
TEMPÉRATURE						▼			
	1	1,5	2	2,5	3	3,5	4	4,5	5

Brune Liquoreuse

660 ml		11 % alc./vol.
TOUTE L'ANNÉE	QUÉBEC	ÉPICERIE

Vieillie en fût de rhum, cette bière est la variante de la Wee Heavy Bourbon qui était déjà dans ce guide. Elle est brassée avec des ingrédients biologiques, comme tous les autres produits de la brasserie.

Une mousse fuyante disparaît très rapidement. La bière laisse cependant une belle robe de couleur brun acajou. Au nez, les arômes du bois et de la canne à sucre sont présents. En bouche, la bière est liquoreuse, pâtissière et son sucre résiduel, mélangé aux notes de bois, de vanille et de rhum provenant du vieillissement en fût, est très marqué. La finale est courte et sucrée.

√ SUGGESTION   Une bière qui accompagne très bien les desserts chocolatés, très chocolatés !

√ APPRÉCIATION   Encore une fois, la brasserie maîtrise l'affinage en fût avec talent. Cette bière a tout pour plaire si vous appréciez les bières digestives de haut calibre.

	1	1,5	2	2,5	3	3,5	4	4,5	5
ARRIÈRE-GOÛT			▼						
CARACTÈRE						▼			
TEMPÉRATURE						▼			
	1	1,5	2	2,5	3	3,5	4	4,5	5

SCOTCH ALE

Brune Liquoreuse	500 ml		10 % alc./vol.
	TOUTE L'ANNÉE	QUÉBEC	ÉPICERIE

Le Castor s'était déjà fait connaître avec sa Wee Heavy affinée en fût de Bourbon. Voici la même bière, mais qui a profité d'un affinage en fût de whisky provenant du Speyside. Considérant qu'il est interdit de nommer la marque de whisky, les brasseurs ont tendance à ne nommer que la région de production.

Belle mousse riche et crémeuse. Une bière sur un corps rond. Au nez, le bois s'exprime plus finement que sa cousine affinée en fût de bourbon. En bouche, la bière est ronde et l'alcool se présente bien. La finale est riche. Une bière à servir à température de la cave.

√SUGGESTION   Un pudding chômeur.

√APPRÉCIATION Très intéressante que cette Wee Heavy affinée en fût de Speyside. Les arômes des whiskys de cette région sont plus discrets qu'un Bourbon ou un whisky d'Islay par exemple. L'affinage le montre bien.

NOUVEAUTÉ DE CETTE ÉDITION

WEE HEAVY

	1	1,5	2	2,5	3	3,5	4	4,5	5
ARRIÈRE-GOÛT			▼						
CARACTÈRE					▼				
TEMPÉRATURE							▼		
	1	1,5	2	2,5	3	3,5	4	4,5	5

Brune
Amère

500 ml   7 % alc./vol.

TOUTE L'ANNÉE   QUÉBEC   ÉPICERIE

Cette Lager cuivrée allemande offre une fusion de saveurs complexes et sans fin, appuyées par une présence de houblon entièrement dévouée à l'harmonie, nous explique la brasserie. Tout un programme.

La mousse pointe son nez et disparaît aussitôt. Au nez, la mélasse et le sucre des malts sont bien présents. On y perçoit également quelques notes de fleurs. En bouche, la bière est ronde et sa finale est plus amère que ne laissait croire la première gorgée. On ressent une petite minéralité provenant du malt et l'amertume des grains torréfiés vient se mélanger à celle du houblon, qui se fait très discret sur le plan de l'aromatique.

√ SUGGESTION   Avec quelques ailes de poulet sauce BBQ, l'accord est parfait.

√ APPRÉCIATION   Étonnante DoppelBock qui ne manque pas de caractère! Un cocktail de saveurs et de sensations différentes la rend complexe mais très attirante.

	1	1,5	2	2,5	3	3,5	4	4,5	5
ARRIÈRE-GOÛT						3,5			
CARACTÈRE					3				
TEMPÉRATURE					3				
	1	1,5	2	2,5	3	3,5	4	4,5	5

DOPPELBOCK

Brune Tranchante

341 ml

10,2 % alc./vol.

HIVER | QUÉBEC | ÉPICERIE

Brassée chaque année et disponible en hiver, cette Barley Wine de Dieu du Ciel ! est attendue de pied ferme par beaucoup d'amateurs. Elle est vieillie quelques mois avant d'être commercialisée.

Une belle mousse généreuse surplombe une bière acajou. Des arômes de sucre, d'alcool et de caramel brûlé se démarquent. En bouche, la bière est très ronde et des saveurs légèrement rôties se démarquent en rétro-olfaction. Les houblons offrent une finale complexe, se mêlant à l'alcool puissant.

√SUGGESTION Un plateau de trois cheddars d'âge différent (1 an, 2 ans, 4 ans). Remarquez les différences marquantes de saveurs au contact de la bière.

√APPRÉCIATION Cette Barley Wine offre une amertume tranchante, accompagnée d'un alcool puissant. L'expérience plaira aux amateurs de houblon et de bières au caractère franc.

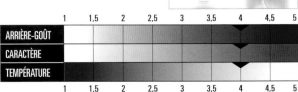

	1	1,5	2	2,5	3	3,5	4	4,5	5
ARRIÈRE-GOÛT							4		
CARACTÈRE							4		
TEMPÉRATURE						3,5			

Brune Tranchante	660 ml		8,5 % alc./vol.
	TOUTE L'ANNÉE	QUÉBEC	ÉPICERIE

La brasserie vous aura prévenu. Cette bière est plus maltée qu'une Double IPA et plus houblonnée qu'un vin d'orge anglais. Elle est également produite avec des ingrédients biologiques.

Une belle mousse forme une dentelle pendant que j'écris ces quelques lignes. À l'œil, la bière est d'un beau brun acajou. Au nez, des saveurs d'agrumes confits sont signe d'un houblonnage imposant et d'un sucre résiduel bien présent. J'y perçois même quelques notes de Grand Marnier. Tout se confirme en bouche, l'alcool de la bière, son sucre résiduel et son houblonnage intense se partagent l'attention en laissant place à une finale bien amère.

√ SUGGESTION   Un fromage cheddar de cinq ans et plus. L'accord sera percutant et étonnant.

√ APPRÉCIATION   L'amateur de sensations fortes sera ravi. Un produit qui établit, dès la première gorgée, les règles du jeu. À expérimenter, car il est assez rare d'avoir un American Barley Wine de cette qualité au Québec.

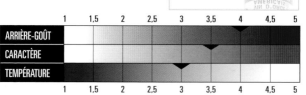

	1	1,5	2	2,5	3	3,5	4	4,5	5
ARRIÈRE-GOÛT							▼		
CARACTÈRE						▼			
TEMPÉRATURE					▼				
	1	1,5	2	2,5	3	3,5	4	4,5	5

AMERICAN BARLEY WINE

Brune	341 ml		11 % alc./vol.
Fumée	TOUTE L'ANNÉE	QUÉBEC	ÉPICERIE

Son nom vient d'un rocher en perdition au large des îles. Brassé avec du malt fumé dans des fumoirs à hareng, cette Corps Mort est une véritable ambassadrice des Îles-de-la-Madeleine.

Dès les premières lampées, un effluve fumé vous monte au nez. La bière est calme, surmontée par une mousse riche et abondante. Sa couleur est superbe et invitante, des reflets ambrés dans un corps limpide. Au nez, on se croirait dans une poissonnerie artisanale qui fume du poisson fraîchement pêché. Fermez les yeux : on entend la mer. En bouche, la bière est corpulente et envoûtante. Ses notes d'alcool vous réchauffent, laissant paraître une finale légèrement fumée.

√SUGGESTION   Un T-Bone sur le BBQ en plein automne. Laissez reposer la viande quelques minutes après la cuisson et profitez-en pour ouvrir cette bière.

√APPRÉCIATION   Les premières versions offraient des saveurs de fumée beaucoup plus prononcées, la voici mieux équilibrée. Une Barley Wine originale qui sort des sentiers battus.

BARLEY WINE

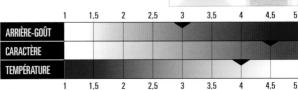

	1	1,5	2	2,5	3	3,5	4	4,5	5
ARRIÈRE-GOÛT								▼	
CARACTÈRE					▼				
TEMPÉRATURE							▼		
	1	1,5	2	2,5	3	3,5	4	4,5	5

CREPUSCULA

MonsRegius

Brune	500 ml		7,3 % alc./vol.

Fumée

AUTOMNE   QUÉBEC   ÉPICERIE

Une Double avec du malt fumé. Basée sur le canevas des bières monastiques doubles, nous informe la brasserie.

Une mousse bien présente, une robe auburn. Au nez, les malts fumés s'expriment bien mais plus discrètement qu'une Rauchbier, par exemple. On sent l'utilisation de malts de spécialité non fumés également. En bouche, la bière est ronde et les notes fumées se mélangent à celle du sucre candi typique d'une Double. La finale est sur la rondeur.

√ SUGGESTION   Un après-midi devant votre fumoir, c'est hyper tendance.

√ APPRÉCIATION   Quelle belle découverte que cette Double belge, aux accents ronds et sucrés, avec un judicieux mélange de malts fumés qui en font une bière très complexe. À boire à température de la cave pour profiter de tout ce qu'elle a à offrir.

	1	1,5	2	2,5	3	3,5	4	4,5	5
ARRIÈRE-GOÛT			▼						
CARACTÈRE							▼		
TEMPÉRATURE						▼			
	1	1,5	2	2,5	3	3,5	4	4,5	5

DOUBLE

On dit souvent que les bières noires sont les plus riches, les plus lourdes et les plus alcoolisées. Vous remarquerez que ce n'est pas le cas en dégustant quelques bières présentées dans ce guide.

DOUCES

RONDES

LIQUOREUSES

AMÈRES

TRANCHANTE

ACIDULÉE

FUMÉE

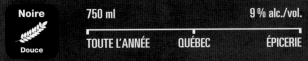

Noire Douce	750 ml		9 % alc./vol.
	TOUTE L'ANNÉE	QUÉBEC	ÉPICERIE

Fermenté avec une souche de levure anglaise, ce Stout est ensuite fermenté en bouteille avec une levure belge. Les deux levures apportent des saveurs et des arômes différents.

Au «pop», la bière s'exprime avec vivacité offrant une mousse généreuse et abondante. Au nez, des notes de chocolat sont perceptibles. En bouche, la bière est complexe offrant d'abord une légère acidité provenant des malts sélectionnés, suivie d'une finale plus douce et fruitée laissant paraître un arrière-goût de gâteau au chocolat.

√**SUGGESTION**   Des pralines belges en chocolat pour faire durer le plaisir.

√**APPRÉCIATION** Intéressante initiative d'offrir ce Stout belge, en lui conférant des notes fruitées qui ne sont habituellement pas présentes dans ce style. L'ajout d'avoine permet d'adoucir un peu l'acidité de la bière. À ouvrir entre amis, au pousse-café.

	1	1,5	2	2,5	3	3,5	4	4,5	5
ARRIÈRE-GOÛT					3				
CARACTÈRE						3,5			
TEMPÉRATURE					3				

STOUT

BIG BEN PORTER

Noire

Douce

500 ml		5,5 % alc./vol.
TOUTE L'ANNÉE	QUÉBEC	ÉPICERIE

En l'honneur des Porters et de leur bière si particulière, la Porter's Beer, Brasseurs du Monde vous invite à redécouvrir la bière qui était si populaire il y a quelques siècles dans les quartiers proches de la Tamise, à Londres.

Elle n'est pas tout à fait brune, elle n'est pas tout à fait noire... c'est une Porter! Son nez est invitant, des notes de mélasse et de caramel se mélangent à des arômes plus fruités. En bouche, elle est douce et sucrée, rythmée par sa finale légèrement acide. Un superbe équilibre.

√ SUGGESTION   Un fromage de chèvre, aux notes caprines et lactiques. Les contrastes s'attirent.

√ APPRÉCIATION   Une Porter très bien exécutée qui permet d'en découvrir toute la finesse du style. Elle se boit fraîche, c'est-à-dire le plus près de sa date de brassage.

	1	1,5	2	2,5	3	3,5	4	4,5	5
ARRIÈRE-GOÛT			▼						
CARACTÈRE						▼			
TEMPÉRATURE						▼			
	1	1,5	2	2,5	3	3,5	4	4,5	5

PORTER

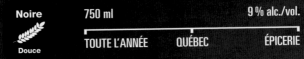

CORRIVEAU IMPÉRIALE
Le Bilboquet

Noire	750 ml		9 % alc./vol.

Douce

TOUTE L'ANNÉE	QUÉBEC	ÉPICERIE

Vieillie 3 mois en fût ayant contenu du bourbon, la Corriveau Impériale est la version impériale (plus forte) de la Corriveau.

Une mousse d'une belle couleur beige surmonte une bière d'un noir opaque. Au nez, des arômes de chocolat et de torréfaction se démarquent, on y perçoit également quelques notes discrètes de vanille. En bouche, la bière est ronde et son étalement est un agréable mélange d'amertume, de céréales torréfiées, d'alcool et de l'acidité du grain.

√ SUGGESTION Quelques chocolats monocrus, monoplantations.

√ APPRÉCIATION Quitte à la faire vieillir quelques mois en fût de bourbon, j'aurais voulu qu'elle soit légèrement plus vanillée que la version goûtée, mais elle a tout ce qu'il faut pour vous offrir un accord parfait avec quelques chocolats. L'invitation est lancée…

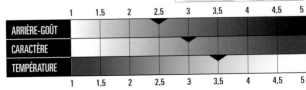

	1	1,5	2	2,5	3	3,5	4	4,5	5
ARRIÈRE-GOÛT				▼					
CARACTÈRE					▼				
TEMPÉRATURE						▼			
	1	1,5	2	2,5	3	3,5	4	4,5	5

STOUT

Son nom est lié aux bateaux gaspésiens qui sillonnaient le fleuve au temps de la pêche à la morue. Ils étaient numérotés de 1 à 50. Aucun bateau n'a porté le numéro 13.

Les notes torréfiées font acte de leur présence au service. La bière possède un très beau nez de chocolat, torréfaction et quelques notes subtiles de café. En bouche, elle offre un corps doux et agréable. Ce n'est pas trop sucré, c'est même assez bien équilibré. La finale est douce, peu amère, laissant place aux céréales.

√SUGGESTION   Tout dessert contenant du chocolat noir.

√APPRÉCIATION   Un classique dans la gamme de produits de la brasserie. On ne s'en lasse jamais. À boire à température légèrement tempérée pour bien profiter de l'ensemble des saveurs.

NOUVEAUTÉ
DE CETTE ÉDITION

ROBUST PORTER

	1	1,5	2	2,5	3	3,5	4	4,5	5
ARRIÈRE-GOÛT				▼					
CARACTÈRE				▼					
TEMPÉRATURE					▼				
	1	1,5	2	2,5	3	3,5	4	4,5	5

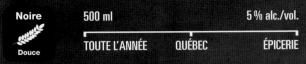

Noire	500 ml		5 % alc./vol.
Douce	TOUTE L'ANNÉE	QUÉBEC	ÉPICERIE

Un Stout à l'avoine. Celui-ci est utilisé dans la bière pour adoucir légèrement l'amertume des céréales torréfiées.

Noire opaque, la bière développe des notes de sésame grillé au service. C'est fort intéressant. En y plongeant le nez, la bière se fait plus discrète, ne laissant que s'exprimer timidement les malts torréfiés. En bouche, elle est sèche et très légèrement amère. Les amateurs de Stouts secs apprécieront.

√ SUGGESTION   Laissez-vous tenter par un sandwich au rosbif, moutarde préparée et grains de sésame.

√ APPRÉCIATION   Il est agréable de pouvoir découvrir des Stouts au-dessous de 6 % d'alcool qui n'ont pas tendance à tomber dans l'excès. La Cœur de loup est parfaite pour se souvenir que les Stouts n'étaient pas tous des bières Impériales ou affinées en fût de bourbon.

NOUVEAUTÉ
DE CETTE ÉDITION

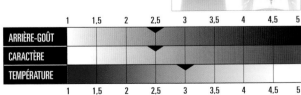

	1	1,5	2	2,5	3	3,5	4	4,5	5
ARRIÈRE-GOÛT				▼					
CARACTÈRE				▼					
TEMPÉRATURE					▼				
	1	1,5	2	2,5	3	3,5	4	4,5	5

STOUT

Noire

Douce

341 ml		6,5 % alc./vol.
TOUTE L'ANNÉE	QUÉBEC	ÉPICERIE

L'Exploité est brassée en l'honneur des travailleurs anglais qui déchargeaient des sacs de café moka et de cacao, nous indique la brasserie. Elle est brassée avec ces ingrédients.

Une belle mousse crémeuse se pose sur le verre et n'a pas l'intention de partir. La carbonatation est fine sans être trop expressive. Au nez, la bière offre des arômes de chocolat et de cappuccino. En bouche, la bière est douce, laissant une très agréable sensation sucrée en finale.

√ **SUGGESTION** Un brownie, de la crème chantilly maison et une bière pas trop froide.

√ **APPRÉCIATION** Depuis plusieurs années, l'Exploité est disponible chez de très nombreux détaillants au Québec. N'hésitez pas à vous en procurer quelques bouteilles pour terminer la soirée. C'est la complice parfaite.

NOUVEAUTÉ DE CETTE ÉDITION

	1	1,5	2	2,5	3	3,5	4	4,5	5
ARRIÈRE-GOÛT				▼					
CARACTÈRE				▼					
TEMPÉRATURE						▼			
	1	1,5	2	2,5	3	3,5	4	4,5	5

STOUT MOKA

ST-BARNABÉ

Microbrasserie Le Naufrageur

Noire — **Douce**

500 ml   5,2 % alc./vol.

| TOUTE L'ANNÉE | QUÉBEC | ÉPICERIE |

Construit durant la Seconde Guerre mondiale, le *St-Bar-nabé* est un démineur qui sillonnait les eaux du golfe du Saint-Laurent. Il a ensuite servi de bateau-école jusqu'à ce qu'il profite d'un repos bien mérité sur une plage de la Baie-des-Chaleurs.

Une mousse invitante laisse présager un agréable moment. Au nez, des notes de café et de chocolat se présentent fièrement. En bouche, la bière est douce, laissant paraître des notes de café latte. Sa finale est légèrement amère mais entraînée par la douceur de l'avoine, une céréale utilisée dans certains Stouts.

√SUGGESTION   Un fromage de type Brie. Ses saveurs lactées et de champignons s'amusent avec le café de la bière.

√APPRÉCIATION   Très doux pour le style, ce Stout à l'avoine va plaire à tous les amateurs qui n'apprécient pas la bière noire. On est loin des stéréotypes et on se rapproche d'un produit doux mais tout aussi complexe. À avoir dans sa cave.

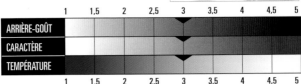

	1	1,5	2	2,5	3	3,5	4	4,5	5
ARRIÈRE-GOÛT					3				
CARACTÈRE					3				
TEMPÉRATURE					3				
	1	1,5	2	2,5	3	3,5	4	4,5	5

STOUT

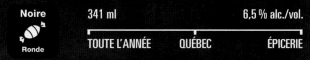

APHRODISIAQUE

Dieu du Ciel !

Noire	341 ml		6,5 % alc./vol.

Ronde

TOUTE L'ANNÉE	QUÉBEC	ÉPICERIE

Ce Stout est brassé avec des gousses de vanille et des fèves de cacao. Il a une très faible amertume selon la brasserie.

Noir opaque surmonté d'une mousse abondante, ce Stout développe des notes de chocolat suivies d'arômes de malt grillé. Le chocolat domine cependant les saveurs. En bouche, les saveurs de vanille et de chocolat se complètent bien, laissant une finale légèrement amère provenant des fèves de cacao. Le résultat fait penser à la dégustation d'une tablette de chocolat 80 % cacao.

√SUGGESTION   Un sundae à la vanille légèrement fondant.

√APPRÉCIATION Une vraie bière dessert qui accompagne avec talent les desserts à la vanille. Ne se voulant pas trop sucrée, elle offre une palette de saveurs qui plairont aux amateurs de chocolat.

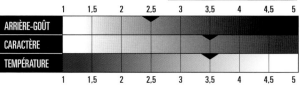

	1	1,5	2	2,5	3	3,5	4	4,5	5
ARRIÈRE-GOÛT				▼					
CARACTÈRE						▼			
TEMPÉRATURE						▼			
	1	1,5	2	2,5	3	3,5	4	4,5	5

STOUT

LA CRIMINELLE

La Voie Maltée

Noire / Ronde	473 ml		9,5 % alc./vol.
	TOUTE L'ANNÉE	QUÉBEC	ÉPICERIE

Cet Imperial Stout est disponible en canette. La Voie Maltée, d'abord un broue-pub du secteur de Jonquière au Saguenay, est aujourd'hui une brasserie industrielle. Ses produits sont disponibles partout au Québec.

Une mousse compacte se place tranquillement. Au nez, la bière offre des arômes de biscuits chocolatés et de chocolat. En bouche, la bière est riche, sucrée mais surtout incroyablement soyeuse et ronde. C'est un délice. La finale est sur l'amertume, la bière offrant quand même 50 IBU.

√ **SUGGESTION** Une terrasse, un BBQ au charbon de bois, de la viande à profusion et des amis.

√ **APPRÉCIATION** J'aime cette bière, surtout depuis qu'elle est disponible en canette. Que dire de plus ?

NOUVEAUTÉ DE CETTE ÉDITION

	1	1,5	2	2,5	3	3,5	4	4,5	5
ARRIÈRE-GOÛT					▼				
CARACTÈRE					▼				
TEMPÉRATURE						▼			

IMPERIAL STOUT

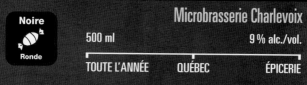

Noire
Ronde

Microbrasserie Charlevoix

500 ml   9 % alc./vol.

| TOUTE L'ANNÉE | QUÉBEC | ÉPICERIE |

La brasserie ajoute du lactose et accentue la rondeur de la bière. Tous les Stouts qui ont du lactose sont appelés Milk Stout. La gamme Vache Folle présente des bières d'inspiration britannique.

Belle mousse beige surplombant une bière d'une couleur noire opaque. Au nez, des arômes de café sucré laissent présager une bière douce. En bouche, l'alcool et l'ajout de lactose offrent un produit très en rondeur. L'amertume est faible et est principalement due aux céréales torréfiées.

√ **SUGGESTION**   Une boîte de pralines belges, les fameux chocolats fourrés à la crème au beurre, praliné ou ganache.

√ **APPRÉCIATION**   Doux et rond, cet Imperial Milk Stout plaira aux amateurs de bières noires au corps doux. L'alcool se présente bien sans être trop dominant. Un excellent Imperial Stout qui ne tombe pas dans la caricature des bières trop houblonnées et déséquilibrées.

	1	1,5	2	2,5	3	3,5	4	4,5	5
ARRIÈRE-GOÛT			▼						
CARACTÈRE				▼					
TEMPÉRATURE						▼			
	1	1,5	2	2,5	3	3,5	4	4,5	5

IMPERIAL STOUT

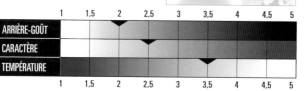

Noire	500 ml		8,2 % alc./vol.
Ronde	TOUTE L'ANNÉE	QUÉBEC	ÉPICERIE

Un Imperial Porter infusé à la noix de coco. Au moment de mettre sous presse, Avant-Garde brasse chez Oshlag à Montréal.

Belle mousse couleur moka. La bière offre une belle apparence. Au nez, le chocolat cuit est assez frappant. On est loin du chocolat au lait, ça sent comme dans une chocolaterie qui travaille à partir de la cabosse. En bouche, la céréale s'exprime bien, vite rattrapée par la noix de coco qui indique sa présence mais sans tomber dans l'excès. La finale est ronde et sucrée, c'est très agréable.

√ SUGGESTION   Chocolat noir, 70 % cacao et plus.

√ APPRÉCIATION   Je m'attendais à une bombe aromatique façon « Bounty ». Je me trouve en face d'une bière bien équilibrée qui me fait revivre d'agréables moments dans une chocolaterie de Seattle. J'adore.

NOUVEAUTÉ
DE CETTE ÉDITION

IMPERIAL PORTER

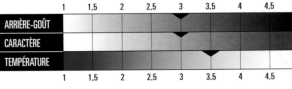

	1	1,5	2	2,5	3	3,5	4	4,5	5
ARRIÈRE-GOÛT					▼				
CARACTÈRE					▼				
TEMPÉRATURE						▼			
	1	1,5	2	2,5	3	3,5	4	4,5	5

Noire
Ronde

500 ml	10 % alc./vol.

TOUTE L'ANNÉE	QUÉBEC	ÉPICERIE

Le Rang 10 a des virages musclés, les locaux se délectent d'un Stout digne des empereurs avec ses puissants arômes de liqueur de café et ses notes herbacées, nous précise la brasserie.

Une mousse de couleur moka, riche et crémeuse. Elle n'est pas pressée de disparaître. Au nez, la bière présente des notes épicées et, effectivement, légèrement herbacées. En bouche, son sucre résiduel s'impose, laissant place à une amertume sur la céréale mais très discrète. La rondeur domine.

√ **SUGGESTION** Idéale avec les fromages de type cheddar.

√ **APPRÉCIATION** Voilà un Stout puissant et riche qui ne fait pas dans la dentelle. On y va d'une bonne dose d'alcool, de sucre, de malts torréfiés, le tout dans une bouteille de 500 ml que vous avez le droit de partager ou pas.

NOUVEAUTÉ
DE CETTE ÉDITION

	1	1,5	2	2,5	3	3,5	4	4,5	5
ARRIÈRE-GOÛT				▼					
CARACTÈRE							▼		
TEMPÉRATURE						▼			
	1	1,5	2	2,5	3	3,5	4	4,5	5

IMPERIAL STOUT

SIMPLE MALT IMPERIAL STOUT RÉSERVE

Brasseurs Illimités

Noire
Ronde

500 ml   11,75 % alc./vol.

| TOUTE L'ANNÉE | QUÉBEC | ÉPICERIE |

Cet Imperial Stout est mûri en fût de bourbon pendant quelques mois. «À cette monumentale proposition de saveurs de chocolat et de café, le chêne ajoute sa touche vanillée alors que la chaleur du whiskey rehausse la note finale», nous précise la brasserie.

La mousse s'efface aussi vite qu'elle est servie. Au nez, les effluves de chocolat, de café et de vanille sont loin d'être discrets. C'est gourmand. En bouche, la bière est ronde et l'alcool nous monte au nez. Une bière puissante, très puissante.

√SUGGESTION   Un bourbon pour comparer.

√APPRÉCIATION   Pour les moments intenses et surtout pas suivis d'obligations. De toute facon, après avoir bu la bouteille, vous n'aurez qu'une envie : ne rien faire !

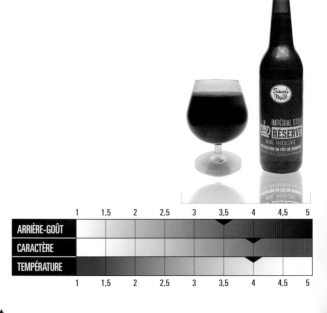

	1	1,5	2	2,5	3	3,5	4	4,5	5
ARRIÈRE-GOÛT						▼			
CARACTÈRE							▼		
TEMPÉRATURE							▼		
	1	1,5	2	2,5	3	3,5	4	4,5	5

Noire
Ronde

660 ml		5 % alc./vol.
TOUTE L'ANNÉE	QUÉBEC	ÉPICERIE

Un des très rares Stout brassés avec des matières premières biologiques. Ce Stout est brassé avec de l'avoine, une céréale qui apporte un peu de douceur et coupe l'acidité des malts torréfiés.

À la lumière, sa robe noire dévoile des reflets acajou sous une mousse de couleur beige. Au nez, des arômes de café et chocolat praliné sont très invitants. En bouche, la bière est douce et l'avoine offre une rondeur très bien maîtrisée qui définit le caractère de la bière.

√ SUGGESTION   Un gâteau au fromage frais du jour.

√ APPRÉCIATION   Superbe Stout légèrement plus doux que ses cousins nord-américains, on se rapproche d'ailleurs d'un Porter. À servir au dessert, sans aucun complexe.

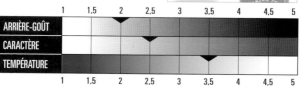

	1	1,5	2	2,5	3	3,5	4	4,5	5
ARRIÈRE-GOÛT			▼						
CARACTÈRE				▼					
TEMPÉRATURE						▼			

STOUT

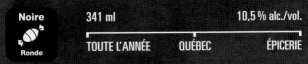

STOUT IMPÉRIAL RUSSE — Frampton Brasse

Noire	341 ml		10,5 % alc./vol.
Ronde	TOUTE L'ANNÉE	QUÉBEC	ÉPICERIE

Plusieurs cuvées ont été proposées par la brasserie, chacune ayant été affinée dans différents types de fûts ayant contenu de l'alcool. Le maître brasseur a sélectionné les fûts de brandy et de cognac pour vous offrir ce produit une fois par année.

Une belle mousse moka, riche et crémeuse. Au nez, la bière se fait relativement discrète. Je m'attendais à plus riche en aromatique. C'est en bouche qu'elle se réveille. Un mélange de chocolat, vanille, alcool et praliné. C'est très agréable.

√ SUGGESTION Du chocolat 70 % cacao.

√ APPRÉCIATION Au fil des cuvées, la brasserie expérimentait l'affinage en fût. Cette version brandy-cognac est la meilleure qu'ils nous ont offerte. La simplicité d'une bière derrière la complexité de l'affinage. Tout y est.

IMPERIAL STOUT

	1	1,5	2	2,5	3	3,5	4	4,5	5
ARRIÈRE-GOÛT			▼						
CARACTÈRE					▼				
TEMPÉRATURE							▼		

Noire	500 ml		5,8 % alc./vol.
Ronde	TOUTE L'ANNÉE	QUÉBEC	ÉPICERIE

Ce Stout est une des premières bières qui fut embouteillée et distribuée partout au Québec. Elle est plus ronde que ses cousines, le brasseur voulait offrir un produit se démarquant par ses arômes de café, de pain rôti et de chocolat noir.

Voilà un verre noir opaque surmonté par une mousse de couleur beige. Au nez, des notes de chocolat se démarquent, suivies par quelques arômes de café. En bouche, la bière est douce et s'étale sur des notes chocolatées et lattées. Très faible amertume en finale.

√ SUGGESTION   Une bière qui accompagnera à la perfection un tiramisu.

√ APPRÉCIATION   Très doux, ce Stout offre des arômes gourmands tels que le café, le latte et le chocolat. Son amertume étant presque nulle, une incroyable sensation de douceur vous accompagne tout au long de la dégustation. À découvrir.

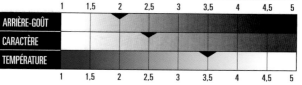

	1	1,5	2	2,5	3	3,5	4	4,5	5
ARRIÈRE-GOÛT			▼						
CARACTÈRE				▼					
TEMPÉRATURE						▼			
	1	1,5	2	2,5	3	3,5	4	4,5	5

STOUT

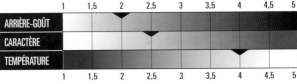

Une des premières bières qui a fait connaître l'Alchimiste auprès des consommateurs les plus exigeants. Cet Imperial Stout est dans le décor depuis des années. C'est un plaisir que de lui offrir une place dans ce livre.

Une belle mousse généreuse se pose sur une bière d'un noir opaque. Au nez, les malts s'expriment derrière une belle chaleur d'alcool et des notes de café alcoolisé. Pourtant le taux d'alcool n'est pas si élevé. En bouche, c'est un régal. Le café, l'alcool et les malts torréfiés se présentent tous ensemble jusqu'à offrir une finale ronde et soyeuse. On en redemande.

√ SUGGESTION   Une pièce de viande affinée 38 jours minimum. Demandez une coupe plus épaisse, la cuisson est bien meilleure.

√ APPRÉCIATION   Ma bière préférée chez l'Alchimiste. Elle n'a pas changé depuis plusieurs années.

NOUVEAUTÉ DE CETTE ÉDITION

IMPERIAL STOUT

	1	1,5	2	2,5	3	3,5	4	4,5	5
ARRIÈRE-GOÛT			2,5						
CARACTÈRE				2,75					
TEMPÉRATURE							4		

PÉCHÉ MORTEL

Dieu du Ciel !

Noire Liquoreuse

341 ml   9,5 % alc./vol.

TOUTE L'ANNÉE   QUÉBEC   ÉPICERIE

La Péché Mortel est un des produits phares de la brasserie. Sa fabrication demande l'utilisation du GEM (Giant Espresso Machine), une invention du maître brasseur Jean-François Gravel qui permet au moût de traverser des kilos de café équitable moulu.

D'un noir opaque, cette bière apprécie une tenue de mousse imposante. Au nez, des notes de café sont clairement perceptibles. En bouche, la richesse de l'alcool précède des arômes de café et de torréfaction. Sa finale est tout d'abord riche et corpulente, suivie d'une amertume longue et persistante.

√ SUGGESTION   Un fromage triple crème très crémeux et sans la croûte. Les contraires s'attirent.

√ APPRÉCIATION   Comment ne pas aimer cette bière ? Elle est corpulente, ronde, riche et douce en même temps. Ses notes de café sont bien équilibrées et son amertume se fait sentir dès qu'on l'appelle, à la fin de la première gorgée. Un produit québécois qui fait le tour du monde et avec raison.

	1	1,5	2	2,5	3	3,5	4	4,5	5
ARRIÈRE-GOÛT					▼				
CARACTÈRE							▼		
TEMPÉRATURE							▼		
	1	1,5	2	2,5	3	3,5	4	4,5	5

STOUT

PORTER BALTIQUE — Les Trois Mousquetaires

Noire Liquoreuse

750 ml   10 % alc./vol.

TOUTE L'ANNÉE	QUÉBEC	ÉPICERIE

Une bière noire forte inspirée des Porters de la région de la mer Baltique. On raconte que les chevaliers qui en buvaient en retiraient des pouvoirs magiques qui permettaient de retourner au combat…

Une belle mousse crémeuse de couleur beige vient se poser sur une bière noire opaque. La lumière ne passe pas, signe d'un maltage puissant et généreux. Au nez, des notes de céréales rôties sont clairement perceptibles. En bouche, la bière est liquoreuse et les saveurs chaleureuses de l'alcool et du chocolat sont très agréables. La finale est douce, prolongeant le plaisir d'une bière liquoreuse à souhait.

√ **SUGGESTION**   Un fromage bleu au caractère fort qui attend avec impatience cette Noire liquoreuse et chaleureuse.

√ **APPRÉCIATION**   Elle a gagné de nombreuses médailles à travers le monde et elle le mérite amplement. Ce Porter baltique a le don de vous offrir de l'amitié et de la chaleur humaine en quelques gorgées. Un produit splendide.

	1	1,5	2	2,5	3	3,5	4	4,5	5
ARRIÈRE-GOÛT			▼						
CARACTÈRE						▼			
TEMPÉRATURE						▼			

Noire

Liquoreuse

McAuslan

341 ml — 9,2 % alc./vol.

HIVER	QUÉBEC	ÉPICERIE

Rendant hommage aux Stouts puissants exportés à la cour impériale de Russie, cet Imperial Stout est brassé avec des malts chocolats, malts torréfiés et orge rôti. Chaque année, la brasserie l'offre dans un emballage qui lui fait honneur.

Une couleur noire opaque qui ne laisse passer aucun rayon de lumière. Une mousse beige chocolaté, signe d'un maltage puissant. Au nez, des arômes de chocolat et d'alcool se démarquent. En bouche, la bière est ronde, voire liquoreuse. Sa finale est douce laissant libre cours à l'alcool et à la légère acidité des malts torréfiés, surmontée de quelques arômes de vanille.

√ **SUGGESTION** Une fin de soirée et le crépitement d'un feu de foyer au chalet.

√ **APPRÉCIATION** Chaque année, McAuslan propose cet Imperial Stout puissant et riche qui plaît aux amateurs de bières liquoreuses et chaleureuses. Le millésime dégusté est celui de 2012 ; si vous en trouvez, achetez-en quelques-uns et comparez-les avec le millésime 2013.

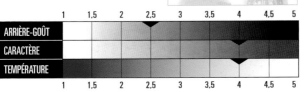

	1	1,5	2	2,5	3	3,5	4	4,5	5
ARRIÈRE-GOÛT				▼					
CARACTÈRE							▼		
TEMPÉRATURE						▼			

IMPERIAL STOUT

BIÈRE POUR MA FEMME — Lagabière

Noire Amère	500 ml		6,5 % alc./vol.
	TOUTE L'ANNÉE	QUÉBEC	ÉPICERIE

Une demande en mariage aussi inusitée qu'efficace. Elle a dit oui. C'est l'histoire de deux copropriétaires de brasserie. Le premier a brassé et mis en vente secrètement une bière pour demander en mariage la deuxième. Il fallait oser.

L'amertume des houblons et ceux de la torréfaction offrent un nez assez complexe. Ca sent le café fraîchement torréfié. En bouche, la bière est bien ronde, signe d'un taux de sucre résiduel assez important. La finale est sur l'amertume, le style étant une Black IPA, on ne s'attendait pas à moins.

√SUGGESTION   Un cheddar 5 ans, une expérience sur le café moka.

√APPRÉCIATION   Mention spéciale pour cette version en bouteille qui me semble plus riche que celles dégustées en fût. Bref, le format apporte un peu plus d'une onctuosité fort agréable.

NOUVEAUTÉ DE CETTE ÉDITION

BLACK IPA

	1	1,5	2	2,5	3	3,5	4	4,5	5
ARRIÈRE-GOÛT					▼				
CARACTÈRE				▼					
TEMPÉRATURE					▼				
	1	1,5	2	2,5	3	3,5	4	4,5	5

Noire		
Amère		

500 ml

5,5 % alc./vol.

TOUTE L'ANNÉE   QUÉBEC   ÉPICERIE

Connaissez-vous la légende de la Corriveau qui vous regarde de sa cage ? On raconte de cette meurtrière légendaire qu'elle avait des idées noires aussi tranchantes que l'amertume de ce Stout.

Noire aux discrets reflets bourgogne, elle est surmontée par une mousse beige peu tenace. Au nez, des notes de pain rôti et de café sont accompagnées de légères notes chocolatées. En bouche, la bière est bien maltée et offre des notes plus prononcées de chocolat en rétro-olfaction. La finale est légèrement amère et très longue, réveillant vos papilles sur un long crescendo.

√ SUGGESTION   Une fondue au chocolat gourmande.

√ APPRÉCIATION   Moins tranchante que ne le laisse croire la légende, cette Corriveau a beaucoup de charme et se laisse apprivoiser jusqu'à ce que son amertume se dévoile en finale. À boire à la température cave.

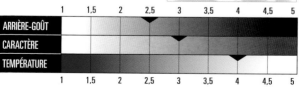

	1	1,5	2	2,5	3	3,5	4	4,5	5
ARRIÈRE-GOÛT				▼					
CARACTÈRE					▼				
TEMPÉRATURE							▼		
	1	1,5	2	2,5	3	3,5	4	4,5	5

STOUT

Noire **Amère**

500 ml

5 % alc./vol.

| TOUTE L'ANNÉE | QUÉBEC | ÉPICERIE |

Brassé en ajoutant du café, le Coup de Canon se fait entendre, il réveille et surprend, se plaît à dire la brasserie.

Une superbe mousse beige attend patiemment que vous y trempiez les lèvres. Sa couleur noire opaque ressemble à celle d'un café. Les arômes du café sont marquants, suivis de quelques subtiles notes d'épices. La bière est sucrée en entrée de bouche et l'amertume du café tient à signaler sa présence, pendant un long étalement.

√ **SUGGESTION**   Une pâtisserie française : le moka.

√ **APPRÉCIATION**   Les amateurs de bières noires aux notes franches de café seront ravis. Ce Stout expressif offre des saveurs provenant des céréales, mais surtout du café que la brasserie ajoute au brassage. Une bière au petit-déjeuner ? À vous de voir.

	1	1,5	2	2,5	3	3,5	4	4,5	5
ARRIÈRE-GOÛT					▼				
CARACTÈRE						▼			
TEMPÉRATURE					▼				
	1	1,5	2	2,5	3	3,5	4	4,5	5

STOUT

HOUBLON LIBRE   Microbrasserie du Lac Saint-Jean

Noire Amère	500 ml		7,7 % alc./vol.

TOUTE L'ANNÉE	QUÉBEC	ÉPICERIE

Fermentée à l'ancienne, en fût de chêne américain, nous indique la brasserie. Cette Black IPA contient également 11 variétés de houblon.

Quelle mousse riche et abondante ! Au nez, la torréfaction du grain et le café se font talonner par les notes houblonnées de la bière. En bouche, le grain se manifeste mais laisse place à une finale aux notes d'orange et de chocolat.

√ SUGGESTION   Un gâteau forêt-noire.

√ APPRÉCIATION   Quelle bière ! Une superbe finale offrant des notes d'orange et de chocolat comme on en voit rarement dans une bière. Un produit d'exception.

	1	1,5	2	2,5	3	3,5	4	4,5	5
ARRIÈRE-GOÛT					▼				
CARACTÈRE					▼				
TEMPÉRATURE						▼			
	1	1,5	2	2,5	3	3,5	4	4,5	5

BLACK IPA

IMPÉRIALE STOUT Riverbend

Noire Amère	473 ml		7,5 % alc./vol.
	TOUTE L'ANNÉE	QUÉBEC	ÉPICERIE

Offrant un généreux 70 IBU, cet Imperial Stout est parmi les plus houblonnés disponibles au Québec.

Une belle mousse de couleur moka. Un noir opaque. Une effervescence fine. Au nez, la bière développe des notes riches de café, d'alcool et de chocolat. En bouche, la rondeur est bien présente mais très vite rattrapée par l'amertume des houblons. Ceux-ci prennent place jusqu'à la dernière gorgée, laissant une impression d'une bière riche et ronde, sur un lit de houblons.

√ SUGGESTION   Une pièce de bœuf cuite au charbon de bois, sans la grille.

√ APPRÉCIATION   Il a du coffre cet Imperial Stout de Riverbend. On apprécie l'amertume soutenue qui n'hésite pas à bousculer la rondeur de la bière. Pour amateur du style.

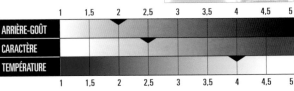

	1	1,5	2	2,5	3	3,5	4	4,5	5
ARRIÈRE-GOÛT			▼						
CARACTÈRE				▼					
TEMPÉRATURE							▼		
	1	1,5	2	2,5	3	3,5	4	4,5	5

IMPERIAL STOUT

INTEMPESTA

MonsRegius

Noire Amère	500 ml		6,5 % alc./vol.
	AUTOMNE	QUÉBEC	ÉPICERIE

Un Stout aux huîtres. L'huître développe quelques notes iodées qui apprécient les arômes torréfiés des céréales d'un Stout.

La mousse se fait frivole. Elle colle à la paroi du verre et forme une belle dentelle. Au nez, la bière se concentre plus sur la céréale que sur l'huître. C'est en bouche, surtout sur la rétro-olfaction, que les huîtres se libèrent et vous proposent une petite touche iodée assez sympathique. La finale est sur une faible amertume provenant des houblons assez discrets.

√SUGGESTION   Stouts et huîtres, c'est un grand classique. Pourquoi ne pas vous en procurer quelques douzaines ?

√APPRÉCIATION   J'en ai goûté des plus iodés. Les Stouts aux huîtres font partie des étranges phénomènes stylistiques qui n'ont comme barrière que celles des brasseurs talentueux. Pour l'expérience, laissez-vous tenter.

	1	1,5	2	2,5	3	3,5	4	4,5	5
ARRIÈRE-GOÛT					▼				
CARACTÈRE				▼					
TEMPÉRATURE				▼					
	1	1,5	2	2,5	3	3,5	4	4,5	5

STOUT

IROQUOIS

Sutton Brouërie

Noire Amère

500 ml		6,3 % alc./vol.
TOUTE L'ANNÉE	QUÉBEC	ÉPICERIE

Un Porter plus alcoolisé que la version habituellement bue au siècle dernier. On l'appelle donc Robuste. Fermentation 100 % *Brettanomyces*, ce qui en fait un Porter peu commun.

Belle mousse persistante de couleur moka. Elle n'est pas pressée de disparaître. Au nez, j'ai un arôme particulier de pain Pumpernickel, ce fameux pain noir. Un retour à l'enfance. En bouche, la bière est relativement sèche, signature de la levure, mais développe une amertume bien contrôlée en finale. C'est frais et c'est bon.

√SUGGESTION   Un sandwich au pain Pumpernickel.

√APPRÉCIATION   Pas la plus fruitée ou florale de la gamme des bières de la brasserie mais sûrement pas la moins intéressante. Découvrir cette bière, c'est comprendre le rôle de la levure *Brettanomyces* en présence de céréales torréfiées.

NOUVEAUTÉ
DE CETTE ÉDITION

	1	1,5	2	2,5	3	3,5	4	4,5	5
ARRIÈRE-GOÛT					▼				
CARACTÈRE				▼					
TEMPÉRATURE					▼				
	1	1,5	2	2,5	3	3,5	4	4,5	5

ROBUST PORTER

Noire
Amère

600 ml		5,5 % alc./vol.
TOUTE L'ANNÉE	QUÉBEC	ÉPICERIE

S'inspirant des Stouts irlandais du XIXe siècle, Le Sang d'encre offre un nez de café, de chocolat et de houblon herbacé selon la brasserie.

De couleur noire aux reflets bourgogne, Le Sang d'encre porte bien son nom. Au nez, des notes de céréales torréfiées se mêlent aux arômes de café. La bière est douce en entrée de bouche suivie d'une amertume bien dosée, accompagnée d'une légère pointe céréalière provenant des malts rôtis.

√SUGGESTION   Un muffin au chocolat et au Stout.

√APPRÉCIATION   Si vous recherchez un Stout présentant un équilibre entre l'amertume du houblon et celle du malt sélectionné, vous voilà comblé. À découvrir à température de la cave pour apprécier toutes les saveurs.

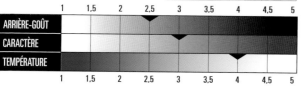

	1	1,5	2	2,5	3	3,5	4	4,5	5
ARRIÈRE-GOÛT				2,5					
CARACTÈRE					3				
TEMPÉRATURE							4		

STOUT

Noire Amère	341 ml		6,5 % alc./vol.
	TOUTE L'ANNÉE	QUÉBEC	ÉPICERIE

C'est au Vermont que la Black IPA a vu le jour en 1997. Greg Noonan, brasseur au Vermont Pub and Brewery, voulait un hybride entre une India Pale et un Porter. En quelques années, le style s'est largement répandu à travers l'Amérique du Nord. Dieu du Ciel ! a sorti cette Pénombre en 2008.

Une mousse de couleur moka surplombe une bière aux couleurs noires opaques. Au nez, des notes franches de torréfaction et de café proviennent des malts utilisés. En bouche, la bière offre une amertume franche, signature des India Pale Ale américaines. La finale s'étale sur des notes de pain rôti et de houblon. L'amertume des céréales et du houblon offre un étalement long et persistant.

√SUGGESTION   Une magnifique pièce de viande vieillie à souhait et un BBQ au charbon de bois. Bon appétit !

√APPRÉCIATION   Le style black IPA est devenu très populaire en peu de temps et c'est grâce aux produits comme la Pénombre qu'il a réussi à se tailler une place enviable auprès des amateurs avertis. Un hommage à Greg Noonan.

BLACK IPA

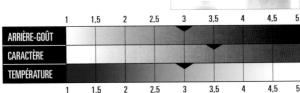

	1	1,5	2	2,5	3	3,5	4	4,5	5
ARRIÈRE-GOÛT					3				
CARACTÈRE						3,5			
TEMPÉRATURE				2,5					
	1	1,5	2	2,5	3	3,5	4	4,5	5

Noire
Amère

500 ml		10 % alc./vol.
TOUTE L'ANNÉE	QUÉBEC	ÉPICERIE

Cette Imperial Black IPA est un hommage aux marins qui ont perdu la vie durant les nombreux combats dans le golfe du Saint-Laurent. Le HCMS *Raccoon* disparut dans la nuit du 6 au 7 septembre 1942.

Une mousse crémeuse et une si belle couleur moka qu'on pourrait croire qu'on vous sert un café ! Au nez, des arômes de torréfaction, de chocolat et de café. En bouche, la bière offre une amertume puissante, d'abord sur le houblon, suivie de celle du grain. L'alcool aime jouer les trouble-fête et offrir sa chaleureuse présence tout au long de l'étalement.

√SUGGESTION   Un fromage bleu puissant qui offre des saveurs marquées.

√APPRÉCIATION   Même si la chaleur de l'alcool est bien présente, la sélection des houblons et l'amertume naturelle des malts torréfiés offrent à cette Racoon une finale qui ne passe pas inaperçue. Une bière à boire légèrement chambrée, pour profiter de toute la finesse de ses arômes.

	1	1,5	2	2,5	3	3,5	4	4,5	5
ARRIÈRE-GOÛT						▼			
CARACTÈRE					▼				
TEMPÉRATURE								▼	
	1	1,5	2	2,5	3	3,5	4	4,5	5

IMPERIAL BLACK IPA

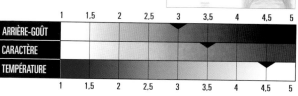

Une Schwarzbier pour le plaisir de découvrir la torréfaction des malts, fermentée avec une levure de type Lager. Un style pas très commun au Québec.

Belle mousse généreuse et expressive, la photo en témoigne. Mais on est loin d'un défaut. Au nez, les céréales ont toute la place, vue que la levure « Lager » est moins expressive que sa cousine « Ale ». En bouche, la bière offre une belle amertume sur des bases légèrement sucrées. Un très bel équilibre.

√ SUGGESTION   Un fromage de chèvre affiné. L'accord est magnifique.

√ APPRÉCIATION   Très bien faite que cette Lager noire. Légèrement plus ronde que ses cousines allemandes, ce qui lui donne une petite touche soyeuse fort appréciée.

NOUVEAUTÉ DE CETTE ÉDITION

SCHWARZBIER

	1	1,5	2	2,5	3	3,5	4	4,5	5
ARRIÈRE-GOÛT				2,5					
CARACTÈRE			2						
TEMPÉRATURE					3				

| | 1 | 1,5 | 2 | 2,5 | 3 | 3,5 | 4 | 4,5 | 5 |

SIMPLE MALT IPA NOIRE GALAXY

Brasseurs Illimités

Noire / Amère

500 ml   7,2 % alc./vol.

TOUTE L'ANNÉE	QUÉBEC	ÉPICERIE

Une Black IPA houblonnée au Galaxy, un houblon contemporain aux parfums exotiques.

Une belle mousse en dentelle se pose sur le verre. Au nez, les malts torréfiés se mélangent aux notes tropicales du houblon. On est loin des «noires» d'Angleterre. En bouche, la bière présente un beau profil sucré, très vite dissipé par une amertume présente mais pas trop excessive. Cette bière est très désaltérante.

√SUGGESTION   Un BBQ et la réaction de Maillard sur une magnifique pièce de bœuf.

√APPRÉCIATION   L'antithèse parfaite des nombreux témoignages laissant croire que les bières noires sont forcément moins désaltérantes que les bières blondes. La bière, c'est bien plus que de la couleur!

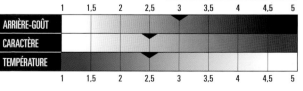

	1	1,5	2	2,5	3	3,5	4	4,5	5
ARRIÈRE-GOÛT					▼				
CARACTÈRE					▼				
TEMPÉRATURE			▼						
	1	1,5	2	2,5	3	3,5	4	4,5	5

BLACK IPA

ST-AMBROISE BLACK IPA

McAuslan

Noire **Amère**

473 ml

6,5 % alc./vol.

| TOUTE L'ANNÉE | QUÉBEC | ÉPICERIE |

D'abord disponible en fût à la brasserie, elle est aujourd'hui distribuée en canette partout au Québec.

Les notes résineuses du houblon et les malts torréfiés laissent croire à un brassage un petit peu plus à l'anglaise. En bouche, la bière est légèrement plus ronde, confirmant la perception retenue. La finale est sur l'amertume, sans que celle-ci soit désagréable. La levure vient même offrir un peu de minéralité à l'ensemble de la dégustation.

√SUGGESTION   Un ragoût d'agneau au Stout.

√APPRÉCIATION Très agréable Black IPA, plus anglaise qu'américaine. Ce qui est anecdotique puisque le style n'existe pas en Angleterre. Vous aurez compris que je me fie aux malts torréfiés plus présents et aux houblons un peu moins aromatiques.

	1	1,5	2	2,5	3	3,5	4	4,5	5
ARRIÈRE-GOÛT					▼				
CARACTÈRE					▼				
TEMPÉRATURE					▼				
	1	1,5	2	2,5	3	3,5	4	4,5	5

BLACK IPA

Noire

Amère

341 ml		5 % alc./vol.
TOUTE L'ANNÉE	QUÉBEC	ÉPICERIE

Brassé avec des malts torréfiés et foncés ainsi qu'avec une bonne dose d'avoine lui donnant plus de profondeur et de douceur, ce Stout se démarque par une quantité plus élevée de malt torréfié et foncé que la plupart de ses cousines du même style.

Une mousse de couleur moka et une couleur noire opaque forment un duo intéressant. Au nez, les arômes de café et de latte sont très marquants. En bouche, les saveurs sont celles du café espresso et des malts torréfiés. L'amertume provient principalement des céréales utilisées et la finale offre une amertume légèrement plus sèche, signe d'un houblonnage pertinent.

√SUGGESTION   Un fromage bleu très crémeux d'Europe du Nord.

√APPRÉCIATION   Les Stouts sont des bières que plusieurs n'apprécient pas à cause de leur amertume liée à la torréfaction des malts et au houblonnage souvent plus puissant pour compenser la légère acidité des céréales utilisées. Dans le cas de la St-Ambroise noire, celle-ci fait fi des réticences.

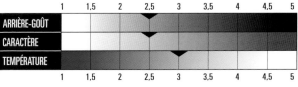

	1	1,5	2	2,5	3	3,5	4	4,5	5
ARRIÈRE-GOÛT				▼					
CARACTÈRE				▼					
TEMPÉRATURE					▼				
	1	1,5	2	2,5	3	3,5	4	4,5	5

STOUT

Noire	600 ml		5 % alc./vol.
Amère	TOUTE L'ANNÉE	ONTARIO	ÉPICERIE

Beau's All Natural et l'acteur canadien Tom Green ont collaboré pour réaliser cette bière. Elle est aujourd'hui disponible au Québec, car la brasserie a créé un partenariat avec un réseau de distribution.

La mousse typique d'un Stout, un noir tirant plus vers le brun et des saveurs de malts torréfiés, chocolat et café. Difficile de dire si on boit un Stout ou un Porter. En bouche, la bière est ronde et crémeuse, et laisse place à une amertume typique des grains torréfiés. La finale est plus sèche et encore une fois sur l'amertume du grain.

√ **SUGGESTION**   La bière idéale pour la superbe pièce de viande vieillie 48 jours que vous cuirez, comme un pro, sur votre nouveau BBQ après avoir invité vos amis à refaire votre terrasse en bois. C'est un rendez-vous !

√ **APPRÉCIATION** Proche d'un Porter mais ayant les caractéristiques d'un Stout, cette bière désaltérante est capable d'accompagner une pièce de bœuf cuite parfaitement.

MILK STOUT

	1	1,5	2	2,5	3	3,5	4	4,5	5
ARRIÈRE-GOÛT			▼						
CARACTÈRE			▼						
TEMPÉRATURE				▼					
	1	1,5	2	2,5	3	3,5	4	4,5	5

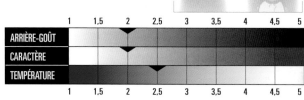

BLACK IPA

Brasserie Dunham

Noire
Tranchante

341 ml   5,7 % alc./vol.

TOUTE L'ANNÉE	QUÉBEC	ÉPICERIE

Inspirée des Black IPA américaines, la version de la Brasserie Dunham est houblonnée avec du houblon Centennial et Chinook. Le meilleur d'un Stout et d'une IPA selon la brasserie.

La mousse est dense et loin d'être discrète. La couleur est d'un noir opaque, rien ne transperce. Au nez, des notes franches de houblon résineux sont suivies par les saveurs torréfiées des céréales. En bouche, la bière offre tout d'abord la douceur d'un Stout suivie d'une finale amère et légèrement maltée, signe d'un houblonnage puissant.

√SUGGESTION   Un chocolat 99 % cacao. Laissez-le fondre sur la langue et arrosez-le d'une bonne gorgée de bière. Bienvenue au paradis du cacao.

√APPRÉCIATION   Appréciant la douceur du malt torréfié et l'amertume d'une India Pale Ale, l'amateur sera conquis par cette bière qui offre un équilibre étonnant. Elle a juste un petit défaut, elle n'est disponible qu'en format de 341 ml.

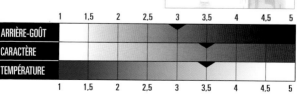

	1	1,5	2	2,5	3	3,5	4	4,5	5
ARRIÈRE-GOÛT					▼				
CARACTÈRE						▼			
TEMPÉRATURE						▼			

BLACK IPA

STOUT SUR À LA CAMERISE · Riverbend

Noire · Acidulée

473 ml · 5,8 % alc./vol.

TOUTE L'ANNÉE · QUÉBEC · ÉPICERIE

Riverbend propose différents produits en canette. S'inspirant des grands courants brassicoles, il n'hésite cependant pas à oser et à interpréter à leurs façons différents styles. Ce Stout à la camerise est un excellent exemple.

Une mousse fuyante se repose sur une bière d'un noir opaque. Au nez, le grain torréfié se démarque très bien, la camerise se fait plus discrète. En bouche, l'acidité rentre dans les gencives et libère la torréfaction du grain. En rétro-olfaction, c'est la camerise qui se libère.

√SUGGESTION   Un fromage ferme affiné plusieurs années, on laisse s'exprimer les différents malts.

√APPRÉCIATION   Difficile de catégoriser cette bière, considérant que le fruit se fait discret, on va se concentrer sur les grains torréfiés. À essayer pour aimer se faire surprendre.

NOUVEAUTÉ DE CETTE ÉDITION

	1	1,5	2	2,5	3	3,5	4	4,5	5
ARRIÈRE-GOÛT							▼		
CARACTÈRE									
TEMPÉRATURE				▼					

STOUT

SIMPLE MALT DOUBLE PORTER Brasseurs Illimités

Noire · Fumée

500 ml		6,4 % alc./vol.
TOUTE L'ANNÉE	QUÉBEC	ÉPICERIE

La gamme de produits Simple Malt se décline en plusieurs variétés de bières qui s'inspirent librement des styles historiques.

Une mousse qui s'exprime pour disparaître aussitôt. Au nez, la bière laisse s'échapper quelques notes de malts fumés. En bouche, la bière est ronde et le profil typique d'un whisky écossais vient seconder les malts torréfiés. La finale est sur des notes fumées.

√ **SUGGESTION**   Une fin de soirée d'automne.

√ **APPRÉCIATION**   Bien équilibré que ce Porter fumé sans être trop extravagant. On y retrouve tous les ingrédients en étant porté jusqu'en Écosse. Une agréable bière à partager en fin de soirée.

NOUVEAUTÉ DE CETTE ÉDITION

	1	1,5	2	2,5	3	3,5	4	4,5	5
ARRIÈRE-GOÛT					3				
CARACTÈRE						3,5			
TEMPÉRATURE							4		

Des bières offrant des arômes et saveurs liés aux fruits utilisés dans la recette. Contrairement à la croyance, elles ne sont pas forcément sucrées.

DOUCES

AMÈRES

ACIDULÉE

TRANCHANTES

MORDANTE

BLANCHE AUX BLEUETS SAUVAGES

Microbrasserie du Lièvre

Fruitée Douce

341 ml   6,7 % alc./vol.

ÉTÉ	QUÉBEC	ÉPICERIE

Les bleuets sont cueillis à la main, la quantité est limitée et le produit n'est pas disponible tout le temps. Voilà de quoi vous convaincre de l'essayer.

La couleur tire sur l'ambré, les notes de bleuets sont relativement discrètes mais présentes. En bouche, la bière est douce et le fruit se présente bien. Voilà une bière désaltérante qui offre cependant un beau corps sucré et fruité.

√SUGGESTION   Un gâteau des anges, de la crème fraîche et quelques bleuets.

√APPRÉCIATION   L'amateur de bières douces et fruitées sera comblé. Mention spéciale au brasseur, qui nous a fait une bière pas trop sucrée, encore plus désaltérante.

	1	1,5	2	2,5	3	3,5	4	4,5	5
ARRIÈRE-GOÛT			▼						
CARACTÈRE			▼						
TEMPÉRATURE			▼						
	1	1,5	2	2,5	3	3,5	4	4,5	5

BIÈRE AUX FRUITS

ROSÉE D'HIBISCUS

Dieu du Ciel !

Fruitée Douce

341 ml

5,9 % alc./vol.

TOUTE L'ANNÉE   QUÉBEC   ÉPICERIE

Même si l'hibiscus est une plante et non un fruit, cette Rosée d'Hibiscus entre dans la catégorie des bières aux fruits et ses arômes vous convaincront.

Servie dans une flûte, cette bière est élégante et sa couleur est très invitante. Sa mousse se dissipe doucement, laissant le temps à vos convives de vous remercier de les accueillir. C'est une bière apéritive. Des notes fruitées sont agréables au nez. En bouche, elle est douce, même si une légère acidité provenant des céréales utilisées se fait sentir. Sa finale est agréable et plaira aux convives n'appréciant pas les bières houblonnées.

√SUGGESTION   Quelques sashimis de thon blanc servis à l'apéritif.

√APPRÉCIATION   Une bière fort appréciée pour les apéritifs. Servie dans une flûte, elle est la parfaite compagne pour votre premier verre entre amis. Son excellent rapport qualité-prix lui vaut d'être dégustée à tout moment.

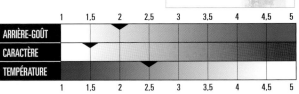

	1	1,5	2	2,5	3	3,5	4	4,5	5
ARRIÈRE-GOÛT			▼						
CARACTÈRE		▼							
TEMPÉRATURE				▼					
	1	1,5	2	2,5	3	3,5	4	4,5	5

BIÈRE AUX FRUITS

DISCO SOLEIL

Dieu du Ciel !

Fruitée **Amère**

341 ml   6,5 % alc./vol.

TOUTE L'ANNÉE   QUÉBEC   ÉPICERIE

Cette India Pale Ale est brassée avec des Kumquats, un petit fruit de la famille des agrumes qui développe un goût amer.

Cette bière a une très belle apparence voilée, le soleil la traversant, il en résulte une douce impression de chaleur. Au nez, les agrumes se distinguent. En bouche, l'amertume n'est pas trop violente, elle est même assez sèche et persistante. De la première à la dernière gorgée, sans pour autant être très marquante. Une bière idéale pour l'été.

√ SUGGESTION   Côtes de porc sur le BBQ, jus de citron, herbes de Provence.

√ APPRÉCIATION   Une tranche de soleil en plein hiver ou une pause rafraîchissante en plein été. Cette bière est polyvalente et nous offre une bonne dose d'amertume sur une salade d'agrumes.

	1	1,5	2	2,5	3	3,5	4	4,5	5
ARRIÈRE-GOÛT					▼				
CARACTÈRE				▼					
TEMPÉRATURE					▼				
	1	1,5	2	2,5	3	3,5	4	4,5	5

INDIA PALE ALE

ST-AMBROISE FRAMBOISE

McAuslan

Fruitée
Amère

341 ml   5 % alc./vol.

PRINTEMPS   QUÉBEC   ÉPICERIE

Bière fruitée avec un caractère houblonné, elle est une des très rares bières du Québec à offrir une légère amertume pour une bière aux fruits. Disponible une fois par année, elle doit être consommée rapidement pour profiter de la fraîcheur de la framboise.

Une magnifique dentelle se forme sur les parois du verre. La couleur rubis est des plus invitantes. Au nez, des notes sucrées du jus de framboise se présentent sans aucune gêne. En bouche, la bière est beaucoup moins sucrée que ce que laissent croire ses arômes. Le houblon offre un équilibre intéressant et désaltérant.

√SUGGESTION   Un fromage triple crème sans la croûte, car elle risque d'accentuer l'amertume de la bière.

√APPRÉCIATION Une bière aux fruits pour les amateurs de houblon. Elle offre un profil fruité agréable avec un étalement houblonné qui lui va à ravir. Voilà pourquoi je la sers dans une tulipe et non une flûte. Elle se boit à table, sans aucun complexe.

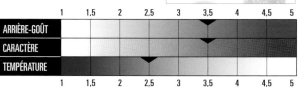

	1	1,5	2	2,5	3	3,5	4	4,5	5
ARRIÈRE-GOÛT						▼			
CARACTÈRE						▼			
TEMPÉRATURE			▼						
	1	1,5	2	2,5	3	3,5	4	4,5	5

LIME ET FRAMBOISE — La Barberie

500 ml		5 % alc./vol.
PRINTEMPS	QUÉBEC	ÉPICERIE

La Lime et Framboise était très populaire au bar de la brasserie. La Barberie l'a d'abord proposée en bouteille dans le cadre d'une collaboration avec Bières et Plaisirs. Elle est aujourd'hui disponible sous sa propre marque.

Sa couleur miel trompe son nez de flaveurs fruitées et framboisées. En bouche, l'acidité de la lime se marie à merveille avec la fraîcheur de la framboise. La bière n'est pas trop sucrée, elle est désaltérante.

√SUGGESTION Un guacamole frais maison sur des tortillas maison.

√APPRÉCIATION À servir dans une flûte, cette bière sera la parfaite complice de vos apéritifs et plaira à vos convives. Il n'est pas nécessaire de préciser que c'est une bière, les préjugés tomberont tout seul.

	1	1,5	2	2,5	3	3,5	4	4,5	5
ARRIÈRE-GOÛT			▼						
CARACTÈRE					▼				
TEMPÉRATURE				▼					

BIÈRE AUX FRUITS

INDIA PALE ALE DOUBLE À LA MANGUE

Fruitée Tranchante

Brasseurs Illimités

500 ml

8,9 % alc./vol.

ÉTÉ   QUÉBEC   ÉPICERIE

De la série Simple Malt, cette Double IPA aromatisée à la mangue a fait son entrée remarquée sur les tablettes. Un houblonnage généreux et un ajout de mangue en font un produit original.

Une mousse assez discrète. Une bière à la robe voilée. Au nez, la mangue s'exprime vraiment bien. On ne peut pas passer à côté. En bouche, la bière est sucrée et le fruit explose en bouche. L'amertume du houblon s'installe tranquillement pour ne plus quitter votre verre, jusqu'à la fin.

√ **SUGGESTION**   Un fromage cheddar bien affiné, je vous promets un mariage sur la fraîcheur.

√ **APPRÉCIATION**   Originale que cette India Pale Ale fruitée à souhait. On sent bien la mangue et celle-ci joue un rôle très agréable dans la dégustation. Un coup de cœur.

NOUVEAUTÉ DE CETTE ÉDITION

	1	1,5	2	2,5	3	3,5	4	4,5	5
ARRIÈRE-GOÛT						▼			
CARACTÈRE					▼				
TEMPÉRATURE				▼					

Fruitée Tranchante

341 ml   6,2 % alc./vol.

TOUTE L'ANNÉE   QUÉBEC   ÉPICERIE

Très tendance, cette India Pale Ale aromatisée au pample-mousse vient d'arriver sur le marché. Elle vient rejoindre la gamme St-Ambroise reconnue pour offrir des bières d'ins-piration anglaise, mais également américaine depuis peu.

Belle mousse en dentelle qui s'installe dans le verre. C'est souvent signe d'un houblonnage généreux. Au nez, le pam-plemousse rose s'exprime bien. En bouche, la bière est très tranchante, offrant une finale sèche. L'acidité du pample-mousse est remplacée par une belle dose d'amertume. Les amateurs du genre apprécieront.

√SUGGESTION   Une salade estivale et une vinaigrette très acidulée.

√APPRÉCIATION   Un pari osé que de proposer une bière aro-matisée dans la gamme St-Ambroise. Mais le pari est réussi et la bière offre un profil de saveurs fort intéressant.

NOUVEAUTÉ DE CETTE ÉDITION

INDIA PALE ALE

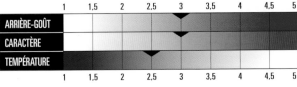

	1	1,5	2	2,5	3	3,5	4	4,5	5
ARRIÈRE-GOÛT					▼				
CARACTÈRE					▼				
TEMPÉRATURE				▼					
	1	1,5	2	2,5	3	3,5	4	4,5	5

BIÈRE DE BALCON

L'espace public

Fruitée
Mordante

355 ml

3 % alc./vol.

TOUTE L'ANNÉE   QUÉBEC   ÉPICERIE

L'espace Public a innové en nous proposant plusieurs bières acidulées, très rafraîchissantes, en canette. C'est un pari plus que réussi.

Quelle belle couleur rosée que nous propose cette bière. Au nez, la framboise est jeune et fraîche. En bouche, c'est sec et mordant. La bière est très faiblement sucrée et le fruit se balade au gré de ses envies. C'est excellent.

√ SUGGESTION   Une grosse journée chaude d'été.

√ APPRÉCIATION   Ma préférée de la gamme. Ce fruit dosé et son pourcentage d'alcool faible en font un produit fort buvable, c'est une complice à considérer, si vous avez soif.

NOUVEAUTÉ
DE CETTE ÉDITION

	1	1,5	2	2,5	3	3,5	4	4,5	5
ARRIÈRE-GOÛT				▼					
CARACTÈRE						▼			
TEMPÉRATURE			▼						
	1	1,5	2	2,5	3	3,5	4	4,5	5

BLONDE SURE

351

BRASSERIES DANS CE LIVRE

**ABBAYE NOTRE-DAME
DE KONINGSHOEVEN**
www.latrappetrappist.com/fr

AB-INBEV
www.ab-inbev.com

À L'ABRI DE LA TEMPÊTE
286, chemin Coulombe
L'Etang-du-Nord,
Îles-de-la-Madeleine (Qc)
G4T 3V5
418 986-5005
www.alabridelatempete.com

À LA FUT
670, rue Notre-Dame
Saint-Tite (Qc) G0X 3H0
418 365-4370
www.alafut.qc.ca

ALCHIMISTE
681, rue Marion
Joliette (Qc) J6E 8S3
450 760-2945
www.lalchimiste.ca

ARCHIBALD
La microbrasserie
1530, avenue des Affaires
Québec (Qc) G3J 1Y8
1 877 574-2224
www.archibaldmicrobrasserie.ca

Les restaurants
1021, boulevard du Lac
Lac-Beauport (Qc) G3B 0X1
418 841-2224
1 877 841-2224

1240, autoroute Duplessis
Québec (Qc) G2G 2B5
418 877-0123

3965, rue Bellefeuille
Trois-Rivières (Qc) G9A 6K8
819 519-7888

975, boulevard Roméo-
Vachon N. (porte 4 ou 5)
Dorval (Qc) H4Y 1H1
514 687-9977

AUBERGE SUTTON BROUËRIE
27, rue Principale Sud
Sutton, (Qc) J0E 2K0
450 538-0005
www.aubergesuttonbrouerie.com

**AVANT-GARDE
ARTISANS BRASSEURS**
2350, rue Dickson,
local 1400
Montréal (Qc) H1N 3T1
brasseursavantgarde.com

BARBERIE, LA
310, rue Saint-Roch
Québec (Qc) G1K 6S2
418 522-4373
1 866 522-4373
www.labarberie.com

**BEAU'S ALL NATURAL
BREWING COMPANY**
10, Terry Fox Drive
Vankleek Hill (On) K0B 1R0
beaus.ca/fr

BELGH BRASSE
8, rue de la Brasserie
Amos (Qc) J9T 3A2
819 732-6519
www.belghbrasse.com

BIÈRES JUKEBOX
www.bieresjukebox.com

BILBOQUET, LE
1850, rue des Cascades
Saint-Hyacinthe (Qc) J2S 3J3
450 771-6900
www.lebilboquet.qc.ca

BOCKALE, LE
2400, rue Canadien, local 201
Drummondville (Qc) J2C 7W3
819 857-4857
www.lebockale.com

BRASSERIE DUNHAM
3809, rue Principale
Dunham (Qc) J0E 1M0
450 295-1500
www.brasseriedunham.com

BRASSERIE LABATT
50, avenue Labatt
LaSalle (Qc) H8R 3E7
1 800 361-5250
www.labatt.com

BRASSERIE LES 2 FRÈRES
3082, rue Joseph Monier
Terrebonne (Qc) J6X 4R1
450 477-1677
brasserieles2freres.com/fr

BRASSERIE MILLE-ÎLES
1065, rue des Forges
Terrebonne (Qc) J6Y 0J9
450 965-1515
www.brasseriemilleiles.com

BRASSERIE VROODEN
617, rue Simonds Sud
Granby (Qc) J2J 1C1
579 488-5580
www.vrooden.com

BRASSEUR DE MONTRÉAL
1483, rue Ottawa
Montréal (Qc) H3C 1S9
514 788-4500
www.brasseurdemontreal.ca

BRASSEURS DU MONDE
3755, rue Picard
Saint-Hyacinthe (Qc) J2S 1H3
450 250-2611
www.brasseursdumonde.com

BRASSEURS DU NORD, LES
875, boulevard Michèle-Bohec
Blainville (Qc) J7C 5J6
450 979-8400
www.boreale.qc.ca

BRASSEURS DU TEMPS, LES
170, rue Montcalm
Gatineau (Qc) J8X 2M2
819 205-4999
www.brasseursdutemps.com

BRASSEURS ILLIMITÉS
385, rue du Parc
Saint-Eustache (Qc) J7R 0A3
450 598-1363
www.brasseursillimites.com

BRASSEURS RJ, LES
5585, rue de la Roche
Montréal (Qc) H2J 3K3
514 274-4941
www.brasseursrj.com

BRASSEURS SANS GLUTEN
2350, rue Dickson, local 950
Montréal (Qc) H1N 3T1
514 933-2333
www.glutenberg.ca

BREWING COMPANY
10, Terry Fox Drive
Vankleek Hill (On) K0B 1R0
www.beaus.ca/fr

CHOUAPE, LA
1134, boulevard Sacré-Cœur
Saint-Félicien (Qc) G8K 2R2
418 613-0622
www.lachouape.com

CORSAIRE
La microbrasserie
8780, boulevard
Guillaume-Couture
Lévis (Qc) G6V 9G9
418 903-9105
www.corsairemicro.com

Le pub
5955, rue Saint-Laurent,
local 101,
Lévis (Qc) G6V 3P5
418 380-2505

CREEMORE SPRINGS BREWERY
139, Mill Street
Creemore (On) L0M 1G0
www.creemoresprings.com

DIEU DU CIEL !
La brasserie artisanale
29, rue Laurier Ouest
Montréal (Qc) H2T 2N2
514 490-9555
www.dieuduciel.com

La microbrasserie
259, rue de Villemure
Saint-Jérôme (Qc) J7Z 5J4
450 436-3438

ESPACE PUBLIC, L'
BRASSEURS DE QUARTIER
3632 Ontario Est
Montréal (Qc) H1W 1R7
514 419-9979
www.lespacepublic.ca

FARNHAM ALE & LAGER
401, boulevard Normandie N.
Farnham (Qc) J2N 1W5
450 293-1116
www.farnham-alelager.com

FRAMPTON BRASSE
430, 5e rang
Frampton (Qc) G0R 1M0
418 479-5683
www.framptonbrasse.com

GRANVILLE ISLAND BREWING
1441, Cartwright Street
Vancouver (BC) V6H 3R7
fr.gib.ca

HELM MICROBRASSERIE
273, rue Bernard Ouest
Montréal (Qc) H2V 1T5
514 276-0473
www.helmmicrobrasserie.ca

HOPFENSTARK
La microbrasserie
643, boulevard de L'Ange-Gardien
L'Assomption (Qc) J5W 1T1
450 713-1060

Le bar Station HO.ST
1494, rue Ontario Est
Montréal (Qc) H2L 1S3
514 564-4678
www.hopfenstark.com

LAGABIÈRE, BRASSERIE ARTISANALE
Brasserie artisanale
167 rue Richelieu
Saint-Jean-sur-Richelieu (Qc)
J3B 6X7
450 376-6343

Microbrasserie
780, avenue Thomas, porte 24
Saint-Jean-sur-Richelieu (Qc)
J3B 6X7
450 346-0999
www.lagabiere.com

LA VOIE MALTÉE
Microbrasserie du Saguenay
224, rue des Laurentides
Chicoutimi (Qc) G7H 7X8
418 615-1414

Jonquière
2509, rue Saint-Dominique
Jonquière (Qc) G7X 6K1
418 542-4373
1 866 542-4373

Chicoutimi
777, boulevard Talbot
Chicoutimi (Qc) G7H 4B3
418 549-4141

Québec
1040, boulevard
Pierre-Bertrand Sud
Québec (Qc) G1M 3H1
418 683-5558
www.lavoiemaltee.com

LOUP ROUGE MICRO BRASSEUR
100, rue Plante
Sorel-Tracy (Qc) J3P 7P5
450 551-0660
www.microlouprouge.com

MABRASSERIE
2300, rue Holt
Montréal (Qc) H2G 1Y4
514 508-3309
www.mabrasserie.com

MCAUSLAN
5080, rue Saint-Ambroise
Montréal (Qc) H4C 2G1
514 939-3060
www.mcauslan.com

MICROBRASSERIE CHARLEVOIX
6, rue Paul-René Tremblay
Baie-Saint-Paul (Qc) G3Z 3E4
418 435-3877
www.microbrasserie.com

Restaurant Le Saint-Pub
2, rue Racine
Baie-Saint-Paul (Qc) G3Z 2P8
418 240-2332
www.saint-pub.com

MICROBRASSERIE COATICOOK
1007, rue Child
Coaticook (Qc) J1A 2S5
819 804-1234
www.microbrasseriecoaticook.ca

MICROBRASSERIE DU LAC SAINT-JEAN
120, rue de la Plage
Saint-Gédéon (Qc) G0W 2P0
418 345-8758
www.microdulac.com

MICROBRASSERIE DU LIÈVRE
131, boulevard Albiny-Paquette
Mont-Laurier (Qc) J9L 1J2
819 440-2440
www.microdulievre.com

MICROBRASSERIE GAINSBOURG
9, rue Aubry
Gatineau, (Qc) J8X 2H1
819 777-3700
www.gainsbourg.ca

MICROBRASSERIE KRUHNEN
115, rue Gaston-Dumoulin,
local 105
Blainville (Qc) J7C 6B4
450 419-3535
kruhnen.com

MICROBRASSERIE LE CASTOR
67, chemin des Vinaigriers
Rigaud (Qc) J0P 1P0
450 451-2337
www.microlecastor.ca

MICROBRASSERIE LE NAUFRAGEUR
586, boulevard Perron
Carleton-sur-mer (Qc) G0C 1J0
418 364-5440
www.lenaufrageur.com

MICROBRASSERIE LES GRANDS BOIS
415, rue Tessier Est
Saint-Casimir (Qc) G0A 3L0
www.microbrasserie
lesgrandsbois.canic.ws

MICROBRASSERIE L'ESPRIT DE CLOCHERS
287, rue des Érables
Neuville (Qc) G0A 2R0
418 909-0675
www.espritdeclocher.ca

MICROBRASSERIE LION BLEU
45, rue Saint-Joseph
Alma (Qc) G8B 6V4
418 769-0795
www.microlionbleu.com

MICROBRASSERIE RIVERBEND
945, avenue Sicard
Alma (Qc) G8B 7R5
418 758-1519
www.microriverbend.com

MICROBRASSERIE VOX POPULI
www.microbrasserie
voxpopuli.com

MONSRÉGIUS BIÈRES ARTISANALES
1750, rue Marie-Victorin
Saint-Bruno-de-Montarville (Qc)
J3V 6B9
514 241-6844
www.monsregius.ca

OSHLAG
2350, rue Dickson, local 1400
Montréal (Qc) H1N 3T1
438 387-6500
www.oshlag.com

PIT CARIBOU
27, rue de L'anse
Anse-à-Beaufils (Qc) G0C 1G0
418 782-1444
www.pitcaribou.com

SAMUEL ADAMS
www.samueladams.com

TRÈFLE NOIR, LE BRASSERIE ARTISANALE
Le Pub
145, rue Principale
Rouyn-Noranda (Qc) J9X 4P3
819 762-6611

La microbrasserie
125-A, rue Jacques-Bibeau
Rouyn-Noranda (Qc) J9Y 0A3
819 762-6614
www.letreflenoir.com

TROIS MOUSQUETAIRES, LES
3755-C, boulevard Matte
Brossard (Qc) J4Y 2P4
450 619-2372
1 866 619-2372
www.lestroismousquetaires.ca

TROU DU DIABLE, LE
Broue Pub et restaurant
412, avenue Willow
Shawinigan (Qc) G9N 1X2
819 537-9151

La microbrasserie
1250, avenue de la Station,
local 300
Shawinigan (Qc) G9N 8K9
819 556-6666
www.troududiable.com

UNIBROUE
80, rue des Carrières
Chambly (Qc) J3L 2H6
450 658-7658
www.unibroue.com

WEIHENSTEPHAN BRAUEREI
www.weihenstephaner.de

BRASSERIES DANS CE LIVRE

INDEX

Les brasseries, microbrasseries et brasseurs sont indiqués en gras.

INDEX DES STYLES

REMERCIEMENTS

– À Pierre, pour m'avoir montré que vivre de sa passion est la plus belle expérience de vie.
– À Marie-Ève, pour ton soutien inconditionnel.
– À Martin pour ton aide précieuse.
– À vous, chers amateurs de bières, qui m'offrez chaque jour de bien belles découvertes et le plaisir de vous les présenter.

CRÉDITS PHOTOGRAPHIQUES